音節表

	in	iang	ing				3								4		
an	in	iang	ing	u	ua	uo	uai	uei	uan	uen	uang	ueng/ong	ü	üe	üan	ün	iong
an	yin	yang	ying	wu	wa	wo	wai	wei	wan	wen	wang	weng	yu	yue	yuan	yun	yong
an	bin		bing	bu													
an	pin		ping	pu													
an	min		ming	mu													
				fu													
an			ding	du		duo		dui	duan	dun		dong					
an			ting	tu		tuo		tui	tuan	tun		tong					
an	nin	niang	ning	nu		nuo			nuan	nun		nong	nü	nüe			
an	lin	liang	ling	lu		luo			luan	lun		long	lü	lüe			
				gu	gua	guo	guai	gui	guan	gun	guang	gong					
				ku	kua	kuo	kuai	kui	kuan	kun	kuang	kong					
				hu	hua	huo	huai	hui	huan	hun	huang	hong					
an	jin	jiang	jing										ju	jue	juan	jun	jiong
an	qin	qiang	qing										qu	que	quan	qun	qiong
an	xin	xiang	xing										xu	xue	xuan	xun	xiong
				zhu	zhua	zhuo	zhuai	zhui	zhuan	zhun	zhuang	zhong					
				chu	chua	chuo	chuai	chui	chuan	chun							
				shu	shua	shuo	shuai	shui	shuan	shun							
				ru		ruo		rui	ruan	run							
				zu		zuo		zui	zuan	zun		zong					
				cu		cuo		cui	cuan	cun		cong					
				su		suo		sui	suan	sun		song					

（加藤晴子作成）

中国語 基礎知識
ZHONGGUOHUA JICHU ZHISHI

【中国語友の会 編】

◆まるごとわかるこの1冊

大修館書店

まえがき

「得其門而入」(門を見つけて入る) とは，孔子 (論語子張篇) が，学びの道に入る時，その入り口を間違えては目的に到達できないことを述べたことばです。「入門」ということばも，ここから生まれました。孔子も，日常の生活で，あるいは諸国を放浪して回ったとき，「入り口を間違える」ことがあって，こうしたことばが生まれたのでしょう。

『中国語　基礎知識──まるごとわかるこの1冊』は，中国語をはじめて学ぶ人，また復習をかねて学び返す人を対象として編集しました。この1冊のなかに，中国語とはどういうことばかということから始まって，文法の基本，日常欠かせない動詞を使った表現，さらに北京オリンピック観戦に役立つスポーツ用語，最新の中国語学習情報などが入っています。私たちは中国語の基礎知識を示すことができたという自負を持って本書を送り出します。

本書にご執筆していただいた先生方は，現在の日本の中国語教育の第一線で活躍されている方々です。そうして年齢も，若い方から数十年のキャリアを積んだ方までと多彩です。お忙しい中，全身の力を注いでくださいました。

本書を編集する「中国語友の会」は，40年にわたって月刊雑誌『中国語』(現在休刊中)を編集してきたスタッフが集う会です。また本書を刊行していただく大修館書店には，日本と中国との間にまだ国交もなかった1969年4月から1990年3月までの21年間，雑誌『中国語』を発行していただきました。本書も，雑誌『中国語』が土台となって生まれました。本会と重なる縁を持つ大修館書店から，このような形で本書を発行できることは，この上ない喜びです。

また発行に至るまでには多くの方のお力添えを得ました。末尾ながら記して感謝の意を表します。

本書が多くの方々の目にふれ，役に立つことを願ってやみません。

2007年3月

中国語友の会
東京外国語大学名誉教授

高橋　均

中国語 基礎知識——まるごとわかるこの1冊　目次

I 中国語入門知識 ……… 加藤晴子 ❼

中国語はどんなことばか？ ❽ 中国語と漢語／方言分布・方言地図と"普通话"／言語的特徴

中国語の発音とピンイン表記 ❿ ピンイン表記の成立まで／《汉语拼音方案》／音節構造とピンイン表記のルール／実際の発音とつづり方／注音符号

中国の漢字 ㉑ 簡体字の発表まで／《简化字总表》／日本の漢字との対照／常用字

中国語表記上の規則 ㉘ 書写方向／標点符号／台湾・香港での発音・漢字の表記

さらに詳しく知りたい時は… ㉚

II 大学2年間・240時間分をまとめてチェック！
『中国語初級段階の文法ガイドライン』 ……… 島田亜実 ㉛

1　字・単語 ㉜

2　単語の中に発見！語順のルール(2) ㊲

3　単語≦連語；単語≦文；連語≦文？ ㊵

4　単語→連語；単文→複文～文の種類(1) ㊵

5　肯定と否定～文の種類(2) ㊷

6　"。！？"～文の種類(3) ㊸

7　文の成分～パーツに分解してみると ㊽

8　品詞～ＡさんとＢさんは仲がいい ㊿67

III これで大丈夫！ 基本動詞練習帳205語 ……… 宮田一郎 ❽❾

【あ～お】 ❾⓪ 愛-する～終-わる

【か～こ】 ❾❹ 買-う～転-ぶ

【さ～そ】 ❾❽ 探-す～座-る

【た～と】 ❾❾ 足-す～取-る

【な～の】 ⓵⓪❷ 無-い～乗-る

【は〜ほ】	105	入-る〜褒-める
【ま〜も】	107	負-ける〜漏れる
【や〜よ】	109	焼-く〜寄-る
【わ〜】	111	沸か-す〜割れ-る

IV 中国語スポーツ用語集

オリンピック種目を含む600語 ······························· 星　健一 113

競技・種目
その他の運動・エクササイズ
試合・競技大会
スポーツに関わる人々
表彰・記録
その他

V 中国語学習情報 ·· 125

中国語パソコン情報　126　加藤晴子
中国語入力システムと入力方法／中国語とインターネット／パソコンを利用した中国語学習

中国語電子辞書利用法　136　町田　茂
主な機能と使用法／紙の辞書との違い／学習上の留意点

役立つ辞書・事典(「工具書」)32種紹介　140　中国語友の会

中国語学習書情報　147　中国語友の会

I
中国語入門知識

加藤晴子

- 中国語はどんなことばか？ **8** 中国語と漢語
  - 方言分布　方言地図と"普通话"
  - 言語的特徴
- 中国語の発音とピンイン表記 **10** ピンイン表記の成立まで
  - 《汉语拼音方案》
  - 音節構造とピンイン表記のルール
  - 実際の発音とつづり方
  - 注音符号
- 中国の漢字 **21** 簡体字の発表まで
  - 《简化字总表》
  - 日本の漢字との対照
  - 常用字
- 中国語表記上の規則 **28** 書写方向
  - 標点符号
  - 台湾　香港での発音　漢字の表記
- さらに詳しく知りたい時は… **30**

中国語はどんなことばか？

◆──中国語と漢語

　中国語を中国国内で話されていることばと定義すれば，中国語の中には漢語とともに，チベット族，モンゴル族，ウイグル族，チワン族等，55に数えられる少数民族がそれぞれ話す多くのことばが含まれます。漢語とは「漢民族の話すことば」ということなのです。そしてこの漢語には次の項目に見るようにいくつかの方言があります。国土の広い中国では方言同士の違いも大きく，別の方言の話し手の間では互いにまったく通じないことさえあります。そこで共通のことばとして定められたのが"普通话"です。"普通话"は北京語の発音を標準音とし，北方方言を語彙の基礎とする，規範的な現代語の口語文を語法の基準にする，と決められています。

　通常，「中国語を学ぶ」という時に学ぶのは，この漢語の"普通话"pǔtōnghuàです。漢語は漢民族のことばですが，"普通话"となると意味合いが違ってきます。漢語の諸方言を話す人々だけでなく，少数民族も含め，中国国籍を持つすべての人々が共通語として学ぶことになっており，文字通り中国のことば，中国語となっているのです。中国ではこのことばを"中国话"Zhōngguóhuàあるいは"中文"Zhōngwénと呼ぶこともあります。

　またこの"普通话"とほぼ同じことばは，台湾，香港，シンガポール等でも国語または公用語の1つとなっていて，「国語」「華語」等と呼ばれています。さらにこのことばは国連の公用語の1つでもあります。

　以下では特に断りのない場合，この"普通话"を「中国語」と呼ぶことにします。

◆──方言分布・方言地図と"普通话"

　漢語の方言をいくつのグループに分けるかについては，研究者により考え方が異なりますが，ここでは7グループに分けることにします。

　7つの方言グループのうち，最も広い地域を占め，話し手の数の最も多いグループが北方方言です。北方方言は「官話」とも呼ばれ，かつて中央から各地に派遣された官吏が使っていたことばという意味です。その他，呉方言，湘方言，贛方言，閩方言，粤方言，客家方言の各グループがあり，長江以南の地域に，北東から南西方向へ向けて分布しています。

　北方方言：黒竜江から四川，雲南，貴州まで，23の省，自治区，直轄市の全部あるいは一部で話され，話し手の数では漢語の話し手の約70%を占める

　呉方言：上海語など，上海市，江蘇の一部，浙江の大部分に分布，約8.4%

　湘方言：長沙語など，湖南の大部分に分布，約5%

　贛方言：南昌語など，江西の大部分，湖北の一部に分布，約2.4%

　閩方言：福州語，厦門語など，福建，海南，台湾の大部分，広東，浙江，広西の一部に分布，約4.2%

　粤方言：広州語など，広東の大部分，香港，マカオに分布，約5%

　客家方言：梅県語など，広東，福建，台湾，江西，広西，湖南，四川の一部に分布，

約4%

　閩方言，粤方言，客家方言は，多くの海外華僑のあいだで話されることばでもあります。

　中国の共通語と定められた"普通话"は，分布が最も広く話し手の最も多い北方方言がベースになっており，特に発音については北京音を標準とすると決められています。ただし，北京の土着の方言"北京土话"ともまた違います。

◆———言語的特徴

　世界の言語を屈折語，膠着語，孤立語等のいくつかのタイプに分けるのは，類型的な言語の特徴に基づくものです。主格・対格・属格…，単数・複数…，男性・女性…，過去・現在・未来…，否定形・連用形・連体形…，その他の文法的な意味をどのように示すかによって分けられています。英語やドイツ語等のように語形変化によって示す言語を屈折語，日本語のように助詞等をつけることによって示す言語を膠着語，中国語のように語を並べるだけの言語を孤立語といいます。ただし，100%の屈折語も100%の膠着語や孤立語も存在せず，中国語にも"画"に"画儿"と"-儿"-rがつくことで動詞が名詞になったり，「〜を」の意味を"把〜"で表したりする等の，屈折語的要素や膠着語的な要素が見られます。特に，北に隣り合わせる言語（ツングース語，モンゴル語）の影響を受け，北方で話されることばには膠着語的要素が多く見られるともいわれます。

　中国語が孤立語であるということは，文法における語順の重要度が高いということを意味します。例えば，主語は述語の前，目的語は述語の後，と決まっていますから，人を指す名詞"我"を動詞"打"の前におけば「わたしはたたく」となり，「わたし」

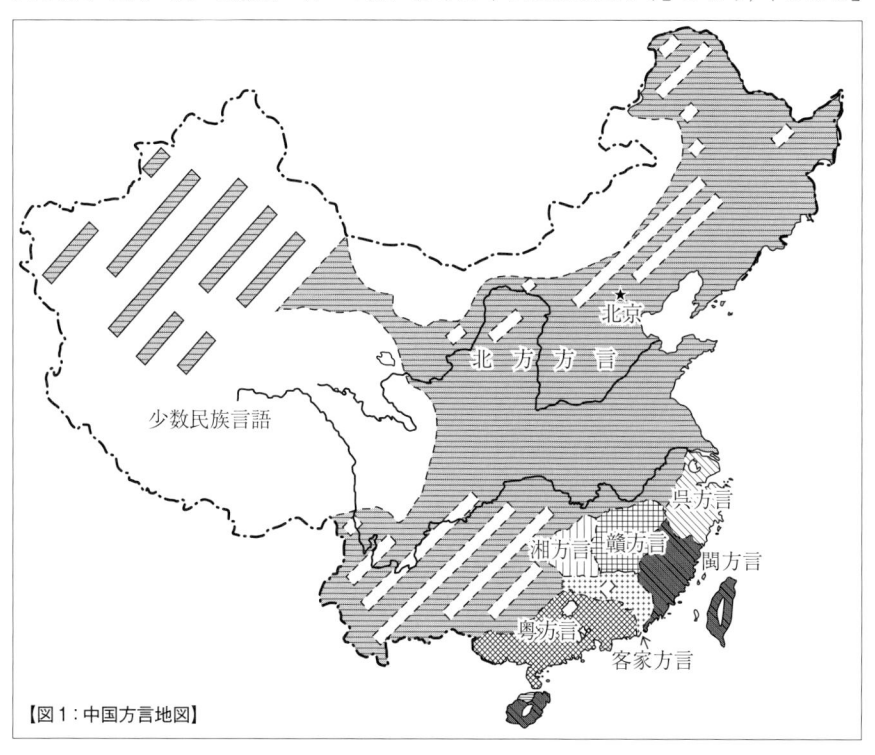

【図1：中国方言地図】

は動作をする人になりますが，動詞"打"の後におけば「わたしをたたく」となって，動作の影響を受ける人になります。その他重要な語順としては，修飾語は被修飾語の前，と決まっています。目的語が述語の後におかれることから，英文法との類似性が指摘されることがありますが，基本的な発想はむしろ日本語に近く，例えば「明日は雨だ」「机の上に猫がいる」等の場合，英語では「仮の主語」"It"や"There"を立て，"tomorrow"や"on the table"は文末にきますが，中国語では日本語と同様，"明天""桌子上"等から文を始めます。

中国語の発音とピンイン表記

◆───ピンイン表記の成立まで

　中国人も宣教師を通じて早くからローマ字に接していました。また，イギリス人が中国との外交活動や貿易のために考案し，広く世界に流布したものに，ウェード式ローマ字等があります。

　清末になると，中国の西洋に対する遅れを取り戻すには教育の普及が大切，それには難しい漢字がネックになると考えられ，幕末から明治開国期の日本の同様の動きに連動して，漢字改革が提唱されます。漢字改革は漢字の廃止・使用制限や簡略化，ローマ字による，あるいは，独自の表音文字による中国語の表記法の考案等のいくつかの流れを生みました。19世紀末から20世紀初頭にかけて【図2】に示したようなものを始め，ローマ字をもとにした，あるいはその他による中国語の表記法が，中国人により考案されています。

【図2：盧戇（こう）章《一目了然初階》】

【図3：注音字母（横のローマ字は国語羅馬字）】

中華民国の成立（1912年）後には，国語の統一のために，漢字の標準音を示す独自の記号が作られ，1918年「国語注音字母」【図3】として公布されました。これは漢字の筆画をもとに考えられたものですが，続いて考案された「国語羅馬字（ローマ）」【図4】とあわせ，1928年，国語字母の第一式と第二式として公布されています。「国語注音字母」は後に「注音符号」と改称され，現在でもピンイン字母の一覧表や辞書等に必ず添えられているほか，台湾等で漢字音を示すにはこれが主に使われています。

一方，ソ連の影響下，30年代から50年代，抗日戦から内戦の時代を通じて展開された「拉丁（ラテン）化新文字運動」もありました。「国語羅馬字」は声調をつづりの変化で示したので，つづりが大変複雑でしたが，「拉丁化新文字」【図5】は声調をまったく示さないので，漢字音を完全に示しているとはいえませんでした。

以上のような経緯を踏まえ，中華人民共和国の成立（1949年）後，幾度かの草案改訂と意見聴取を経て，1958年に公布されたのが《汉语拼音方案》です。以下，この《汉语拼音方案》に示されたローマ字による中国語漢字音の表記を「ピンイン表記」と，またその表記に使われる文字を「ピンイン字母」または単に「ピンイン」と呼びます。

ピンイン表記では“zh, ch, sh”と“ng”を除き，原則1文字が1音を表します。26文字のローマ字のうち“v”は外来語等の転写以外には使わず，替わりに“ü”を加えます。またローマ字のほかに声調を表すための記号“ˉ ˊ ˇ ˋ”を使います。さらに，“pí'ǎo”のように，“a, o, e”で始まる音節がほかの音節の後に続く時に使う“隔音符号（'）”もピンイン表記の中に規定されています。

TZUEYHOW WUU FEN JONG

(Ige Jeouyueh dii de woanshanq, tzay Kaelin de huey keh de utz lii. I jenqtzay deengj tuo, igeren tzuoh tsay dueyj men de i-jang dahyiitz shanq, tzuoh-chu deeng de bunayfarnde yanqtz. Ihoel lingj eeldou tingjiann waytou shianq yeou sherme sheng-in shyhde.)

KAELIN. Jang-Mha! Jang-Mha! (*Mei ren da-yinq*) *Lii* Mha!

LII MHA (*Tzay waytou laanxde da-ying:*) [ɐːɪ]! (*tzay* ai-*in* ei-*in* ol-*in jy jian.*)

KAELIN. Sh sheir a?

LII MHA (*ching erl gau-de chiangdiaw, haoshiang sh eiyan Tayx duoyu wenn le shyhde:*) Mei sheir a?

(Kaelin kannx huahbaw, diou-shiahlai chiilai tzoou daw piano genchyan, yonq ige shoou sweibiann tarnle leang shiah, jeenglii vx sofa shanq de diannutz. Deengx tuo hair sh bu lai, yow hwei daw dehyiitz shanq tzuoh-shiahlai Jang Mha jinnlai.)

JANG MHA (*pyngxdannxde shianq charngchangl baw-gaoh de shyhde:*) Tay-x, Luu Shian-sheng lai le.

(Luu jinnlai, chuanj heen piawliang de yangfwu, ren yee sh i-kann heen biaujyh shyhde. Dahduoshuh neuren huey shiihuan ta de—jykshao ta gawsong nii jehme shuo. I-jinn men, kannjiannle Kaelin jiow tzuoh heen gawshing heen sweibiann -de yangtz, shen-chu leangge shoou-lai yaw gen I chanshoou, tzooule ibann huran jih-chiilai Jang Mha hair tzay parngbian, lianmang suo-hweile shoou gae cherng jyugong de yangtz.)

【図4：国語羅馬字読本《最後五分鐘》】

Isie cankud xua like yng dao xoutou,	一些殘酷的話立刻湧到喉頭,
Weile zhengcy na genben sh kungsiang de ping-deng!	爲了爭取那根本是空想的平等!
Ta kuangnudi zhzho Ing-tai shuo:	他狂怒地指着英台說:
“Ingtai, ni… ni… ni tai bu gaijing!	“英台, 你…你…你太不該應!
“Girhan zai changting zgi zomei,	“既然在長亭自己做媒,
“Weishemo xai iao dayn Ma-gia xunjin?	“爲什麼還要答允馬家婚姻?
“Ni zhejang zo,	“你這樣做,
“Mingming xian wo Shan-bo sh go kyngrhen!”	“明明嫌我山伯是個窮人!”

【図5：拉丁化新文字読本《樓台会》】

◆──《汉语拼音方案》

《汉语拼音方案》は"字母表""声母表""韵母表""声调符号""隔音符号"の3つの表を含む5つの部分から構成されています。以下に"字母表""声母表""韵母表"をあげます。

```
           一  字母表
字母： Aa  Bb  Cc  Dd  Ee  Ff  Gg
名称： ㄚ  ㄅㄝ ㄘㄝ ㄉㄝ ㄜ  ㄝㄈ ㄍㄝ
       Hh  Ii  Jj  Kk  Ll  Mm  Nn
       ㄏㄚ ㄧ  ㄐㄧㄝ ㄎㄝ ㄝㄌ ㄝㄇ ㄋㄝ
       Oo  Pp  Qq  Rr  Ss  Tt
       ㄛ  ㄆㄝ ㄑㄧㄡ ㄚㄦ ㄝㄙ ㄊㄝ
       Uu  Vv  Ww  Xx  Yy  Zz
       ㄨ  ㄪㄝ ㄨㄚ ㄒㄧ ㄧㄚ ㄗㄝ
v只用来拼写外来语、少数民族语言和方言。
字母的手写体依照拉丁字母的一般书写习惯。

           二  声母表
  b    p    m    f    d    t    n    l
  ㄅ玻 ㄆ坡 ㄇ摸 ㄈ佛 ㄉ得 ㄊ特 ㄋ讷 ㄌ勒
  g    k    h         j    q    x
  ㄍ哥 ㄎ科 ㄏ喝      ㄐ基 ㄑ欺 ㄒ希
  zh   ch   sh   r    z    c    s
  ㄓ知 ㄔ蚩 ㄕ诗 ㄖ日 ㄗ资 ㄘ雌 ㄙ思
在给汉字注音的时候，为了使拼式简短，zh ch sh 可以省作ẑ ĉ ŝ。
```

【図6:《汉语拼音方案》】

ピンインは，通常漢字の上につけますが，下や（　）に入れて右側につけることもあります。また，漢字だけの時には，句読点によるもの以外，区切りは入りませんが，ピンインは次に述べるように，単語ごとに区切るので，漢字もピンインに合わせる形で区切りを入れて表記します。

ピンインは漢字に替わって中国語を書き表すためのものではなく，漢字の音を表記するための補助的な手段とされています。多くの中国人にとっては，小学校1年生で勉強したきり，後は忘れてしまうものです。しかし，私たちが外国語として中国語を勉強するのには，発音を身につけたり，辞書を引いたり，とどうしても必要になります。また，パソコンで中国語を入力する際の最も有効な入力方法です。

ピンインは，1979年には国連事務局の中国の地名・人名をローマ字表記するための標準として採用され，また，1982年には，国際標準化機構（ISO）の定める国際標準となりました。

◆──音節構造とピンイン表記のルール

少数の例外を除き，原則として中国の漢字は1文字が1音節に相当しており，1音節は「声母」と「韻母」に分かれます。「韻母」はさらに，「介母音（韻頭）」「主母音（韻腹）」「尾音（韻尾）」の3つの部分に分かれます。これらのうち，主母音はどの音節にも必ずありますが，介母音と尾音はないことがあり，また，声母もないことがありま

す。これらの全体に「声調」がかぶさりますが，音の高低は実際には韻母の部分でなければ聞き取れません。

以上を【表1】にピンインを使ってまとめます。

声母	声調　4種（四声）＋軽声		
	韻母　39個		
	介母音 （韻頭）	主母音 （韻腹）	尾音 （韻尾）
21種 （子音21種）	3種 i　u　ü	7種 a　o　e（êを含む） i（ziの-i, zhiの-iを含む）u　ü er	4種 n　ng i　u（aoの-oを含む）

【表1：中国語の音節構造】

これらの実際の組み合わせについては，次の項目で見ることにします。

《汉语拼音方案》では各音節に対応するピンインのつづりしか示されていないために，実際にピンインで中国語を表記しようという際にはいくつかの疑問が生じます。これを解決するために，1988年《汉语拼音正词法基本规则》が制定されました。この《汉语拼音正词法基本规则》の規定を以下にいくつか抜粋します。

- ピンイン表記の区切りは語を単位とする。
- 単音節の語の重ね形は続けて，2音節の語の重ね形は区切ってつづる。ただし，AABB型のものはハイフンを使って続ける。
- 名詞と前後の付加成分（"副-, 総-, 非-, 老-" "-子, -儿, -员, -们"等）は続けてつづる。
- 名詞と後ろの方位詞は区切ってつづる。
- 動詞と"着""了""过"は続けてつづる。
- 動詞と補語は，両者が単音節の時は続けてつづるが，それ以外の時は区切ってつづる。
- 形容詞と後ろの"些""一些""点儿""一点儿"は区切ってつづる。
- "这""那""哪"と量詞，名詞は区切ってつづる。数詞と量詞，名詞も区切ってつづる。
- 11から99までの整数は続けてつづる。"百""千""万""亿"と前の数は続けてつづる。
- 副詞，介詞，接続詞，構造助詞，語気助詞等の虚詞は，ほかの語と区切ってつづる。
- 文の始まりや固有名詞の1文字目は大文字にする。

しかし，《汉语拼音正词法基本规则》では処理しきれない部分も多く，中国の出版物等でも実際には様々なピンインのつけ方がされています。

◆──実際の発音とつづり方

ピンインは中国語の発音を示すためのものですから，当然中国語の発音に合わせて作られています。したがって，見慣れたローマ字とはいえ，独自の読み方をするものがあります。特に"j, q, x"を「チ」や「シ」に近い音で読んだり，"z, c, s"を「ツ」

や「ス」に近い音で読んだりするのは，慣れないうちは奇妙に感じられることでしょう。しかし，これからの中国語学習に不可欠のピンインですから，最初に正確に覚えてしまいましょう。

単母音

中国語の単母音は6つあり，強グループ3つと弱グループ3つに分けられます。【表2】にピンインで示します。

| 強グループ | a | e① | o |
| 弱グループ | i | u② | ü③ |

【表2：単母音1】

強グループは主母音にのみ現れます。弱グループは介母音，主母音，尾音（"ü"は除く）のいずれにも現れます。また弱グループは声母がつかない時，"yi, wu, yu"と書き換えます。

これらのほかに，"zh, ch, sh, r"や"z, c, s"の後に付随して発音される，「イ」や「ウ」に近いあいまいな音，"-i[ʅ]"と"-i[ɿ]"とがありますが，これらは単独では現れません。

中国語の母音は，日本語の母音よりもおおげさに発音しておけば間違いありません。例えば"a"は日本語の「ア」より口を大きく開け，"i"は日本語の「イ」よりも口を横に引いて発音します。

日本語の標準音に似た音がなく，従って日本人に難しいと思われる母音に，①〜③をつけました。以下にそれぞれ説明します。

① e：日本語の「オ」の構えをしてから，唇を左右に引いて発音する。
② u：日本語の「ウ」よりも唇を丸め突き出して発音する。
③ ü：唇を強くすぼめてから，日本語の「イ」を発音する。

【表2】の中で，"o"だけは不安定です。完全な単母音とは言えず，通常"u"と一緒に使われます。"bo, po, mo, fo"では単独で現れているように見えますが，実際の発音は"ᵘo"と小さく"ᵘ"が入ります。次に紹介する二重母音"ou", "uo"とこの"ᵘo"，いずれの"o"も，人によって，また話すスピードによって，"e"に近く聞こえることがあります。このことから"o"は"e"が"u"の影響を受けて変化したものと考えることができ，そう考えると【表2】は【表3】のように書き換えることができます。そして，こう整理しておくと，あとで二重母音，三重母音を考える時にたいへんわかりやすくなるのです。

| 強グループ | a | e (➡o) | |
| 弱グループ | i | u | ü |

【表3：単母音2】

そり舌母音

単母音ではありませんが，単独で主母音となるものに，もう1つ"er"があります。

これは強グループの"e"を発音しつつ同時に舌を奥へ引き舌先を上に持ち上げて発音する音です。介母音や尾音，声母がつくことはなく，常に単独で音節となります。

二重母音

二重母音は，「強＋弱」と「弱＋強」の2つのパターンに分けられます。「強＋弱」は主母音＋尾音（鼻音は除く）の組み合わせ，「弱＋強」は介母音と主母音の組み合わせになります。いずれのパターンも2×3＝6のすべてがあるわけではなく，また，「強＋強」，「弱＋弱」のパターンはありません。【表3】をもとに並べてみましょう。〔　〕内につづりの変化を示します。

強グループ　a　＋　弱グループ　i　　　　＝　ai
強グループ　a　＋　弱グループ　u　＝　au ➡ ao①
強グループ　e　＋　弱グループ　i　　　　＝　ei
強グループ　e　＋　弱グループ　u　＝　eu ➡ ou②
弱グループ　i　＋　強グループ　a　　　　＝　ia〔声母がつかない時：ya〕
弱グループ　i　＋　強グループ　e　　　　＝　ie〔声母がつかない時：ye〕
弱グループ　u　＋　強グループ　a　　　　＝　ua〔声母がつかない時：wa〕
弱グループ　u　＋　強グループ　e　＝　ue ➡ uo③〔声母がつかない時：wo〕
弱グループ　ü　＋　強グループ　e　　　　＝　üe〔声母がつかない時：yue〕

①は"au"のままだと"an"とまぎらわしいので"u"を"o"にしたと言われています。②と③が，"e"が"u"の影響を受けて"o"に変化する箇所です。いずれの二重母音も，前の音から後ろの音へなめらかに口を動かしてください。また，二重母音の中の"e"は，単母音の時とは違い，日本語の「エ」に近い音になります。

以上のほかに"io（yo）"も感嘆詞になるとして二重母音の1つにあげることがあります。ただしこれに声母がつくことはありません。

三重母音

上の4つの「強＋弱」パターンの二重母音の前にもう1つ「弱」が加わった「弱$_1$＋強＋弱$_2$」のパターン，介母音＋主母音＋尾音（鼻音を除く）の組み合わせになります。「弱$_2$」が"i"の場合，「弱$_1$」は必ず"u"，「弱$_2$」が"u"の場合，「弱$_1$」は必ず"i"になります。〔　〕内につづりの変化を示します。

ai　の前に　u　＝　uai〔声母がつかない時：wai〕
ao　の前に　i　＝　iao〔声母がつかない時：yao〕
ei　の前に　u　＝　uei〔声母がつかない時：wei，声母がつく時：-ui〕
ou　の前に　i　＝　iou〔声母がつかない時：you，声母がつく時：-iu〕

鼻韻母

耳慣れない用語ですが，母音のあとに"n"か"ng"がついたものをこう呼びます。つまり鼻音の尾音がついたものです。基本は【表4】にまとめた通り，強グループの"a"と"e"にそれぞれ"n"と"ng"がついた，2×2の4つです。

	n	ng
a +	an①	ang②
e +	en③	eng④

【表4：鼻韻母】

　①の"a"のほうが②の"a"よりも明るい感じの「ア」になります。②の"a"はより暗い感じの「ア」です。③の"e"は，より「エ」に近い感じに，④の"e"は，より「ウ」に近い感じです。また，①と③は最後に舌先が上の歯茎にぴったりつきます。②と④は最後に舌の付け根のあたりが上アゴの奥のほうにつき，舌先はどこにもつきません。区別のポイントはどちらかというと"a"や"e"のほうにあります。

　【表4】の4つの基本パターンの前に弱グループの"i"，"u"，"ü"がついて，更に11の鼻韻母ができます。介母音+主母音+鼻音の尾音の組み合わせです。"ü+ang"だけはありません。つづり方の変化と合わせてまとめます。

　　an　の前に　i　　　　＝　ian〔声母がつかない時：yan〕
　　an　の前に　u　　　　＝　uan〔声母がつかない時：wan〕
　　an　の前に　ü　　　　＝　üan〔声母がつかない時：yuan〕
　　ang　の前に　i　　　　＝　iang〔声母がつかない時：yang〕
　　ang　の前に　u　　　　＝　uang〔声母がつかない時：wang〕
　　en　の前に　i　＝　ien　➡　in〔声母がつかない時：yin〕
　　en　の前に　u　　　　＝　uen①〔声母がつかない時：wen，声母がつく時：-un〕
　　en　の前に　ü　＝　üen　➡　ün〔声母がつかない時：yun〕
　　eng　の前に　i　＝　ieng　➡　ing②〔声母がつかない時：ying〕
　　eng　の前に　u　＝　ueng　➡　ong③〔声母がつかない時：weng〕
　　eng　の前に　ü　＝　üeng　➡　iong〔声母がつかない時：yong〕

　随分複雑な変化をするように見えますが，このような変化を裏付ける証拠はいくつかあります。①は前に子音がつかない時は"wen"となりますが，子音がつくと"e"が取れて"un"となり，"in"や"ün"と同様になります。②は実際の発音は"iᵉng"のように小さく"ᵉ"が入ります。③は前に子音がつかない時は"weng"とつづります。また，あとで紹介する通り，台湾で使われている注音符号では，上の組み合わせの通りにつづります。もともとピンインのつづり方の規則に無理があると考えられるのです。

　"üan"の"a"は「エ」に近くなり，"ian"の"a"は完全に「エ」になります。"uen(wen)"の"e"は「エ」に，"ueng(weng)"の"e"は「オ」に近くなります。"in"，"ün"，"iong"ではつづりの変化の通り，もともとあった筈の"e"は，あまり聞こえなくなります。いずれの場合も，区別のポイントは"n"と"ng"ではなく，前の母音のほうにあります。

つづりの変化

　以下に，声母がつかない時に起こるつづりの変化と，声母がつく時に起こるつづり

の変化をまとめておきます。

声母がつかない時に起こるつづりの変化
"i"で始まる音節　"i"の後に"a, o"がない場合　➡　"i"を"yi"に変える
　　　　　　　　　"i"の後に"a, o"がある場合　➡　"i"を"y"に変える
"u"で始まる音節　"u"の後に"a, o, e"がない場合 ➡　"u"を"wu"に変える
　　　　　　　　　"u"の後に"a, o, e"がある場合 ➡　"u"を"w"に変える
"ü"で始まる音節　　　　　　　　　　　　　　　➡　"ü"を"yu"に変える

声母がつく時に起こるつづりの変化
"iou"　➡　"-iu"　声調符号は"u"の上につける
"uei"　➡　"-ui"　声調符号は"i"の上につける
"uen"　➡　"-un"
"ü"で始まる音節　声母が"j, q, x"である時　➡　"ü"を"u"に変える

子音

　声母に現れる子音が21種と、尾音に現れる子音が2種ありますが、うち"-n"は重複するので、計22種の子音があることになります。子音は通常、発音の際に使う部位と発音の方法によって分類します。【表5】にピンインで示します。「口蓋」とは上アゴのこと。かたいのは天井のあたり、やわらかいのは奥のほうです。通常、発音の部位は口の外側に近いほうから奥に向かって配列します。

部位　　方法	両唇	歯＋唇	歯茎＋舌尖	歯＋舌端	硬口蓋＋舌尖（そり舌③）	硬口蓋＋舌面	軟口蓋＋舌根
破裂	b①, p②		d①, t②				g①, k②
鼻音	m		n（= -n）				(-ng)
破擦				z①, c②	zh①, ch②	j①, q②	
摩擦		f		s	sh	x	h④
接近			l⑤		r		

【表5：子音】

　日本人に難しいと思われる子音に、①〜⑤をつけました。以下に説明します。

①無気音：日本語の清音よりもそっと発音する。ちいさな「ッ」の後のようにタメを作ってから発音する。

②有気音：勢いよく発音した後、さらに息を吐き出す時間を取る。

③そり舌音：舌全体を喉の奥のほうにひっこめるつもりで、舌先を上アゴに近づけて発音する。

④h：日本語の「ハ、ヘ、ホ」の子音と似ているが、喉の奥からこするように出す。

⑤l：日本語のラ行の子音は舌先で歯茎を弾くが、中国語では弾かない。

　"m, n, ng"やその他"hm（'m'の口の形のまま鼻から声を出す）"、"hng（'ng'の口の形のまま鼻から声を出す）"も、感嘆詞としては単独で音節になります。

声母と韻母の組み合わせ

以上にあげた声母と韻母ですが，すべての組み合わせがあるわけではありません。むしろ声母と韻母の結びつきにはかなりの制限があります。この制限をおおつかみに示したのが【表6】です。声母を発音の部位ごとにまとめ，韻母を強グループ，"i"，"u"，"ü"のそれぞれで始まる組にまとめてあります。

	強グループ組	"i"で始まる組	"u"で始まる組	"ü"で始まる組
b, p, m, f	あり	あり	"bu, pu, mu, fu"のみ	なし
d, t, n, l	あり	あり	あり	"nü, lü, nüe, lüe"のみ
g, k, h	あり	なし	あり	なし
j, q, x	なし	あり	なし	あり
zh, ch, sh, r	あり	なし	あり	なし
z, c, s	あり	なし	あり	なし

【表6：声母と韻母の組み合わせ】

【表6】で見る通り，"g, k, h" "zh, ch, sh, r" "z, c, s" は "i"で始まる組，"ü"で始まる組との組み合わせはなく，逆に "j, q, x" は強グループ組，"u"で始まる組との組み合わせはありません。"j, q, x" と "u" の組み合わせがないために "j, q, x" が "ü" と組み合わさった時 "ü" の "‥" を取ってしまっても "u" と混乱することがないのです。

声母と韻母の細かい組み合わせの有無については，見返しの【中国語音節表】を見てください。

声調

中国語の発音で最も難しいといわれるのは，声調です。なぜ難しいかというと，日本語より高低の幅が大きいから，また，日本語とは異なる音の高低のつけ方だからです。日本語の高低アクセントは，高と低の2段階しかなく，1つ1つの音節の中では音の高さが平らで，隣の音節との高さの差で表すのに対し，中国語の声調は，高と低の間が斜面になっていて，1つ1つの音節の中で高低が変化するのです。そのため，高さの変化が大きい第二声と第四声は特に要注意です。

第一声：最も高い高さで平らに保つ。

第二声：中間点あたりの高さから最も高い高さに一気に押し上げる。

第三声：最も低い高さに保つのが基本だが，前後にほかの音節がない時は，やや高いところから入り，また，後ろにも反動で持ち上がる部分が加わる。後ろも第三声の時は，第二声に変化する。発音時間が最も長い。

第四声：最も高い高さから最も低い高さまで一気に落とす。発音時間が最も短い。

声調符号は，"a"があれば"a"の上に，なければ"e"か"o"の上に，それもなければ"i"か"u"か"ü"の上につけます。"e"と"o"が一緒に使われることはありませんが，"i"と"u"が一緒に使われる"ui"と"iu"では，それぞれ後にあるほうに声調符号をつけます。"ui"ならば"i"に，"iu"ならば"u"につけます。また，"i"に声調符号をつける時は，"ī, í, ǐ, ì"のように，上の"・"は取り除きます。

このほかに，軽声といわれる，短く発音される音節がありますが，高さはだいたい中間点あたり，ただし，前の音節が第三声の時は低く抑えた反動で高めに，前の音節が第四声の時はそのままさがって低く発音されます。軽声には声調符号はつけません。特にもとの声調を示す必要がある場合は，（　）の中に入れて示します。

　中国語の声調の音の高さは相対的なものです。人によって違うのはもちろん，同じ人が1つの文を話す場合でも，内容的に重要な部分や強調したい部分では，高いところはより高く，低いところはより低く発音し，あまり重要でない部分では高低の幅が小さくなります。

r化音

　音節の中には末尾で舌を奥に引き，舌先を持ち上げて発音するものがあり，これを「r化」と呼びます。ピンインはもとのつづりを変えずに最後に"-r"を書き添え，漢字には何も書き添えないか，または，"-儿"を書き添えます。

　「r化」によって発音が変化する音節を【表7】にまとめておきます。

原　　形	r 化 規 則
末尾：a，o，e，u（aoを含む）	そのまま舌先を持ち上げる
尾音：-i，-n	"-i，-n"を発音せずに，その前の"a，e"の後すぐに舌先を持ち上げる
尾音：-ng	"-ng"を発音せずに，その前の"a，e"を鼻にかけ，すぐに舌先を持ち上げる
単母音：i，ü	"i，ü"の後にあいまいな"e"を加えてから舌先を持ち上げる
単母音：-i（zh，ch，sh，rの後） 　　　　-i（z，c，sの後）	"-i"は発音せずにあいまいな"e"を加えてから舌先を持ち上げる

【表7：「r化」による発音の変化】

◆──注音符号

　ピンインは26文字で中国語のすべての音節を表そうとするために，これまで見てきたように，つづりの規則が複雑になっています。注音符号は声母を表す文字が21字，韻母を表す文字が15字，合計36字と，文字数が若干多いのですが，その分，つづりの規則は単純です。

　注音符号の特徴は，特に韻母に見られます。韻母を3分割するのでなく，2分割して文字を割り当てているのです。

声　母	韻　　母　　39個		
	介母音 (韻頭)	主母音 (韻腹)	尾音 (韻尾)
1文字 (一部2文字)	1文字	1文字	1文字 (一部2文字)

【表8：ピンイン表記の文字の割り当て】

声　母	韻　　母　　39個		
	介母音 (韻頭)	主母音 (韻腹)	尾音 (韻尾)
1文字	1文字	1文字	
		1文字	

【表9：注音符号の文字の割り当て】

　　p.12にあげた【図6：《汉语拼音方案》】の"韵母表"もこの原理を取り入れて作られています。左端の列の"a, o, e"の下が"ai, ei, ao, ou, an, en, ang, eng"と続いているのはこのためです。この表を今度は注音符号が組み合わせ通りに並ぶように並べ変えてみましょう。【表10】のようになります。変化したのではないかと考えられる"e"と"o"が似た符合になっており，また二重母音で発音が変化する"e"に別の符号が当てられています。

		i	ㄧ	u	ㄨ	ü	ㄩ
a	ㄚ	ia	ㄧㄚ	ua	ㄨㄚ		
o	ㄛ			uo	ㄨㄛ		
e	ㄜ	ie	ㄧㄝ			üe	ㄩㄝ
ai	ㄞ			uai	ㄨㄞ		
ei	ㄟ			uei	ㄨㄟ		
ao	ㄠ	iao	ㄧㄠ				
ou	ㄡ	iou	ㄧㄡ				
an	ㄢ	ian	ㄧㄢ	uan	ㄨㄢ	üan	ㄩㄢ
en	ㄣ	in	ㄧㄣ	uen	ㄨㄣ	ün	ㄩㄣ
ang	ㄤ	iang	ㄧㄤ	uang	ㄨㄤ		
eng	ㄥ	ing	ㄧㄥ	ueng ong	ㄨㄥ	iong	ㄩㄥ

【表10】

　　【表10】のようにすれば，これがpp.15～16にあげた二重母音，三重母音，鼻韻母の組み合わせの一覧にそのままあてはまることが見て取れると思います。

注音符号の声母の一覧も【表11】にまとめておきます。

b	ㄅ	p	ㄆ	m	ㄇ	f	ㄈ	d	ㄉ	t	ㄊ	n	ㄋ	l	ㄌ
g	ㄍ	k	ㄎ	h	ㄏ			j	ㄐ	q	ㄑ	x	ㄒ		
zh	ㄓ	ch	ㄔ	sh	ㄕ	r	ㄖ	z	ㄗ	c	ㄘ	s	ㄙ		

【表11】

　注音符号を漢字につける時は，通常，横書きの場合は漢字の上に横書き，縦書きの場合は漢字の右に縦書きにつけます。日本語の漢字にふりがなをふる時と同じつけ方です。【表10】では横書きされていますが，台湾等では縦書きされる場合がほとんどです。縦書きの際には"i"を表す"ㄧ"は"一"と横倒しに書かれます。声調は各音節の最後の符号の右上に"ˉ ˊ ˇ ˋ"を使って示しますが，通常第一声の記号は省略されます。【図7】は中華民国教育部国語推行委員会による基準を示したものです。

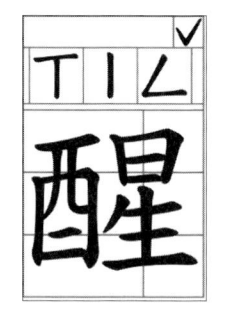

【図7：「國語注音符號手冊」國字注音示例】

中国の漢字

◆──簡体字の発表まで

　漢字は数も画数も多く，覚えるのが難しく書くのにも手間がかかる……，そのため，筆画を省略したり当て字を使ったりといったことは，常に漢字の歴史とともにありました。絶えず生まれる俗字や俗用は，長く使われ広まるうちに異体字として定着していきます。こうしてさらに漢字が増え，それが時々整理されるということも，歴史上繰り返されてきたことでした。清末になって，筆画の省略，異体字の整理が初めて教育の普及，識字率の向上と結びつきます。したがって，漢字の簡略化には2つの面があることになります。1つは漢字の筆画を減らすこと，もう1つは漢字の数そのものを減らすことです。

　1920年代から30年代にかけて，これまで民間等に流布してきた俗字を集め，漢字の簡略化を提唱した資料集がいくつか出版されました。これらの成果を受けて，1935年，中華民国国民政府教育部が「第一批簡体字表」（324文字）を公布しました。【図8】に示す通り，現在の簡体字とほぼ同じ字体が並んでいます。

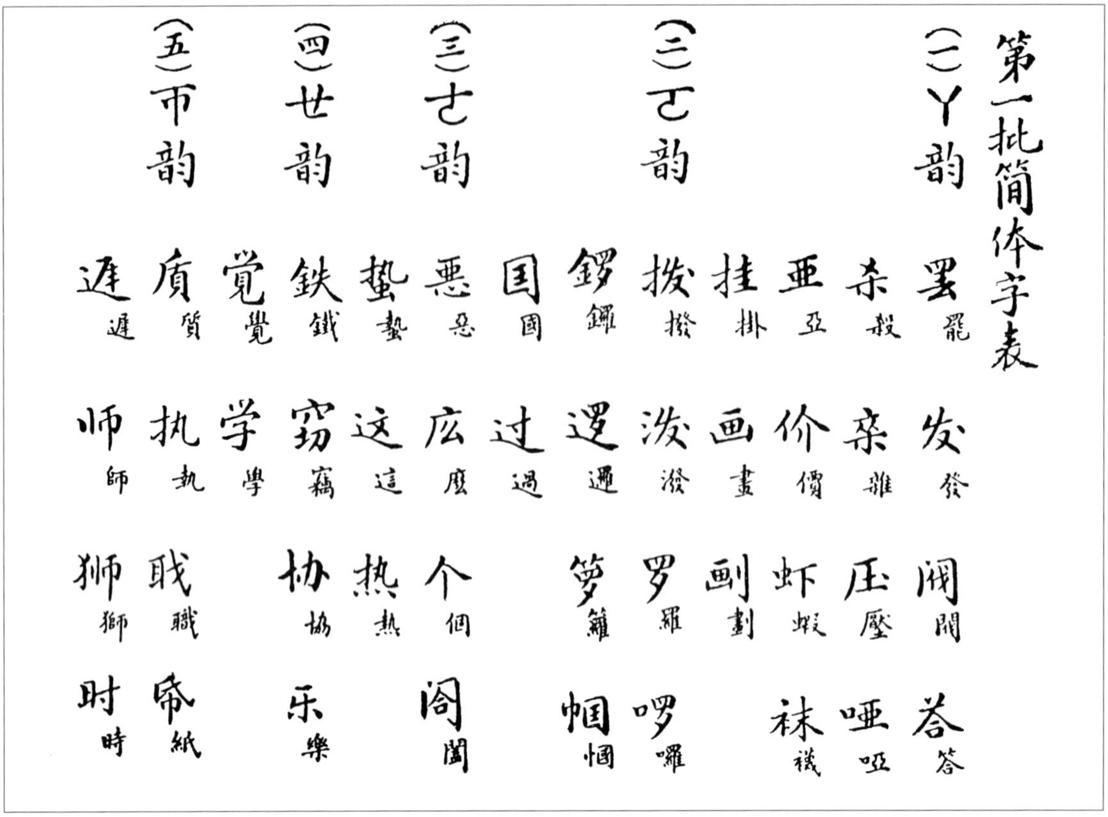

【図8：第一批簡体字表】

　簡略化された漢字は抗日戦，内戦の間，主に共産党の統治地域で「解放字」として発達し，中華人民共和国の成立を迎えます。

　中華人民共和国成立後は，まず1955年に《第一批异体字整理表》【図9】が公布され，これにより，793組1815字のうち1022字が整理され793字になりました。つづいて1956年には，《汉字简化方案》が発表され，これに偏（へん）や旁（つくり）に関する調整を加え1964年に発表されたのが《简化字总表》です。同時に印刷用の字体を規定したものとして《印刷通用汉字字形表》(6196字) も発表されました。手書き体に近づけた印刷字体が制定されたのですが，この中で画数が減らされた文字も少なくありません。これらの制定にあたっては，覚えやすさ，書きやすさにこだわって，1つ1つの漢字が丁寧に検討されています。1本の棒，1つの点にも気が配られているのですから，学ぶ際にもいい加減にはしたくないものです。

　やがて1977年には《第二次汉字简化方案（草案）》【図10】が公布されますが，この簡略化には行き過ぎがあったとして試用を停止，1986年，正式に廃止となり，1964年のものと同じ表が，若干の訂正を加えて改めて発表されました。ここで定められた簡体字は，もはや略字・俗字等ではなく，中国国内の公文書，出版物等で正式に使われるものです。

第一批异体字整理表

本书编者说明：

1. 本表于1955年12月22日由中华人民共和国文化部、中国文字改革委员会联合发布。

2. 下表是经过调整的《第一批异体字整理表》，共793组、1815字，其中被选用的规范字形793字、被淘汰的异体字形1022字。调整时，删掉了不构成异体关系的字组，改正了某些错误的字形。

3. 为了方便读者使用，编者对《第一批异体字整理表》重新作了编排。字表按选用字的汉语拼音字母顺序排列。同音节的字再按笔画数排列，笔画少的在前，多的在后。笔画数相同的按起笔笔形横(一)、竖(丨)、撇(丿)、点(丶)、折(乛)的顺序排列。为了方便读者使用，另编有《从被淘汰的异体字查选用字部首检字表》。

A
an
岸[屽]
庵[菴]
暗[闇晻]
鞍[鞌]
ao
坳[坳]
拗[抝]
翱[翶]
鼇[鰲]

B
ba
霸[覇]
bai
柏[栢]
稗[粺]
ban
坂[岅]

bang
榜[牓]
膀[髈]
幫[幚幇]
bao
刨[鉋鑤]
褓[緥]
褒[襃]
寶[寳]

bei
杯[盃桮]
背[揹]
悖[誖]
備[俻]
ben
奔[犇奔逩]
beng
绷[繃]

bi
秕[粃]
秘[祕]
逼[偪]
痹[痺]
弊[獘]
斃[獘]
bian
遍[徧]

【図9：《第一批异体字整理表》】

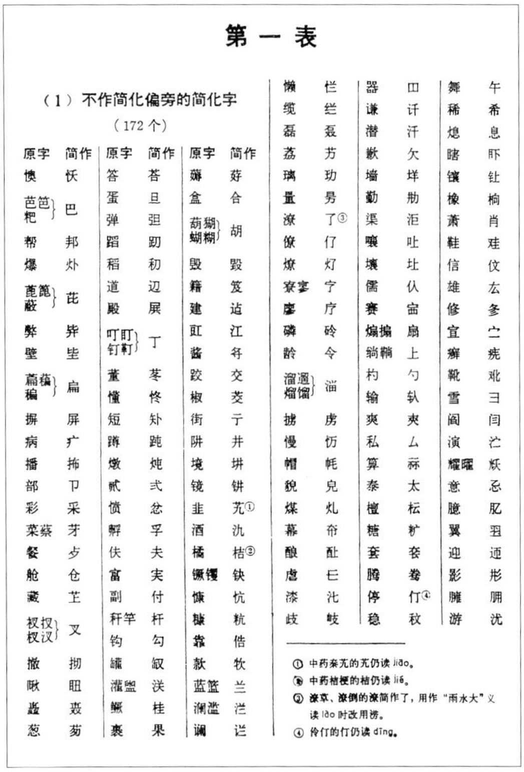

【図10《第二次汉字简化方案（草案）》】

◆——《简化字总表》

《简化字总表》は“第一表”“第二表”“第三表”の3つの表から構成されています。“第一表”には偏旁にならない簡体字350字，“第二表”には偏旁になる簡体字132字と簡略化された偏旁14種，“第三表”には“第二表”から構成される簡体字1753字がそれぞれ収録されています。【図11】に各表のそれぞれ一部を示します。

◆——日本の漢字との対照

字形の対照

中国の漢字と日本の漢字とでは多くの字形が異なります。概して中国のほうが画数が少なく，また，手書きに適した字形になっています。

【表12】には特に，共通の旧字から中国と日本で異なる簡略化を行ったものと，似た字形で部分的に異なるものとをあげます。いずれもごく一部をあげただけです。部分的に異なるものでは，筆画のつなぎ方，点の向き，点や横線の数等，微妙な違いが見られます。

简化字总表

(1986 年新版)

第 一 表

不作简化偏旁用的简化字

本表共收简化字 350 个，按读音的拼音字母顺序排列。本表的简化字都不得作简化偏旁使用。

	报〔報〕	灿〔燦〕	称〔稱〕	
A	币〔幣〕	层〔層〕	惩〔懲〕	D
碍〔礙〕	毙〔斃〕	搀〔攙〕	迟〔遲〕	担〔擔〕
肮〔骯〕	标〔標〕	谗〔讒〕	冲〔衝〕	胆〔膽〕
袄〔襖〕	表〔錶〕	馋〔饞〕	丑〔醜〕	导〔導〕
	别〔彆〕	缠〔纏〕②	出〔齣〕	灯〔燈〕
B	卜〔蔔〕	忏〔懺〕	础〔礎〕	邓〔鄧〕
坝〔壩〕	补〔補〕	偿〔償〕	处〔處〕	敌〔敵〕
板〔闆〕		厂〔廠〕	触〔觸〕	籴〔糴〕
办〔辦〕	C	彻〔徹〕	辞〔辭〕	递〔遞〕
帮〔幫〕	才〔纔〕	尘〔塵〕	聪〔聰〕	点〔點〕
宝〔寶〕	蚕〔蠶〕①	衬〔襯〕	丛〔叢〕	淀〔澱〕

① 蚕：上从天，不从夭。
② 缠：右从廛，不从厘。

第 二 表

可作简化偏旁用的简化字和简化偏旁

本表共收简化字 132 个和简化偏旁 14 个。简化字按读音的拼音字母顺序排列，简化偏旁按笔数排列。

	罢〔罷〕	边〔邊〕	仓〔倉〕	齿〔齒〕
A	备〔備〕	宾〔賓〕	产〔產〕	虫〔蟲〕
爱〔愛〕	贝〔貝〕		长〔長〕④	刍〔芻〕
	笔〔筆〕	C	尝〔嘗〕⑤	从〔從〕
B	毕〔畢〕	参〔參〕	车〔車〕	窜〔竄〕

① 在折和摺意义可能混淆时，摺仍用摺。
② 宫商角徵羽的徵读 zhǐ(止)，不简化。
③ 庄：六笔。土的右旁无点。
④ 长：四笔。笔顺是：丿 𠂉 ⻓ 长。
⑤ 尝：不是賞的简化字。賞的简化字是赏(见第三表)。

第 三 表

应用第二表所列简化字和简化偏旁得出来的简化字

本表共收简化字 1 753 个(不包含重见的字。例如"缆"分见"纟、⺈、见"三部，只算一字)，以第二表中的简化字和简化偏旁作部首，按第二表的顺序排列。同一部首中的简化字，按笔数排列。

爱	贞〔貞〕	侦〔偵〕	贵〔貴〕	贼〔賊〕
	则〔則〕	侧〔側〕	钡〔鋇〕	贿〔賄〕
嗳〔噯〕	负〔負〕	货〔貨〕	贷〔貸〕	赆〔贐〕
嫒〔嬡〕	贡〔貢〕	贯〔貫〕	贸〔貿〕	赂〔賂〕
叆〔靉〕	呗〔唄〕	测〔測〕	贺〔賀〕	债〔債〕
瑷〔璦〕	员〔員〕	浈〔湞〕	陨〔隕〕	赁〔賃〕
暧〔曖〕	财〔財〕	恻〔惻〕	涢〔溳〕	渍〔漬〕
	狈〔狽〕	贰〔貳〕	资〔資〕	惯〔慣〕
罢	责〔責〕	贲〔賁〕	祯〔禎〕	琐〔瑣〕
摆〔擺〕	厕〔厠〕	贳〔貰〕	贾〔賈〕	赉〔賚〕
〔襬〕	贤〔賢〕	费〔費〕	损〔損〕	匮〔匱〕
罴〔羆〕	账〔賬〕	郧〔鄖〕	贽〔贄〕	掼〔摜〕
䎱〔䎬〕	贩〔販〕	勋〔勛〕	埙〔塤〕	殒〔殞〕
	贬〔貶〕	帧〔幀〕	桢〔楨〕	勚〔勩〕
备	败〔敗〕	贴〔貼〕	唝〔嗊〕	赈〔賑〕
惫〔憊〕	贮〔貯〕	贶〔貺〕	唢〔嗩〕	婴〔嬰〕
	贪〔貪〕	贻〔貽〕	赅〔賅〕	啧〔嘖〕
贝	贫〔貧〕	贱〔賤〕	圆〔圓〕	赊〔賒〕

【図11《简化字总表》第一表～第三表】

日本と中国で異なる簡略化を行ったもの

〔中国〕	〔日本〕	注	〔中国〕	〔日本〕	注
广	広	共通の旧字　廣	价	価	共通の旧字　價
乐	楽	共通の旧字　樂	卖	売	共通の旧字　賣
实	実	共通の旧字　實	图	図	共通の旧字　圖
应	応	共通の旧字　應	泽	沢	共通の旧字　澤

日本と中国で部分的に異なるもの

〔中国〕	〔日本〕	注	〔中国〕	〔日本〕	注
边	辺	右上が「刀」でなく「力」 共通の旧字　邊	对	対	左側が「文」でなく「又」 共通の旧字　對
强	強	右上が「ム」でなく「口」	勇	勇	中が「田」でなく「用」
决	決	「さんずい」でなく「にすい」	钱	銭	右側横棒が2本 共通の旧字　錢
变	変	上の左側がはらいでなく縦棒，下の部分が1画少ない 共通の旧字　變	带	帯	縦棒3本の下の横棒がない 共通の旧字　帶
步	歩	右側の点がない	压	圧	右下に点がつく 共通の旧字　壓
差	差	はらいが上から左下へ貫く	晚	晩	はらいが上から左下へ貫く
反	反	1画目が右から左へはらう	以	以	1画目がカギ
海	海	中がはらいでなく2点	骨	骨	曲げの向きが反対
害	害	縦棒が下に突き抜ける	画	画	縦棒が上に突き抜けない 共通の旧字　畫
写	写	横棒が右に突き抜けない 共通の旧字　寫	真	真	「目」の下が横棒につく

【表12：中日字形対照】

筆順の対照

中国の簡体字は，1997年に制定された《现代汉语通用字笔顺规范》に従って筆順が決められています。日本では1958年文部省通達の『筆順指導の手びき』が筆順の基準とされていますが，同じ字形の文字でも日本と中国とで筆順の異なるものがあります。筆順の違いは，字形，特にくずして書く時の字形に大きく影響します。また辞書等の筆画検索では，画数ごと筆順ごとに文字が配列されています。同じ画数の中が1画目の筆画により"一丨ノ丶㇕"の順に，さらに2画目の筆画，3画目の筆画…と配列されているのです。曲がっているもの，はねているものは向きによらずすべて"㇕"になります。【図13】の《现代汉语通用字笔顺规范》では，"一丨ノ丶㇕"に順に「1, 2, 3, 4, 5」の番号をつけ，合わせて示しています。

规　　则	例字	笔　　顺
先横后竖	十	一十
	木	一十才木
先撇后捺	人	ノ人
	大	ナ大
从上到下	三	一二三
	高	丶亠古高
从左到右	他	亻他
	树	木权树
从外到内	月	刀月
	风	几风
先里头后封口	目	冂冃目目
	因	冂冈因
先中间后两边	小	亅小小
	水	亅才水

【図12】：《汉字书写笔顺规则表》

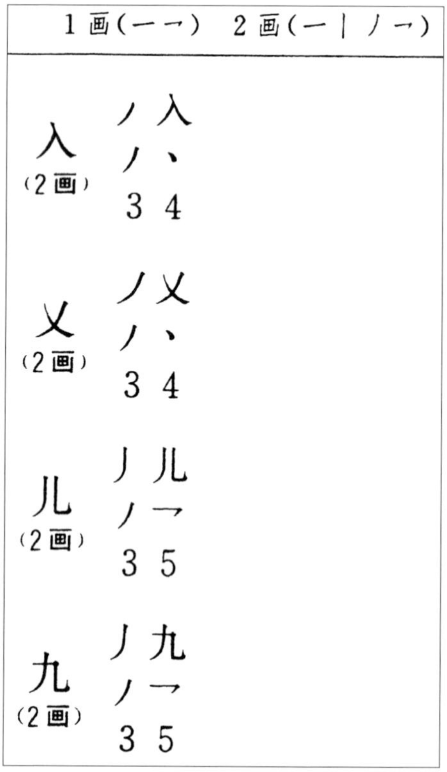

【図13】：《现代汉语通用字笔顺规范》

【表13】にわかりにくいと思われる筆順を示します。日本での筆順と異なる場合にはあわせて示しました。

◆──常用字

以上に合わせ，教育の普及・識字率の向上のために，教育用の常用字表も定められました。中華人民共和国成立後，最も早くは1952年に《常用字表》(常用字1500字，補充常用字500字) が発表されましたが，1988年には改めて《现代汉语常用字表》【図14】(常用字2500字，準常用字1000字) が定められました。また，同じ年に，新聞・雑誌・一般の出版物等に使用する文字の範囲として，《现代汉语通用字表》【図15】(7000

字		筆順	字		筆順
长		ノ 𠂉 ⻒ 长	车		一 𠂇 车 车
发		𠂉 ⺈ 方 发 发	马		㇆ 马 马
门		丶 亻 门	书		㇆ ㇋ 书 书
为		丶 ソ 为 为	专		一 二 专 专
北	〔中国〕	丨 ⺊ 丬 北 北	必	〔中国〕	丶 乚 心 必 必
	〔日本〕	一 ⺊ 丬 北 北		〔日本〕	丶 ソ 必 必 必
出	〔中国〕	乚 凵 屮 出 出	耳	〔中国〕	一 丅 丌 开 耳 耳
	〔日本〕	丨 屮 屮 出 出		〔日本〕	一 丅 下 下 巨 耳
母	〔中国〕	乚 母 母 母 母	鸟	〔中国〕	ノ 勹 勺 鸟 鸟
	〔日本〕	乚 母 母 母 母		〔日本〕	ノ 白 白 鳥 鳥 鳥
田	〔中国〕	丨 冂 日 田 田	王	〔中国〕	一 二 干 王
	〔日本〕	丨 冂 川 田 田		〔日本〕	一 丅 干 王
右	〔中国〕	一 ナ 才 右 右	左	〔中国〕	一 ナ 十 左 左
	〔日本〕	ノ ナ 才 右 右		〔日本〕	一 ナ 十 左 左

【表13】

字）が制定されています。この《现代汉语通用字表》は《现代汉语常用字表》の3500字を含み，1964年の《印刷通用汉字字形表》の基礎の上に作成されたものです。

2000年には《国家通用语言文字法》が制定され，“普通话”の普及や文字使用について，細かな規定が示されました。

常 用 字（2500字）

笔 画 顺 序 表

一画

一 乙

二画

二 十 丁 厂 七 卜 八 人 入 儿 九 几 了 乃 刀 力 又

三画

三 干 于 亏 士 土 工 才 下 寸 丈 大 与 万 上 小 口 山 巾 千 乞 川 亿 个 么 久 勺 丸 夕 凡 及 广 亡 门 义 之 尸 已 弓 己 卫 子 也 女 飞 刃 习 叉 马 乡

四画

丰 王 井 开 夫 天 元 无 云 专 扎 艺 木 五 支 厅 不 太 犬 区 历 友 尤 匹 车 巨 牙

【図14：《现代汉语常用字表》】

一画 ［一］ 一 ［㇕］ 乙 二画

［一］ 二 十 丁 厂 七 ［丨］ 卜

［丿］ 八 人 入 乂 儿 九 匕 几

［㇕］ 刁 了 乃 刀 力 又 乜

三画 ［一］ 三 干 亍 于 亏 士 土

工 才 下 寸 丈 大 兀 与 万 弋

［丨］ 上 小 口 山 巾 ［丿］ 千

乞 川 亿 彳 个 么 久 勺 丸 夕

【図15：《现代汉语通用字表》】

中国語表記上の規則

◆――**書写方向**

現在の中国語の書写方向は横書きです。1995年に横書きが正式な書式と決められました。各種法令も新聞も教科書も基本は横書きです。新聞に割付の関係で一部縦書きの記事があったり、古典文学の書籍は縦書きのものがあったりします。どちらの場合も次項の標点符号で区切る以外にスペースをあけることはありません。漢字が切れ目なくつながります。また、段落の始めは2マス空けます。

◆――**標点符号**

文章をつづるためには、文字のほかに各種の記号が必要です。中国ではまとめて"标点符号"と呼んでいます。1951年に《标点符号用法》が公布され1990年に改訂されましたが、1995年に改めて公布されています。1990年の改訂では符号の種類が2種増えて16種類になり、また、横書きに対応したものになりました。1995年版から抜粋して【表14】にあげます。縦書きの場合は" "が「 」になる等、若干の違いがあります。

句号	。	北京是中华人民共和国的首都。
问号	？	他叫什么名字？
叹号	！	为祖国的繁荣昌盛而奋斗！
逗号	，	我们看得见的星星，绝大多数是恒星。
顿号	、	正方形是四边相等、四角均为直角的四边形。
分号	；	语言，人们用来抒情达意；文字，人们用来记言记事。
冒号	：	他十分惊讶地说："啊，原来是你！"
引号	" " ' '	"满招损，谦受益"这句格言，流传到今天至少两千年了。
括号	（ ）	中国猿人（全名为"中国猿人北京种"，或简称"北京人"）在我国的发现，是对古人类学的一个重大贡献。
破折号	——	迈进金黄色的大门，穿过宽阔的风门厅和衣帽厅，就到了大会堂建筑的枢纽部分——中央大厅。
省略号	……	在广州的花市上，牡丹、吊钟、水仙、梅花、菊花、山茶、墨兰……春秋冬三季的鲜花都挤在一起啦！
着重号	．	事业是干出来的，不是吹出来的。
连接号	－	鲁迅（1881－1936）中国现代伟大的文学家、思想家和革命家。
间隔号	・	《三国志・蜀志・诸葛亮传》
书名号	《 》〈 〉	《红楼梦》的作家是曹雪芹。
专名号	＿＿	司马相如者，汉蜀郡成都人也，字长卿。

【表14：標点符号】

◆──台湾・香港での発音・漢字の表記

　台湾においては，1949年，国民党政府が台湾へ移って以降，日本統治時代の「国語」＝日本語からの脱却と，中国（大陸）への対抗のために，方言，少数民族言語の使用を禁止する等，国語の極端な絶対化が図られた時期もありましたが，1987年の戒厳令解除とともに，多言語多文化容認政策へと移行しています。中国（大陸）の"普通话"と同じ，ただし，50年以上に及ぶ台湾内での使用により多少変化した「国語」が共通語とされていますが，2001年からは，義務教育において閩南語，客家語，先住民族の言語の中から少なくとも1つの言語を学ぶことになっています。

　国語に関しては，「國語注音符號手冊」「國語注音符號第二式」「國字標準字體」「標點符號手冊」等の関連する法令が，教育部国語推行委員会により定められています。うち「國語注音符號第二式」は，ピンインに似たローマ字による表記です。

　香港においては，粤方言系のことば，いわゆる「広東語」が日常口頭で使われる主要なことばであり，また，かつての宗主国のことば，英語の使われる場も多いのですが，中国（大陸）との関係重視から，特に1997年の返還後「普通話教育」が推進されています。教材開発，教員養成などでその中核を担っているのが香港中文大學普通話教育研究及發展中心です。「普通話教育」では中国（大陸）と同じピンインが使用されています。一方，書面語は中国（大陸）と共通することばです。

　台湾・香港においては，簡体字移行前の漢字，繁体字が使われています。通常は縦書きされます。横書きにされることもありますが，その場合でも句点や読点はマスの右上や左下でなく，中央に打たれます。どちらの場合も段落の始めは2マス空けます。

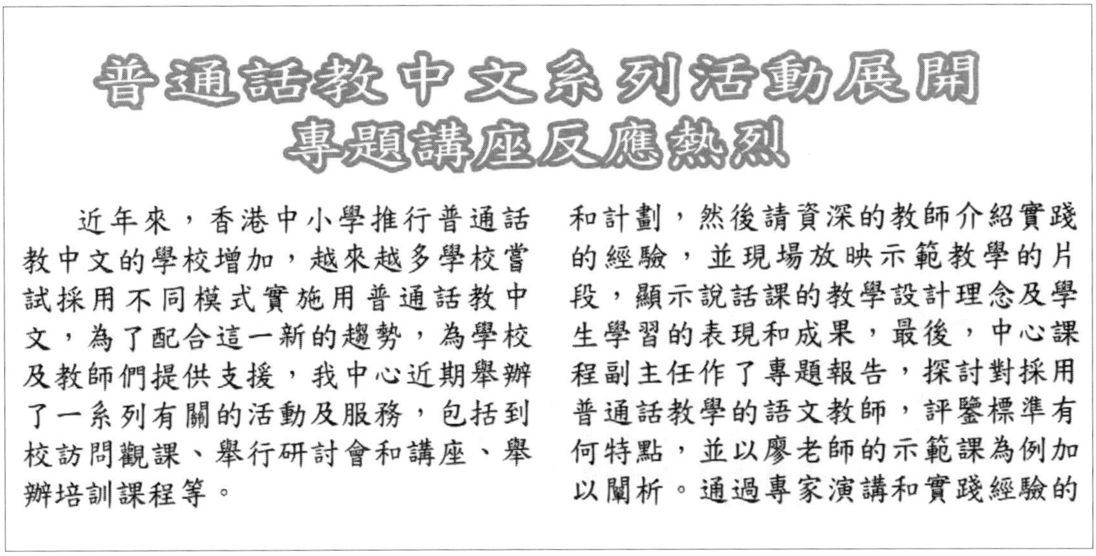

> 普通話教中文系列活動展開
> 專題講座反應熱烈
>
> 　近年來，香港中小學推行普通話教中文的學校增加，越來越多學校嘗試採用不同模式實施用普通話教中文，為了配合這一新的趨勢，為學校及教師們提供支援，我中心近期舉辦了一系列有關的活動及服務，包括到校訪問觀課、舉行研討會和講座、舉辦培訓課程等。和計劃，然後請資深的教師介紹實踐的經驗，並現場放映示範教學的片段，顯示說話課的教學設計理念及學生學習的表現和成果，最後，中心課程副主任作了專題報告，探討對採用普通話教學的語文教師，評鑒標準有何特點，並以廖老師的示範課為例加以闡析。通過專家演講和實踐經驗的

【図16：香港の刊行物『普通話教研通訊』】

| さらに詳しく知りたい時は…… |

●中国語全般，音声，語彙，文法について
相原茂著『はじめての中国語』講談社現代新書，1990年
相原茂編『中国語学習ハンドブック　改訂版』大修館書店，1996年
王占華ほか著『中国語学概論』駿河台出版社，2004年
金丸邦三著『中国語四週間』大学書林，1997年
木村英樹著『中国語はじめの一歩』ちくま新書，1996年
輿水優著『中国語の教え方・学び方－中国語科教育法概説－』冨山房インターナショナル，2005年
北京大学中国語言文学系現代漢語教研室編，松岡榮志・古川裕監訳『現代中国語総説』三省堂，2004年
相原茂ほか著『新版　中国語入門Q&A101』大修館書店，2003年
相原茂ほか著『中国語学習Q&A101』大修館書店，1991年
相原茂ほか著『中国語教室Q&A101』大修館書店，2000年

●中国の方言について
詹伯慧著，樋口靖訳『現代漢語方言』光生館，1983年

●中国の文字改革・"普通话"の普及について
大原信一『近代中国のことばと文字』東方書店，1994年
大原信一『中国の識字運動』東方書店，1997年
岡本雅享『中国の少数民族教育と言語政策』社会評論社，1999年
藤井（宮西）久美子著『近現代中国における言語政策』三元社，2003年
李乐毅著《你了解汉语拼音吗？》上海教育出版社，1997年
王理嘉著《汉语拼音运动与汉民族标准语》语文出版社，2003年
高更生著《现行汉字规范问题》商务印书馆，2002年

●中国語の規範について
国家语言文字工作委员会政策法规室编《国家语言文字政策法规汇编》语文出版社，1996年
李行健・费锦昌著《语言文字规范使用指南》上海辞书出版社，2001年
语文出版社编《语文文字规范手册》语文出版社，2006年
国家语言文字工作委员会标准化工作委员会编《现代汉语通用字笔顺规范》语文出版社，1997年

●辞書類
《汉语拼音词汇（1989年重编本）》语文出版社，1991年
《新华字典　第10版》商务印书馆，2004年
商务印书馆辞书研究中心编写《新华拼写词典》商务印书馆，2002年

（かとう・はるこ　明海大学）

II

大学2年間・240時間分をまとめてチェック！
『中国語初級段階の文法ガイドライン』

島田亜実

06年3月25日に開催された「中国語教育学会第4回全国大会」の席で、「中国語教育学会 学力基準プロジェクト委員会（座長：輿水優氏）」によって『中国語初級段階の文法ガイドライン（試案）』が発表されました。本稿ではこの『ガイドライン』にそって解説を加えるとともに、関連した練習問題を用意しました。『ガイドライン』では語彙数や表現方法などもしぼられていますが、解説や練習ではこの範囲を多少越えている部分もあります。

もともと、週2コマ（90分）で2年間学習する場合を想定して教材作成や教室での指導時に依拠すべきガイドラインとして作られたものですので、中国語の語構成から始まって品詞にまでふれています。また本来は基礎・応用で分けるべきものもまとめて解説してあります。今現在中国語を勉強しているとか、これから勉強しようかと思っているという皆さんは、解説が面倒だなと思ったらどんどんとばしてしまってかまいません。練習問題やクイズにだけ挑戦してみるのもいいでしょう。

ほとんどのみなさんは英語を先に学んでいるので、外国語というとすぐに英語を思い浮かべるのではないでしょうか。日本語は「〜を…する」という順であるのに対し、中国語では「動詞＋賓語（目的語）」の順で並べるのでこの点も英語と比べたくなる原因だと思います。しかし、「いつ＋どこで＋〜する」という語順は日本語と同じですし、話題を文頭に持ってきて「今日は暑い；テニスは彼がうまい；宿題はもうやりました」という言い方も日本語と同じ順です。形容詞の文ではbe動詞を使わなくてはならないなんて決まりもないし、疑問詞を文頭に持ってくる必要もありません。このほかにも日本語との共通点がたくさんあります。中国語の仕組みにすこしふれてみましょう。

『ガイドライン』本文（網かけ部分）の用例には、学習の便を考慮し、ピンインを注記し、訳文を加えました。ピンインや訳の不備は筆者の責任によるものです。また、現在この試案をもとに改定・学習語彙表作成の作業が進められています。

1　字・単語 ㉜
2　単語の中に発見！語順のルール(2) ㊲
3　単語≦連語；単語≦文；連語≦文？ ㊵
4　単語→連語；単文→複文〜文の種類(1) ㊵
5　肯定と否定〜文の種類(2) ㊷
6　"。！？"〜文の種類(3) ㊸
7　文の成分〜パーツに分解してみると ㊽
8　品詞〜AさんとBさんは仲がいい ㊲

1　字と語

漢字は一つ一つが意味を有し，そのまま単語として単独に使えるように思えるが，字＝語とは限らない。

*この項目は，特に講ずることをせず，字と語について発音練習の例示などに反映させるとよい。

1-1　漢字は表意文字だと言われるが，すべての漢字が意味を有するわけではない。日本語は一般的に漢字が表意，仮名が表音の役割を分担しているが，日本語と文字体系の異なる中国語においては漢字が表音文字としても使われる。音訳の外来語，擬声語，感動詞に当てた漢字がその例になる。

たとえば，"丁" dīng や "当" dāng のように，個々の漢字は意味を有していても，擬声語の "丁当" dīngdāng においては表意の働きをしない，当て字に過ぎない。外来語の "咖啡" kāfēi，"葡萄" pútao も同様である。外来語には，音訳ではあるが，"拖拉机" tuōlājī（トラクター）のように，当て字が表意の働きもしている例がある。特に商品名に多い。

⇒ 1-1 の挙例
咖啡 kāfēi（コーヒー）
葡萄 pútao（ブドウ）
丁当 dīngdāng（カチャン＝金属がぶつかる音）
汪汪 wāngwāng（ワンワン＝イヌの鳴き声）
哈哈 hāhā（アハハ＝笑い声）

1 『字・単語』

『ガイドライン』の1・2は「字と語」・「単語と連語」についてです。語学の授業で直接ふれることはあまりないと思いますが，中国語のことばのしくみに関わる話なので，ガイダンスや雑談でちらほらと耳にすることがあるかもしれません。

1-1 『漢字は表意文字というけれど…』

日本語では漢字のほかに音を表す「表音文字」として平仮名・片仮名を使い，特に片仮名は外来語や擬声語を表す場合に使っています。仮名文字は日本独自の表記方法なので中国語にはありません。

では，中国では外来語や擬声語をどう表すのかというと，やはり漢字を使って表します。漢字の意味に関係なく音だけ単純に当てているものや，特に商品名などもともとの意味をうまく利用して当てる漢字に工夫を凝らしたものや，音を当てるだけでなく意訳と合わせることでより意味を取りやすくしたものなどさまざまです。

例えば，外来語の音訳（1部分だけの音訳も含めて）には以下のようなものがあります。

①咖啡 kāfēi：コーヒー　②沙发 shāfā：ソファー
③芳达 fāngdá：ファンタ（清涼飲料水名）
④三得利 sāndélì：サントリー（企業名）
⑤色拉油 sèlāyóu：サラダオイル（"色拉" sèlā が「サラダ」に当たる音，"油" yóu は意訳）
⑥沙丁鱼 shādīngyú：サーディン（"沙丁" shādīng で全体に音を当て，さらに何なのかわかるように "鱼" yú で分類を追加）

"咖啡" kāfēi・"沙发" shāfā などは字に特に意味はなく，漢字の音を利用しているだけですが，"芳达（＝達）" fāngdá・"三得利" sāndélì は単に

字を当てるだけでなく，「香りが届」いたり「利益を得」られそうだったりと，よい連想ができるように工夫をしています。

こうした外来語は中国からさらに日本へと伝わっていて，その音がそのまま日本語になっている"葡萄"pútao(ブドウ)も実はそれぞれの字に意味はなく，随分昔に伝わった音訳型の外来語のひとつなのです。

また，"丁当"dīngdāng(カチャン；チリン)・"汪汪"wāngwāng(ワンワン)・"哈哈"hāhā(アハハ)などの擬声語も漢字の音を利用した例です。

"葡萄"pútao・"咖啡"kāfēiの"葡""萄""咖""啡"はもともと音を表すために使われているだけで意味がありませんが，"丁"dīng・"当"dāng・"沙"shā・"发"fā などは，本来それぞれ「成年男子」「担当する」「砂」「発生する」などの意味を持っています。ただ，擬声語や音訳型の外来語の"丁当"・"沙发"ではそれらの意味に関係なく，単に音を表す「字」として使われています。漢字は「表意文字」といわれますが，すべての漢字が(その使われている場合によって)みな意味を有するわけではないことに注意しましょう。

1-2 すべての漢字が単用できるわけではない。日本語は一般に音読みでは単用できなくても訓読みすると字がそのまま単語として使える。"国"guóや"春"chūnも書き言葉では単用する。	⇒1-2の挙例 男nán →男的nánde（男性） 女nǚ →女的nǚde（女性） 国guó →国家guójiā（国） 春chūn →春天chūntiān（春） 日中两国Rì-Zhōng liǎng guó（日中両国） 四季如春sìjì rú chūn（常春）

1-2 『1人立ちできないものたち』

日本語では中国由来の音読みと日本式の訓読みを使い分けています。例えば「男」は音読みで「ダン；ナン」と読んではそのまま使うことができず，「男性・男女・長男」など語の一部にしかなりませんが，訓読みで「おとこ」と読めばそのまま使うことができます。もともとの日本の言葉を中国から伝わった漢字に当てて読み慣わしたものが訓読みです。

日本語にはこの訓読みがあるので"男"nán・

> **column**
> 『日本語は中国語の化石？』
> 日本語でよく使う字でも，中国語では古語・書面語だったり単用できなかったりするものは少なくありません。次の日本語を現代中国語（口語）ではなんと言うかわかりますか？
> ①木 ②犬 ③川 ④兄 ⑤(ニワトリの)卵
> ────────────────
> ①树shù②狗gǒu③河hé④哥哥gēge⑤鸡蛋jīdàn

"国"guó などが中国語では単用できないといわれてもピンとこないかもしれませんが，"男的"nánde(男性)・"国家"guójiā(国)のようにほかの字と組み合わせて使います。

ただ，書き言葉では単用できるというものもあります。"日中两国"Rì-Zhōng liǎng guó（日中両国）の"国"がそうです。この書面語と口語の違いも漢字の知識のある私たち日本人にとってはかえってやっかいです。例えば「目（め）」や「口（くち）」。現代中国語の口語ではそれぞれ"眼睛"yǎnjing・"嘴"zuǐといい，"目"mù・"口"kǒuは書面語で，"目瞪口呆"mù dèng kǒu dāi（目は見開き口は言葉がでない→驚いて呆然とするさま）のように成語や単語の一部として使います。ちなみに，ある辞書では"目瞪口呆"を"眼睛瞪大，嘴张开不动，形容因事情发生得突然而惊得讲不出话来的样子"Yǎnjing dèngdà, zuǐ zhāngkāi bú dòng, xíngróng yīn shìqing fāshēng de tūrán ér jīng de jiǎngbuchū huà lái de yàngzi.（目は見開き口は開け放し，突然の事に驚いて言葉が出ない様子を表す）と説明しています。説明文では"眼睛"yǎnjing・"嘴"zuǐが使われていますね。

安易に日本語をそのまま中国読みにすれば通じるというわけではありません。

1-3 単語（＝語）とは，独立して運用できる，意味を有する最小の単位である。
複音節語のなかには，単語として成立させるための付加成分を有する例がある。

⇒ 1-3の挙例
海 hǎi → 大海 dàhǎi（海）
虎 hǔ → 老虎 lǎohǔ（トラ）
帽 mào → 帽子 màozi（帽子）
枕 zhěn → 枕头 zhěntou（枕）

1-4 単語には，音節数が1つだけの単音節語と，2つ以上の複音節語がある。
音節数と漢字の数は一般には一致しているが，2字で1音節になるような例外もある。

⇒ 1-4の挙例
山 shān（山）　河 hé（川）　人 rén（人）
人民 rénmín（人民）　我们 wǒmen（私たち）
马拉松 mǎlāsōng（マラソン）
花儿 huār（→接辞"儿"を付加する語）（花）
浬（hǎilǐ→"海里"と同じ）（海里）

1-3 『まだまだ1人立ちできないものたち』

1-2にも関連しますが，日本語では単用できても中国語では独立した単語として使えない（または使わない）という例はまだまだあります。

中国語では単語の2音節化を好む傾向があり，2音節にするためにほかの成分を付け加えることがあります。"大海"dàhǎi・"大象"dàxiàngはそれぞれ単に「海」「ゾウ」という意味ですし，"老虎"lǎohǔ（トラ）・"老鼠"lǎoshǔ（ネズミ）も別に年をとっているわけではありません。また，"帽子"màozi（帽子）や"枕头"zhěntou（枕）のように"子、头"などを付け加えた形の単語も多数あります。

1-4 『「音節」って？』

先ほど1-3で「2音節」といういい方をしましたが，中国語は「声母＋韻母＋〔声調〕」で1音節を

---

column

『外来語クイズ』

それではここでちょっとクイズです。①〜⑥は何のことでしょう？ 音と字から想像してみてください。

①芒果布丁 mángguǒ bùdīng　　②耐克 nàikè
③吉普（车）jípǔ(chē)　　④信用卡 xìnyòngkǎ
⑤卡啦OK kǎlā-OK　　⑥哆啦A梦 duōlā-A-mèng

◇

①マンゴープリン。どちらも音を当てています。プリンと"布"bù"丁"dīngといった漢字は共通点がありませんが，マンゴーは"果"guǒで一応果物かなとわかります。同じような音でも"忙国"mángguó（忙しい・国）では想像つきませんね。②ナイキ。スポーツ用品のブランド名ですが，"奶渴"nǎikě（乳・渇く）と当てたら随分印象が違うのではないでしょうか？ ③ジープ。"吉普"jípǔだけで音を当てていますが，"车"chē（車）をつけることで車の1種ということがわかります。④クレジットカード。"信用"xìnyòngでクレジットを意訳し，"卡"kǎはカードの音に当てています。⑤⑥はアルファベットを一部に取り入れたもので，比較的新しい表記法です。⑤カラオケ。⑥ドラえもん。

作ります。ピンインで表したときに声調をつける1つのまとまりが1つの音節を表しています。このまとまりが1つだけの語を単音節語，複数のものを複音節語といいます。

以下の例でいうと，
①啊 ā（あ，）　　　　②他 tā（彼）
③小 xiǎo（小さい）　　④好 hǎo（よい）
⑤船 chuán（船）　　　⑥的 de（～の…）
⑦人民 rénmín（人民）　⑧我们 wǒmen（私たち）
⑨马拉松 mǎlāsōng（マラソン）　⑩花儿 huār（花）

①～⑥は子音のあるなしや単母音・二重母音，軽声などに一切関わらずすべて単音節語で，⑦～⑨は複音節語（⑦⑧2音節；⑨3音節）です。音節数と漢字の数は一致しています。ただ例外もあり，⑩は2字ですが，語尾に"-r"がついている音節は1つと数えます。なお，"海里"hǎilǐ（海里）を略字で"浬"（lǐあるいはhǎilǐと発音）と記すこともあります。

1-5 音節数に関係なく，意味を有する最小の単位が1つだけの単語を単純語と呼ぶ。2つ以上の単語を合成語と呼ぶ。

合成語に単音節の例もある。

単純語の例
単音節語 → 人 rén（人）　我 wǒ（私）
複音節語 → 葡萄 pútao（ブドウ）　丁当 dīngdāng（カチャン）　马拉松 mǎlāsōng（マラソン）
合成語（複音節）の例　人民 rénmín（人民）　我们 wǒmen（私たち）　拖拉机 tuōlājī（トラクター）
俩 liǎ（＝两个 liǎng ge）（ふたつ；2人）
甭 béng（＝不用 búyòng）（～しなくてよい）

1-5 『単純といっても簡単ではない』

"我"wǒ は「私」という意味を持っていて，また単独で使用することのできる「単語」です。"们"menは複数を表す意味を持っていますが，これだけで独立して使うことができないので，「単語」ということはできません。"我们"wǒmen（私たち）は"我"と"们"というそれ以上小さく分けることのできない「意味を有する最小の単位〔「形態素」といいます〕」が2つ組み合わさってできた「単語」です。

この"我"のように「意味を有する最小の単位」1つだけでできた語を「単純語」，"我们"のように2つ以上組み合わさっているものを「合成語」といいます。（「意味」には具体的なものだけでなく文法機能としての意味も含みます）

単純語は"我"・"人"rénなど圧倒的に1音節のものが多いのですが，なかには1-1でふれた，音訳型の外来語"葡萄"pútao（ブドウ）・"咖啡"kāfēi（コーヒー）・"马拉松"mǎlāsōng（マラソン）や擬声語"丁当"dīngdāng（カチャン）のように2音節以上のものもあります。"葡萄"をこれ以上分けてしまうと，"葡"（ブドウの「ブ」）と"萄"（ブドウの「ドウ」）という単に音を表すだけの「字」になってしまい，それぞれは意味を持ちません。"葡萄"は2字合わさってはじめて1つの「意味を有する最小の単位」になります。

合成語は"我们"・"人民"rénmínのように2音節以上のものがほとんどですが，こちらにも少数ですが，"俩"liǎ（＝两个 liǎng ge）（ふたつ；2人）のように，もともと2つの成分を1字でまとめて表したものがあります。

○や●を意味を表す最小の単位，外側の囲みを語とすると，単純語は"我"も"葡萄"も◯のように囲みのなかの○が1つだけ，合成語"我们"・"人民"は●○のように囲みの中に○が2つ以上入っているものです。

外来語についてすこし補足します。全体を音訳して音を当てただけの"吉普"jípǔは2音節の単純語ですが，これに「車」を表す"车"chēを加えた"吉普车"jípǔchēは合成語になります。

1-6　合成語には組み合わせによって3種のタイプがある。	(1) 重ねタイプ →妈妈 māma（お母さん）　星星 xīngxing（星） (2) 付加タイプ →第一 dì-yī（第1）　我们 wǒmen（私たち） (3) 複合タイプ → (1-7) を参照

1-6 『3タイプの合わせ方』

2つ以上の「意味を有する最小の単位」によってできている合成語は，その成分（=最小単位）の組み合わせによって3種類に分けることができます。

まず1つは，重ねタイプ○○（○を最小単位，外側の囲みを語だと思ってください），"妈妈" māma（お母さん）のように同じ成分を重ねたもの。2つめは，付加タイプ○●や●○，"我们" wǒmen（私たち）のように具体的な意味を表す成分（ここでは"我"〔私〕）の前後に文法的な意味を表す成分（ここでは"们"〔複数〕）がくっついてできたものです。文法的な意味を表す成分は"-们"や"帽子" màozi（帽子）・"桌子" zhuōzi（机）の"-子"，"枕头" zhěntou（枕）・"里头" lǐtou（なか）の"-头"のように具体的な意味を表す成分の後ろにつくものや，"第一" dì-yī（第1）の"第-"・"老虎" lǎohǔ（トラ）の"老-"のように前につくものなど単語のなかでの位置が決まっています。

3つめは，複合タイプ●○，"人民" rénmín・"民主" mínzhǔ（民主）・"老人" lǎorén（老人）のように，それぞれ具体的な意味を表す成分同士を組み合わせたもので，複合タイプと呼んでいます。単語のなかでの成分の位置は，"人民"では"人"が前，"民"が後ろという順ですが，"民主"では"民"が前，"老人"では"人"が後ろとその単語によって異なっていて，特に固定されていません。この並べ方については次の1-7でふれます。

1-7　複合タイプの合成語には5種の型がある。	(1) 主述型（複合語）地震 dìzhèn（地震） (2) 修飾型（複合語）毛衣 máoyī（セーター） (3) 補足型（複合語）打倒 dǎdǎo（打倒する） (4) 動賓型（複合語）成功 chénggōng（成功する） (5) 並列型（複合語）人民 rénmín（人民）

1-7 『単語の中に発見！　語順のルール(1)』

2音節の合成語"人民" rénmín・"民主" mínzhǔ（民主）・"老人" lǎorén（老人）では，なかの成分がどういう風に組み合わさっているのかちょっと比べてみましょう。"人民"は「人・民」という似たような意味の成分が並べられています。"民主"は「民が主」というように「～が…だ」という順になっています。"老人"は「年をとった人」というように，前の"老"が"人"を修飾しています。同じように"人"が後ろに来ていても，"怕" pà（怖がる）と組み合わせた"怕人" pàrén は「怖がっている人」ではなくて「人を怖がる：人を怖がらせる（=怖い）」という意味で「…を～する」というつくりになっています。これら複合タイプの合成語は，そのなかの成分同士の並べ方によって以下の5種に分けることができます。

(1) 主述型：「～が…する／～は…だ」
地震 dìzhèn（地震）→「大地が震える」
民主 mínzhǔ（民主）
(2) 修飾型：「～の／～な…」
毛衣 máoyī（セーター）→「毛の衣」
老人 lǎorén（老人）

> **column**
> 『合成語のなかをのぞいてみると』
> 　身近な単語がどういう組み合わせで並べられているのか考えてみましょう。
>
> ①紅茶hóngchá　②学习xuéxí　③说明shuōmíng
> ④赏罚shǎngfá　⑤国营guóyíng　⑥年轻niánqīng
> ⑦注意zhùyì　⑧互助hùzhù　⑨好奇hàoqí
> ⑩扩大kuòdà　⑪妹妹mèimei　⑫椅子yǐzi
>
> 　　　　　　　　◇
>
> ①～⑩は複合タイプ，⑪は重ねタイプ，⑫は付加タイプ（"椅"に"子"が付加）です。①修飾型（紅茶）「赤い茶」，②並列型（学習する）「学ぶ・習う」，③補足型（説明する）「説いて→明らかにする」，④並列型（賞罰）「賞と罰」，⑤主述型（国営の）「国が経営する」，⑥主述型（若い）「年が軽い」，⑦動賓型（注意する）「意を注ぐ」，⑧修飾型（互いに助け合う）※修飾されるものが"茶"のように名詞的な成分とは限りません，⑨動賓型（好奇心がある）「奇（珍しいもの）を好む」※「好む」という意味のときは"好"は"hào"と第4声で発音します，⑩補足型（拡大する）「拡げて（その結果）大きくなる」

(3) 補足型：「～の結果…」
打倒dǎdǎo（打倒する）→「打って→倒れる」
缩小suōxiǎo（縮小する）→「縮めて→小さくなる」
(4) 動賓型：「…を～する」
成功chénggōng（成功〔する〕）→「功を成す」
怕人pàrén（人を怖がる；人を怖がらせる）
(5) 並列型：「意味に関わりのある成分が並ぶ」
大小dàxiǎo（大きさ）→「大・小」

人民rénmín（人民）
　これはあくまで複合タイプの合成語についての話で，同じ2音節でも"妈妈"māma（お母さん）のように複合タイプでない合成語や"咖啡"kāfēi（コーヒー）などの単純語，また，"手续"shǒuxù（手続き）のように日本語から逆輸入された単語はこのルールに合致しませんのでご注意を。

2　単語と連語

2つ以上の単語を組み合わせると連語（句；フレーズ）になる。連語には組み合わせによって5種の型（文法的な関係）がある。

(1) 主述連語（主語＋述語）　他来tā lái（彼は来る）
(2) 修飾連語（修飾＋被修飾）很好hěn hǎo（〔とても〕よい）　再见zài jiàn（また会う→さようなら）
(3) 補足連語（動詞＋補足）　看完kànwán（見／読み終える）
(4) 動賓連語（動詞＋賓語）　吃饭chīfàn（食事をする）
(5) 並列連語　　　　　　　猫狗māogǒu（犬猫）

2『単語の中に発見！語順のルール（2）』

2つ以上の単語を組み合わせたものを「連語（句；フレーズ）」といいます。この単語どうしの並べ方にも決まりがあって以下の5種になります。
(1) 主述連語：「主語＋述語」
他来tā lái（彼が来る）
(2) 修飾連語：「修飾語＋被修飾語」
真好zhēn hǎo（本当に良い）
(3) 補足連語：「動詞＋補足語」
看完kànwán（読み終える）
(4) 動賓連語：「動詞＋賓語（目的語）」
看书kàn shū（本を読む）

(5) 並列連語：

猫狗 māo gǒu（犬猫）

先ほど1-7で似たようなものが挙げられていましたね。1-7の(1)～(5)は単語のなかの成分どうしの並べ方で，今回の(1)～(5)は連語のなかの単語どうしの並べ方です。

では，単語や連語を組み合わせた文ではどうでしょう。以下の①②の文の中の単語や連語がどう並べられているのかちょっとのぞいてみましょう。

①我看书。Wǒ kàn shū.（私は本を読む）
②我不看小说、漫画书。Wǒ bú kàn xiǎoshuō, mànhuàshū.（私は小説・漫画を読まない）

まず①の文の成分を左側から順に見ていきます。下線部"我"が「～は」という「主語」，残りが述語です。次に"看书"を見ると，こちらは「…を～する」という「動詞＋賓語」の組み合わせです。②も，まず主語が"我"，残りが「述語」です。次に"不"（～しない）と"看～"では「修飾語＋被修飾語」になっています。さらに"看"と"小说、漫画书"は「…を～する」という「動詞＋賓語」の順で，"小说"と"漫画书"は「並列」です。

図にすると次のようになります。

① 我 看 书。
　｜主｜述語　　｜
　　　｜動｜賓｜

② 我 不 看 小说、漫画书。
　｜主｜　　述語　　　　｜
　　　｜修｜　被修飾語　　｜
　　　　　｜動｜　賓語　　｜
　　　　　　　　｜並｜列　｜

文を細かく分けていくと，先ほどの5種類のルールに従っていることがわかります。実は複合タイプの単語の中の成分どうしの並べ方，連語の中の単語どうしの並べ方，ひいては文の組み立ては同じ5つのルールにそっているのです。

2-1 複合語の5種の型と，連語の5種の型は基本的に構造が同じである。
単語の基本的な配列は上の5種であるが，さらに連動型を加えることもある。
上記の5種の連語は実詞と実詞の組み合わせになっているが，このほかに実詞と虚詞（8品詞参照）の組み合わせも加える場合がある。

連動型の複合語　　　借用 jièyòng（借用する）
連動連語（動詞の連用）（我）去看（wǒ）qù kàn（〔私は〕行って見る；見に行く）

介詞連語（介詞＋賓語）从中国 cóng Zhōngguó（中国から）

"的"de連語（助詞"的"de の後置）我的 wǒ de（私の〔もの〕）

2-2 連語の5種の型は固定されるものではなく，たとえば補足連語と動賓連語を合併して補充連語としたり，動賓連語を"吃饭"chīfàn（ごはんを食べる）と"下雨"xià yǔ（雨が降る）（存在・出現・消滅）の2種の型に分けたりもできる。

2-1・2 『連語の種類～ちょっと補足』

1-7と2で複合タイプの合成語や連語の5種類のルールを挙げましたが，これにさらに次の連動型を加えて6種とすることがあります。
複合タイプ合成語の連動型：「～して…する」

借用 jièyòng（借用する）→「借りて使う」
听写 tīngxiě（聞き取り）→「聞いて書く」
連動連語：「動詞の連用」
去看 qù kàn（行って見る；見に行く）
来玩儿 lái wánr（来て遊ぶ；遊びに来る）

合成語の組み合わせでは，複合タイプ以外に，具体的な意味を表す成分に文法的な意味を表す成分がくっついた付加タイプがありました。同じく連語でも上記の5種（連動型を入れると6種）のように具体的な意味を表す単語（「実詞」といいます）どうしを並べるのではなく，文法的な意味を表す単語（「虚詞」といいます）との組み合わせになる連語があります。"从中国" cóng Zhōngguó（中国から）のように「介詞＋賓語」の組み合わせの介詞連語や"我的" wǒ de（私の〔も

の〕）のような「～＋"的"」の形の"的"連語がこれに当たりますが，詳しくは8-7・8-10でふれます。
　また，5種（あるいは6種）の型は固定されるものではなく，動詞の後ろに何かが並ぶということで補足連語と動賓連語を1つにまとめたり，動賓連語を"吃饭" chīfàn（ごはんを食べる）のように「…を～する」というものと"下雨" xià yǔ（雨が降る）のように「…が～する（起こる）」というものの2つに分けることもできます。

3　文の成立

　単語と単語ばかりでなく，単語と連語，あるいは連語と連語をならべても連語になる。
　連語はそのまま文として用いられたり，また文を構成する成分ともなる。
　ただし，文は独立した連語でなければならず，たとえば"吃了饭" chī le fàn（ごはんを食べたら…）という連語は独立し得ないので文とは言えない。
　文はその前後に一定のポーズが置かれ，また文は一定のイントネーションをともなう（6 文の種類③参照）。

4　文の種類①（構造上の分類）

1) 単文
主述文　（主語＋述語）

他来了。Tā lái le.（彼は来た；来ている）
我是学生。Wǒ shì xuésheng.（私は学生だ）
天气很好。Tiānqì hěn hǎo.（天気がよい）

非主述文（一語文）

谁？ Shéi?——我。Wǒ.（誰？——私）
行。Xíng.（かまわない）　什么？ Shénme?（何？）
有人。Yǒu rén.（〔人が〕いますよ）　下雨了。Xià yǔ le.（雨だ）

（存現文→述語の項参照）

ほかに，日常の言語には命令，禁止，祈願をはじめ，主語を略した非主述文による表現が少なくない。

走吧！ Zǒu ba!（行こう！）　别看！ Bié kàn!（見ないで！）　加油！ Jiāyóu!（頑張れ！）

2) 複文（2つ以上の文を組み合わせる）

接続詞を用いる複文	虽然下雨，可是我去。Suīrán xià yǔ, kěshì wǒ qù.（雨だけれど，私は行く） 因为下雨，所以我不去。Yīnwèi xià yǔ, suǒyǐ wǒ bú qù.（雨なので，私は行かない）
接続詞と副詞を用いる複文	要是下雨，我就不去。Yàoshi xià yǔ, wǒ jiù bú qù.（もし雨なら，私は行かない）
副詞を用いる複文	（一）下雨，我就不去。(Yí) xià yǔ, wǒ jiù bú qù.（雨なら，私は行かない）
接続成分を用いない複文	不去不行。Bú qù bù xíng.（行かなくてはならない）人老了，身体差了。Rén lǎo le, shēntǐ chà le.（年をとると体が衰える）

3『単語≦連語；単語≦文；連語≦文？』

"他来"tā lái（彼は来る）は主述連語ですが，"她不知道〔他来〕。"Tā bù zhīdào tā lái.（彼女は〔彼が来ること〕を知らない）のように，動賓連語の一部となって文に組み込まれたり，"他来。"Tā lái. だけで文になることもできます。この"他来"のような主述連語だけでなく，その他の連語も（主語が省略された形として）そのまま文として使うことができます。"去哪儿？"Qù nǎr?（どこに行くの？）は動賓連語，"真热！"Zhēn rè!（暑いなあ！）は修飾連語がそれぞれ文として使われたものです。

連語と文の違いは，文には前後にポーズが置かれたり一定のイントネーションをともなうという点です。

ただ，介詞連語のように独立して使えないものはそのままで文になることができません。たとえば，"从中国"cóng Zhōngguó（中国から）は"从中国来。"Cóng Zhōngguó lái.（中国から来る）のように動詞を加えないと文として成り立ちません。

また，単語"地震"dìzhèn（地震）もポーズ・イントネーションを加えて"地震！"（地震っ！）というと1語だけでも文になります。日本語でも同じですね。これは一語文という特例で，次の4でふれます。

4『単語→連語；単文→複文～文の種類（1）』

(1) 単文

1) 主述文

2で文の成分の並べ方を分析したときに，①②どちらも，「主語＋述語」から始まっていたことにお気づきでしょうか？ ①②はたまたま"我"が主語でしたが，動作の主体（人）に限らず話題になるものを主語といい(7-1参照)，主語がある文の組み立てはまず「主語＋述語」に全体を分けることができます。

①<u>我</u>看书。Wǒ kàn shū.（私は本を読む）
②<u>我</u>不看小说、漫画书。Wǒ bú kàn xiǎoshuō, mànhuàshū.（私は小説・漫画を読まない）
③<u>天气</u>很好。Tiānqì hěn hǎo.（天気がよい）
④<u>书</u>看完了。Shū kànwán le.（本は読み終えた）
以上の文いずれも下線部が主語，残りが述語です。
このような構造の文を「主述文」といいます。

2) 非主述文

「～は…だ」というつくりになっていない文をいくつか見てみましょう。
①地震！Dìzhèn!（地震っ！）
②谁？—我。Shéi?—Wǒ.（誰？—私）
③下雨了。Xià yǔ le.（雨が降ってきたよ）

①②のように単語1つだけの一語文や，③のように動作の主体になるもの〔ここでは"雨"〕が動詞の賓語となる，自然現象を表す連語を使ったも

のがあります。このほか次の④⑤のような主語の省略による非主述文も日常よく使われます。
④（我们）走吧！(Wǒmen) Zǒu ba！（行こう！）
⑤（你）别看！(Nǐ) Bié kàn！（見ないで！）

(2) 複文

2つ以上の文が合わさって1つの文になるものがあります。これを「複文」といい，1つだけの文「単文」と区別します。単語と連語は語順の一致など密接な関係がありましたが，複文を構成する前後の文の関係は意味上のつながりだけで，特に決まっていません。

複文の前後を結ぶには接続詞や副詞を使ったり，また何も接続成分を用いないこともあります。次の①は"因为～所以…"yīnwèi~suǒyǐ…（なぜなら～なので…）という呼応する接続詞を使った例，②は接続詞"要是"yàoshi と副詞"就"jiù を使った"要是～就…"（もし～なら…）という仮定の表現，③は副詞を前後に使った"一～就…"yī~jiù…（～するとすぐ…；～すれば…）という表現ですが，後ろの"就"は単独で「～なら…；～すると…；～なので…」などいろいろな場合に使われます。④は接続成分がない例です。

①因为他去,所以我不去。Yīnwèi tā qù, suǒyǐ wǒ bú qù.（〔なぜなら〕彼が行くので，〔それで〕私は行かない）
②要是他去,我就不去。Yàoshi tā qù, wǒ jiù bú qù.（もし彼が行くなら，私は行かない）
③他（一）去,我就不去。Tā (yí) qù, wǒ jiù bú qù.（彼が行くとなると，私は行かない）
④他去,我不去。Tā qù, wǒ bú qù.

④は「彼は行くけど私は行かない」とも，「彼が行くので私は行かない」とも，「彼が行くなら私は行かない」ともとることができ，場面に応じて意味が変わります。

呼応する接続詞は，読解テキストや，作文問題集などに大量にでてきます。最初は「これ全部覚えるの？」と大変な気がしますが，覚えるものがはっきりしているのでかえって学習もしやすいものです。

ただ，実際の口語では④のように接続詞なしで済まされることが少なくありません。接続詞なしでも前後関係がとれるかどうか，逆に自分で話す場合に省略しすぎて必要な副詞まで落としてしまっていないかに注意しましょう。

5　文の種類②（肯定文と否定文）

肯定文	我来。Wǒ lái.（私は来る）　他来了。Tā lái le.（彼は来た；来ている）　我是学生。Wǒ shì xuésheng.（私は学生だ）　他很忙。Tā hěn máng.（彼は忙しい）
否定文	我不来。Wǒ bù lái.（私は来ない）　他没(有)来。Tā méi(you) lái.（彼は来なかった；来ていない）　我不是学生。Wǒ bú shì xuésheng.（私は学生ではない）　他不忙。Tā bù máng.（彼は忙しくない）
否定副詞"不"，"没(有)"は述語のなかで動詞や形容詞の前に置かれる。述語に他の副詞や助動詞が用いられている場合，否定副詞の位置により，否定の範囲が異なる。	都不是学生。Dōu bú shì xuésheng.（みな学生ではない）　不都是学生。Bù dōu shì xuésheng.

（全員が学生というわけではない）　很不好。Hěn bù hǎo.（とてもよくない）　不很好。Bù hěn hǎo.（あまりよくない）　不应该去。Bù yīnggāi qù.（行くべきではない）　应该不去。Yīnggāi bú qù.（行かないはずだ）

5『肯定と否定～文の種類（2）』

否定文を作るには，動詞や形容詞の前に否定を表す副詞をつけます。以下の例文①のように「～しない；～でない」という場合には"不"bùを，②のように「～していない；～しなかった」という場合には"没(有)"méi(you)を使います。

ただ，例文③④のように動詞"是"shìほか，状態・心理・知覚・願望などに関わる一部の動詞には以前のことであっても"没(有)"ではなく，"不"を使います。また，形容詞の前に"没(有)"が用いられるのは変化・発生の否定の場合だけで一般には⑤⑥のように"不"を使用します。例文⑦のように，動詞"有"yǒuは必ず"没"méiで否定します。

①我来。Wǒ lái. ⇔我不来。Wǒ bù lái.（私は来る⇔私は来ない）

②他来了。Tā lái le. ⇔他没(有)来。Tā méi(you) lái.（彼は来た；来ている⇔彼は来なかった；来ていない）

③我是学生。Wǒ shì xuésheng. ⇔我不是学生。Wǒ bú shì xuésheng.（私は学生だ⇔私は学生ではない）

④去年我不是学生。Qùnián wǒ bú shì xuésheng.（去年私は学生ではなかった）×没(有)是～

⑤他很忙。Tā hěn máng. ⇔他不忙。Tā bù máng.（彼は忙しい⇔彼は忙しくない）

⑥昨天他不忙。Zuótiān tā bù máng.（昨日彼は忙しくなかった）×没(有)忙～

⑦我有电脑。Wǒ yǒu diànnǎo. ⇔我没有电脑。Wǒ méi yǒu diànnǎo.（私はパソコンを持っている⇔私はパソコンを持っていない）×不有～

否定の副詞と助動詞や他の副詞が一緒に使われている場合は，位置によって否定される部分が変わってきます。

⑧他们都不是学生。Tāmen dōu bú shì xuésheng.

⑨他们不都是学生。Tāmen bù dōu shì xuésheng.

⑧は"都"（いずれもみな）の後ろに"不"があり，「彼らはみな学生ではない」という意味になりますが，⑨は"不"が"都"を否定しているので「みながみな学生というわけではない」という部分否定になります。

【練習】否定に関する問題を解いてみましょう。

1. 以下の下線部に否定を表す副詞を入れ，また全体を日本語に訳してください。

①明天我__去。Míngtiān wǒ __ qù.

②昨天晚上我__吃饭。Zuótiān wǎnshang wǒ __chīfàn.

③这件毛衣__好看。Zhèi jiàn máoyī __ hǎokàn.

④去年我还__认识他。Qùnián wǒ hái __ rènshi tā.

⑤今天__有课。Jīntiān __ yǒu kè.

⑥我__想去游泳。Wǒ __ xiǎng qù yóuyǒng.

2. 否定副詞の位置に注意して以下の文を日本語に訳してください。

①这个苹果不太甜。Zhèi ge píngguǒ bú tài tián.

②他的态度太不好。Tā de tàidu tài bù hǎo.

③明天我不能去。Míngtiān wǒ bù néng qù.

④明天我不能不去。Míngtiān wǒ bù néng bú qù.

　　　＊　　＊　　＊

1. ①"不"明日私は行かない。②"没(有)"昨日の夜私はごはんを食べなかった。③"不"このセーターは格好悪い。④"不"去年私はまだ彼と知り合ってなかった。⑤"没"今日は授業がない。

⑥"不"私は泳ぎに行きたくない。 2. ①このリンゴはあまり甘くない。②彼の態度はあまりにも悪い。③明日は私は行けない。④明日は私は行かざるを得ない。 ※1. ④⑥知覚・願望を表すものには"不"を使います。もし⑥にさらに"昨天"zuótiān(昨日)などが加わって「行きたくなかった」という場合でも同様です。 2. ①は"不"が"太"(あまりに～；たいへん)の前に置かれているので「あまり～ない」、②は"太"が"不"の前にあるので「あまりにも～だ」となります。④の後ろの"不"は"去"だけを否定して「行かない」、前の"不"は"能"以下を否定して「～できない」となり全体として「行かないことができない→行かないわけにいかない」となります。

6　文の種類③（用法上の分類）

*文をその機能から分類する。それぞれ句読点の用法にも注意する。

6-1　平叙文（……。）

我来。Wǒ lái.（私は来る）　他来了。Tā lái le.（彼は来た；来ている）　我是学生。Wǒ shì xuésheng.（私は学生だ）　他很忙。Tā hěn máng.（彼は忙しい）

6『"。！？"～文の種類（3）』

以下，6-1～6-5は文の用法による分類です。文末の句点の使い方にも注意しましょう。

6-1 『"～。"平叙文』

肯定・否定に関係なく，単に事実を述べる文を平叙文といいます。以下の6-2～6-5以外の場合（疑問でも反語でも命令でも感嘆でもない文）です。文末には"。"をつけましょう。
我是学生。Wǒ shì xuésheng.（私は学生だ）
他不忙。Tā bù máng.（彼は忙しくない）

6-2　疑問文（……？）

①当否疑問文
　文末の助詞により語気が異なる。助詞を用いずイントネーションのみでも表せる。

他来吗？Tā lái ma?（彼は来ますか？）　他来了吗？Tā lái le ma?（彼は来ましたか；来ていますか？）　他不来吗？Tā bù lái ma?（彼は来ないのですか？）　你忙吗？Nǐ máng ma?（あなたは忙しいですか？）　他不来吧？Tā bù lái ba?（彼は来ないんでしょう？）　他不来（吗）？ Tā bù lái (ma)?（彼は来ない？）

②反復疑問文

他来不来？Tā lái bu lái?（彼は来ますか？）他来了没有？Tā lái le méiyou?（彼は来ましたか；来ていますか？）　你忙不忙？Nǐ máng bu máng?（あなたは忙しいですか？）他是不是学生？Tā shì bu shì xuésheng.（彼は学生ですか？）　他是学生不是？Tā shì xuésheng bú shì?（同上）
你也来吗？Nǐ yě lái ma?（あなたも来ますか？）

当否疑問文のすべてが反復疑問文に書き換えら

	れるわけではない。 →×你也来不来？ 你还来吗？ Nǐ hái lái ma?（あなたはまた来ますか？） →○你还来不来？ Nǐ hái lái bu lái?
③選択疑問文	你(是)今天来还是明天来？ Nǐ (shì) jīntiān lái háishi míngtiān lái?（あなたは今日来ますかそれとも明日来ますか？）
④省略疑問文	我今天去，你呢？ Wǒ jīntiān qù, nǐ ne?（私は今日行きます，あなたは？）
⑤疑問詞疑問文	他是谁？ Tā shì shéi?（彼は誰ですか？） 你什么时候来？ Nǐ shénme shíhou lái?（あなたはいつ来ますか？）

6-2 『"〜？"(1)疑問文』

疑問文の文末には"？"をつけます。疑問文は以下の5種に分けることができます。
(1) 当否疑問文：文末に"吗"maなどの助詞をつける。
　他来吗？ Tā lái ma?（彼は来ますか？）
(2) 反復疑問文：「肯定＋否定？」で動詞や形容詞を繰り返してどちらかを選ばせる。
　他来不来？ Tā lái bu lái?（彼は来ますか？）
(3) 選択疑問文：「(是shì)A还是háishiB」で「AそれともB？」とどちらかを選ばせる。
　你(是)今天来还是明天来？ Nǐ (shì) jīntiān lái háishi míngtiān lái?（あなたは今日来ますかそれとも明日ですか？）
(4) 省略疑問文：「名詞・代詞＋"呢"ne？」だけで他の部分を省略し「〜は(どうなの)？」と聞く。
　我今天去，你呢？ Wǒ jīntiān qù, nǐ ne?
　（私は今日行きます，あなたは？）
(5) 疑問詞疑問文："谁"shéiなどの疑問詞を用いて当てはまる答えを問う。
　他是谁？ Tā shì shéi?（彼は誰ですか？）

(1) 当否疑問文：「〜"吗"ma？」など

文に否定その他の副詞を含んでいても，述語が動詞でも形容詞でも，これからのことでもすでに終わったことでも，そういった一切に関わらずただ文末に助詞"吗"maを加えるだけで「〜ですか？」という疑問文を作ることができます。
①他来了吗？ Tā lái le ma?
　（彼は来ましたか；来ていますか？）
②他不来吗？ Tā bù lái ma?
　（彼は来ないのですか？）
③他也来吗？ Tā yě lái ma?（彼も来ますか？）
④你忙吗？ Nǐ máng ma?
　（あなたは忙しいですか？）

また，文末に"吧"baを用いると「〜でしょう？；〜ですよね？」と推量や確認を表す疑問文になります。
⑤他不来吧？ Tā bù lái ba?
　（彼は来ないんでしょう；来ないんですよね？）

口語では文末の助詞を用いずにイントネーションだけで疑問を表すこともできます。
⑥他不来(吗)？ Tā bù lái (ma)?
　（彼は来ない？）

"吗"は日本語の「〜か？」とまるっきり同じ助詞ではありません。以下の(2)〜(5)の疑問文では文末に"吗"をつけることができない点にも注意してください。

(2) 反復疑問文：「肯定＋否定」

一般に，動詞・形容詞は以下の①②のように"〜不〜？"〜bu〜？のように重ね，"了/着/过"le/zhe/guoを伴う場合は③のように"〜了/着/过没有？"le/zhe/guo méiyou?の形にします。この場合否定のほうの動詞は繰り返す必要がありません。また，④のように賓語(目的語)がある場合，肯定と否定で2つある動詞のどちらの後ろに置いてもかまいません。

①他来了没有？Tā lái le méiyou?
（彼は来ましたか；来ていますか？）

②你忙不忙？Nǐ máng bu máng?
（あなたは忙しいですか？）

③他是不是学生？Tā shì bu shì xuésheng?
＝他是学生不是？Tā shì xuésheng bú shì?（彼は学生ですか？）

(1)に比べ(2)の疑問文は相手にYes/Noどちらなのかはっきり求めるもので、たとえば、挨拶の"你好吗?"Nǐ hǎo ma?（お元気ですか？）を"你好不好?"に言い換えることはしません。

また、動詞や形容詞の前にある種の副詞などほかの成分がある場合も(2)の形にすることはできません。(1)の③が「彼も〜」かどうかを聞いているのに対して、(2)の反復疑問文は「来るか来ないか」を問題にしているという違いによります（重複を表す副詞の"还"háiの場合は反復疑問文の形にすることができますが、「副詞の修飾語がついていたら反復疑問文にできない」と覚えていたほうが間違いが少ないでしょう）。

(3) **選択疑問文**：「"(是)A还是B"?」（AそれともB）

A・Bそれぞれの部分できちんと動詞・形容詞を繰り返すことが大切です。（口語ではBの部分の動詞を省略することもありますが、あまり規範的ないい方ではありません。）

①你（是）喝红茶还是喝咖啡？Nǐ (shì) hē hóngchá háishi hē kāfēi?（あなたは紅茶を飲みますかそれともコーヒーを飲みますか？）

②你（是）今天喝还是明天喝？Nǐ (shì) jīntiān hē háishi míngtiān hē?（あなたは今日飲みますかそれとも明日飲みますか？）

③（是）你喝还是他喝？(Shì) Nǐ hē háishi tā hē?（あなたが飲みますかそれとも彼が飲みますか？）

④他是学生还是老师？Tā shì xuésheng háishi lǎoshī?（彼は学生ですかそれとも先生ですか？）

A・Bには、①では「動詞＋賓語」が、②では「修飾語＋被修飾語（動詞"喝"）」が、③では「主語＋述語（動詞"喝"）」が入っています。聞きたい部分を"是"の後ろに置くので、③は"你是喝〜"とはなりません。④だけ動詞の使い方が少し違っていますね。動詞自体が"是"の文では、Aの部分の"是"を省略して"他学生还是〜"とすることも、またBの部分に"是"を繰り返して"〜还是是老师"とすることもできません。

(4) **省略疑問文**：「名詞・代詞＋"呢"ne?」

先に挙げた"我今天去，你呢?"Wǒ jīntiān qù, nǐ ne?（私は今日行くけどあなたは？）では本来"你也去吗?"Nǐ yě qù ma?（あなたも行きますか？）"你什么时候去?"Nǐ shénme shíhou qù?（あなたはいつ行くの？）などと聞くところを、"你呢?"だけで済ましています。また、次のようにものの所在を尋ねる場合にも使えます。

咦，我的帽子呢？Yí, wǒ de màozi ne?（あれ、私の帽子は？）

(5) **疑問詞疑問文**：

英語のように語順を入れ替えることなく、日本語と同じように普通の語順のままで聞きたい部分を疑問（代）詞に置き換えます。

①你什么时候来？—我明天来。Nǐ shénme shíhou lái?—Wǒ míngtiān lái.（あなたはいつ来ますか？—私は明日来ます）

②你喝什么？—我喝茶。Nǐ hē shénme?—Wǒ hē chá.（あなたは何を飲みますか？—私はお茶を飲みます）

③这是谁的词典？—（这）是他的（词典）。Zhè shì shéi de cídiǎn?—(Zhè) shì tā de (cídiǎn).（これは誰の辞書ですか？—彼のです）

④你要哪个？—我要这个。Nǐ yào něi ge?—Wǒ yào zhèi ge.（あなたはどれが欲しいですか？—私はこれが欲しいです）

⑤你怎么去？—我坐地铁去。Nǐ zěnme qù?—Wǒ zuò dìtiě qù.（あなたはどうやって行きますか？—私は地下鉄で行きます。）

②の"什么"shénmeは直接名詞の前につけて"喝什么茶?"Hē shénme chá?（何茶を飲みますか？）のように使うことができます。×"什么的茶"と

は言えません。①"什么时候"shénme shíhouは"什么"と"时候"が組み合わさった句（フレーズ）ですが，実用的には「いつ」という疑問詞と考えてよいでしょう。逆に③のように"谁"shéiが名詞の修飾語となる場合は必ず"谁的～"の形にしなくてはなりません。④"哪个"něi geは初級者に意外と間違いの多い疑問詞で作文の際に"个"をとってしまったり"什么"を使ってしまう人が少なくありません。⑤"怎么"zěnmeのように疑問詞には名詞的な成分に置き換わるものだけでなく「どのように；なぜ」といった動詞・形容詞的な成分に換わるものもあります。

6-3 反語文（……？）

谁知道？Shéi zhīdao?（誰が知ってるっていうの？）你还不去？Nǐ hái bú qù?（まだ行かないの？） 这不是你的书吗？Zhè bú shì nǐ de shū ma?（これはあなたの本じゃないの？）

6-3 『"～？"（2）反語文』

文末に"？"がついていても疑問ではない場合があります。
①谁知道？Shéi zhīdao?
（誰が知ってるって〔＝知るものか〕）
②这不是你的书吗？Zhè bú shì nǐ de shū ma?
（これはあなたの本じゃないの〔＝あなたの本でしょ〕?）

①②は実際には逆のことをいっているので反語文といいます。漢文の書き下し文で「楽しからずや→楽しくないものか（＝楽しい）」のような言い方を習ったのではないでしょうか？現代語でもよく使う表現法です。

【練習】疑問文に関する問題を解いてみましょう。

1. 次の①～④を「はい／いいえ」で答える疑問文にして下さい。例：他来。→他来吗？；他来不来？
①这是他的。②他们都去。③他有妹妹。④他走了。

2. 下線部を聞く疑問文を作ってください。
例：这（个）① 是我② 的。
　　　　　　　　　→①哪个是你的?②这（个）是谁的?
1) 他明天① 去上海②。2) 小李① 教他② 数学③。

3. 次の文を中国語に訳してください。
①こちらを食べますか，それともあちらですか？
②これはあなたのですか，それとも彼のですか？

＊　　＊　　＊

1. ①这是他的吗？Zhè shì tā de ma?；这是不是他的？Zhè shì bu shì tā de?；这是他的不是？Zhè shì tā de bú shì?（これは彼のですか？）②他们都去吗？Tāmen dōu qù ma?（彼らはみな行きますか？）③他有妹妹吗？Tā yǒu mèimei ma?；他有没有妹妹？Tā yǒu méi yǒu mèimei?；他有妹妹没有？Tā yǒu mèimei méi you?（彼には妹がいますか）④他走了吗？Tā zǒu le ma?；他走了没有？Tā zǒu le méiyou?（彼は出かけましたか） 2. 1)①他什么时候去上海？Tā shénme shíhou qù Shànghǎi?（彼はいつ上海に行きますか）②他明天去哪儿／哪里？Tā míngtiān qù nǎr/nǎli?（彼は明日どこへ行きますか？） 2)①谁教他数学？Shéi jiāo tā shùxué?（誰が彼に数学を教えますか？）②小李教谁数学？Xiǎo Lǐ jiāo shéi shùxué?（李君は誰に数学を教えますか？）③小李教他什么？Xiǎo Lǐ jiāo tā shénme?（李君は彼に何を教えますか？） 3. ①你吃这个还是吃那个？Nǐ chī zhèige háishi chī nèige?②这（个）是你的还是他的？Zhè(ge) shì nǐ de háishi tā de? ※1. ①③は3通りでいうことができますが，"有"yǒuの否定には"没"méiを使います。②は"都"dōuがあるので反復疑問文にしません。×都去不去？ ④否定は"没（有）走"méi(you) zǒuといいますが，反復疑問文では"没有"méiyouだけを繰り返します。2. 疑問詞を尋ねる部分に置き換えるだけで語順が変わらない

ことに注意しましょう。3. ①の動詞"吃"chī を忘れずに。また、"这/那"zhè/nà は動詞の文の主語になる場合そのまま使えますが、3の②のように賓語になる場合は"这个/那个"zhèige / nèige の形にします。"哪"nǎ は特別な場合以外いつも"哪个"něi ge のように (数) 量詞と組み合わせて使うと覚えておきましょう。

6-4　命令文（……！）

请坐! Qǐng zuō!（どうぞおかけください）　别客气! Bié kèqi!（遠慮しないで）　你看! Nǐ kàn!（見て；ほら！）　快点儿! Kuài diǎnr!（はやく！）

6-5　感嘆文（……！）
以上のほかに，呼びかけ文を加えてもよい。

真冷! Zhēn lěng!（まったく寒い！）　多好啊! Duō hǎo a!（なんていいんだろう！）
老李! Lǎo Lǐ!（李さん！）　女士们, 先生们! Nǚshìmen, xiānshengmen!（〔ご来場の〕皆様！）

6-4 『"～！"（1）命令文』

日本語の"！"は驚きや強い口調を表すときに使いますが，漫画などを除けば書面に表れる頻度はそれほど多くないようです。中国語では"！"を命令文や感嘆文の文末に使いますが日本語よりも使われる場面が多く，日本語の感覚で眺めているとせわしない感じがするかもしれません。

命令文は動作・行為を表す動詞からなっていて，例えば"喜欢"xǐhuan（好き）など心理・感情を表す動詞は，"你喜欢他!"Nǐ xǐhuan tā!と叫んだとしても「あなたは彼が好きだ」という意味になるだけで「彼のことを好きになりなさい」という命令にはなりません。これは日本語で考えても同じですね。

命令文では主語を省略することがよくあります。"请"qǐng（どうぞ～）を動詞の前に加えたり，文末に助詞"吧"などを加えたりすると口調がやわらぎます。また，同じく口調をやわらげるという点で動詞の重ね型もよく使われます。
①请坐! Qǐng zuò!（どうぞおかけください）
②别客气! Bié kèqi!（遠慮しないで）
③你看! Nǐ kàn!（見て；ほら！）
④快点儿! Kuài diǎnr!（はやく！）
⑤（请）（您）给我看看（吧）!（Qǐng）(nín) gěi wǒ kànkan (ba)!（ちょっと私に見せてください）

②は禁止の命令です。「～するな」には"别"bié・"不要"búyào，場合によっては"不能"bù néng などを用います（"不要"に換えて"不要客气!"とはいえますが，×"不能客气"とはいいません）。④は形容詞"快"kuài に"点儿"diǎnr をつけて「ちょっとはやく（して）」としています。⑤は（　）のなかを省略せずにいうとより丁寧になります。

6-5 『"～！"（2）感嘆文』

感嘆文は話し手の強い感情を表したものです。程度を強める副詞を修飾語として使ったり，文末に助詞"啊"a などを加えたりします。
①真冷! Zhēn lěng!（ほんっと寒いっ！）
②多好啊! Duō hǎo a!（なんていいんだろう！）

②の"多"duō は「多い」という形容詞ではなく副詞で「なんと～」と程度を強め，感嘆文に用いられます。"多么"duōme ともいいます。

命令文・感嘆文のほかに"！"を使う場合として呼びかけ文があります。"老李!"Lǎo Lǐ!（李さん！）などです。

7　文の成分

> ＊用語について，主語，述語は問題ないが，賓語か目的語か，また定語，状語，補語などには，なお議論があろう。ここでは，賓語，補語は原語を使用する。ただし賓語か目的語かに関してなお論議を重ねる。定語，状語はそれぞれ連体修飾語，連用修飾語と日本語の用語に直す。また，補語には後置修飾語という別名を説明用に注記する。

7-1　主語

行為者ばかりでなく，受け手や話題も主語にできる。

"明天见" míngtiān jiàn (明日会いましょう→また明日) の"明天" míngtiān，"屋里坐" wūli zuò （〔部屋の〕なかでおかけください）の"屋里" wūli は連用修飾語である。

> ＊主語の位置には，名詞や代詞ばかりでなく，動詞，形容詞，動賓連語など述語性の成分も置くことがある。
>
> ただし，初級では一定の範囲にとどめるべきである。

日本語に似て，主語の省略は多いが，省略できない例もある。

书看完了。Shū kànwán le. （本は読み終えた）
这本书没有意思。Zhèi běn shū méi yǒu yìsi. （この本は面白くない）
明天开会。Míngtiān kāihuì. （明日は会議だ）
屋里开会。Wūli kāihuì. （室内は会議中だ）

去是对的。Qù shì duì de. （行くのは正しい）
干净最重要。Gānjìng zuì zhòngyào. （清潔なのが最も大事だ）　买票不容易。Mǎi piào bù róngyì. （チケットを買うのはたやすくない）
人多是好事。Rén duō shì hǎoshì. （人が多いのはよいことだ）
去不去一样。Qù bu qù yíyàng. （行っても行かなくても同じだ）→不管去不去都一样。Bùguǎn qù bu qù dōu yíyàng. の略
短一点儿好看。Duǎn yìdiǎnr hǎokàn. （ちょっと短かったら格好いい）→要是～就～。Yàoshi~jiù~の略
您吃点什么？Nín chī diǎn shénme? （何か召し上がりますか？）（敬意の表現）
我教你英语吧。Wǒ jiāo nǐ Yīngyǔ ba. （私があなたに英語を教えましょう）（二重賓語）
我想吃饺子。Wǒ xiǎng chī jiǎozi. （私はギョーザを食べたい）（願望の表現）

7『文の成分～パーツに分解してみると』

2で連語の5種の分類についてふれた際に「主語＋述語」・「修飾語＋被修飾語」・「動詞＋賓語」といった組み合わせが出てきました。連語の組み立てと文の組み立ては一致しているので，これらの連語の成分はそのまま文の成分になります。文の成分を表す用語として，主語・述語・賓語（目的語）・補語（2では単語の組み立てと対応させるという点から「補足」と言っていました）・修飾語などがあります。

「賓語・補語」は中国での用語をそのまま取り入

れたものです。賓語よりも「目的語」といったほうが馴染み深いかもしれませんが，後ほど7-3で触れるような理由があって『ガイドライン』では「賓語」としています。

7-1 『我輩も本も明日も主語である』

動作・行為をする人に限らず，広く「～は…する；～は…だ」の「～は」にあたる語を主語といいます。この点は日本語と共通ですね。以下の文では下線部が主語です。

①<u>书</u>看完了。Shū kànwán le.（<u>本は</u>読み終えた）
②<u>这本书</u>没有意思。Zhèi běn shū méi yǒu yìsi.
　（<u>この本は</u>つまらない）
③<u>明天</u>不是星期天。Míngtiān bú shì xīngqītiān.
　（<u>明日は</u>日曜日ではない）
④<u>屋里</u>很安静。Wūli hěn ānjìng.
　（<u>部屋の中は</u>静かだ）

①では動作の受け手である"书"を話題（＝主語）としています。行為者である"我"が省略されたというふうには考えません。③"明天"，④"屋里"のように時間や場所を表す語も話題（＝主語）になります。「イツイツ～する」「ドコドコで～する」という修飾語としての用法とは分けて考えます。

また，以下の⑤～⑦のように，名詞的な成分だけでなく動詞・形容詞や連語も主語になります。英語ではto不定詞や-ingの形にしたり，日本語では「～すること；～の」を付け加えたりと名詞化することが必要ですが，中国語ではそういった作業はしません。動詞などがそのまま主語になります。

⑤<u>去</u>是对的。Qù shì duì de.（<u>行くの</u>は正しい）
⑥<u>干净</u>最重要。Gānjìng zuì zhòngyào.
　（<u>清潔なのが</u>もっとも大事だ）
⑦<u>买票</u>不容易。Mǎi piào bù róngyì.
　（<u>チケットを買うのは</u>たやすくない）

⑤は動詞が，⑥は形容詞が，⑦は動賓連語が主語になっています。

4でふれたように主語の省略は比較的自由ですが，省略できない例もあります。英語よりは省略できるが，日本語ほどにはできないというところでしょうか。日本語では目上の人に向かって「あなた」というと失礼になりますが，中国では2人称に敬語があるので，下の⑧では"您"nínをつけることで敬意を表しています。⑨のように願望や意思を表す場合は動作の主体を明らかにします。

⑧<u>您</u>吃点什么？Nín chī diǎn shénme?
　（何か〔何を〕召し上がりますか？）
⑨<u>我</u>想吃饺子。Wǒ xiǎng chī jiǎozi.
　（<u>私は</u>ギョーザを食べたい）

7-2　述語

名詞，数量詞，数量詞のような非述語性成分も述語になることがある。
（名詞述語文として7-4に掲げることも可）

他北京人。Tā Běijīngrén.（彼は北京の生まれだ）
今天星期五。Jīntiān xīngqīwǔ.（今日は金曜日だ）　明天八月一日。Míngtiān bāyuè yīrì.（明日は8月1日だ）　现在八点四十。Xiànzài bā diǎn sìshí.（今8時40分だ）　他今年二十，不是十九。Tā jīnnián èrshí, bú shì shíjiǔ.（彼は今年20歳で19歳ではない）
→他黄头发。Tā huáng tóufa.（彼は茶髪だ）
这张桌子三只腿。Zhèi zhāng zhuōzi sān zhī tuǐ.（この机は3本脚だ）は含まず

＊初級段階では，非述語性述語の範囲を限るべきである。

7-2 『主語でなければ述語なのだ』

「～は…する；～は…だ」の主語「～は」に対して，「…する；…だ」にあたる部分を述語といいます。以下の文では下線部が述語です。主語以外の残り

の部分は全て述語に含まれます。
①我去。Wǒ qù.（私は行く）
②我很忙。Wǒ hěn máng.（私は忙しい）
③我每天早上都喝两杯咖啡。Wǒ měitiān zǎoshang dōu hē liǎng bēi kāfēi.（私は毎朝2杯コーヒーを飲む）
④他北京人。Tā Běijīngrén.（彼は北京出身だ）
⑤今天星期五。Jīntiān xīngqīwǔ.
（今日は金曜日だ）
⑥现在八点四十。Xiànzài bā diǎn sìshí.
（今8時40分だ）
⑦他今年二十，不是十九。Tā jīnnián èrshí, bú shì shíjiǔ.（彼は今年20歳で19歳ではない）

①③では動詞が述語の中心になっているので動詞述語文，②では形容詞が述語の中心になっているので形容詞述語文といいます。

④〜⑦は名詞や数詞・数量詞（数量連語）が述語になっています。これらは"A是B"（AはBだ）という文の動詞"是"shìが省略された形と言えます。⑦のように否定では"是"が使われます。日本語でも「今何時？」などと，「〜は…だ」を使わずにいえることがありますね。ただ④は出身を表していますがそのほかは数に関わりがあるということがポイントで，"是"の省略はBが「（出身）・日付・時刻・年齢」などの場合に限ります。

7-3 賓語

> 文法用語として，説明的には目的語を使わざるを得ないことが考えられる。今後さらに論議が必要である。動詞との意味関係が多岐にわたり，目的語の呼称が適切でない場合を考え，ここではとりあえず賓語とする。

動賓連語における，動詞と賓語の意味関係は多様である。

＊初級段階では動賓連語のうち，動詞と賓語の意味関係を一般化しにくい例を慣用句とし，取捨を決める。

吃饭chī fàn（ごはんを食べる）　写信xiě xìn（手紙を書く）　去北京qù Běijīng（北京へ行く）
是我 shì wǒ（〔それは〕私だ）　有人 yǒu rén（人がいる）　来客人 lái kèren（客が来る）　下雨 xià yǔ（雨が降る）　喜欢玩儿 xǐhuan wánr（遊ぶのが好きだ）
写黑板 xiě hēibǎn（黒板に書く）　吃大碗 chī dàwǎn（丼で食べる）　洗温泉 xǐ wēnquán（温泉に入る）→×
开玩笑 kāi wánxiào（冗談を言う）　开夜车 kāi yèchē（徹夜する）→〇

7-3 『賓語（目的語）が受け手とは限らない』

動詞の後ろに置かれてその動作・行為の対象となるものを「賓語」といいます。ですが一口に「対象」といっても動詞と賓語との関係は様々です。
①吃饭chīfàn（ごはんを食べる〔食事する〕）："饭"は"吃"の受け手
②写信xiě xìn（手紙を書く）："信"は"写"によって生み出される結果
③去北京qù Běijīng（北京に行く）："北京"は"去"の移動先
④是我shì wǒ（〔それは〕私だ）："我"は"是"によって主語との関係を表す
⑤有人yǒu rén（人がいる）："人"は存在するものを表す
⑥来客人（客が来る）lái kèren："客人"は出現するものを表す

②は「お湯を沸かす」という日本語のほうがわかりやすいかもしれません。「沸かしてお湯にす

る」のであって「お湯をさらに沸かす」のではありませんね。

（このように，賓語が動作の受け手とは限らないという大きな特徴は，「目的語」という用語を選択しない理由になっています。一方でよく慣れた用語のほうが学習者の負担にならないというのももっともで，用語は難しい問題です。）

7-4 述語の構成から見た基本構文

動詞述語文

  賓語のない文   我去。Wǒ qù.（私は行く）你看! Nǐ kàn!（見て！）

  賓語のある文   我看书。Wǒ kàn shū.（私は本を読む） 我去北京。Wǒ qù Běijīng.（私は北京へ行く）

  動詞"是"shìを用いる文   他是学生。Tā shì xuésheng.（彼は学生だ） 今天(是)星期日。Jīntiān (shì) xīngqīrì.（今日は日曜日だ）

  動詞"有"yǒuを用いる文   我有(一本)字典。Wǒ yǒu (yì běn) zìdiǎn.（私は字典を〔1冊〕持っている） 屋里有人。Wūli yǒu rén.（〔部屋の〕なかに人がいる）

  ＊存在・所有をあらわす場合に限る。"他大约有三十多岁" Tā dàyuē yǒu sānshí duōsuì.（彼はだいたい30ちょっとだ）のような到達を示す"有"yǒuの例は除く。

  動詞"在"zàiを用いる文   你的字典在这里。Nǐ de zìdiǎn zài zhèli.（あなたの字典はここにある） 他在屋里。Tā zài wūli.（彼は部屋にいる）

助動詞を用いる文

  助動詞は動詞や動賓連語のみを賓語に用いる動詞とする。
  "他会汉语"Tā huì Hànyǔ.（彼は中国語ができる）の"会"huìは動詞で，"他会说汉语"Tā huì shuō Hànyǔ.（彼は中国語を話すことができる）の"会"huìは助動詞。

他会说英语。Tā huì shuō Yīngyǔ.（彼は英語を話せる）你能不能去? Nǐ néng bu néng qù?（あなたは行けますか？） 我想学汉语。Wǒ xiǎng xué Hànyǔ.（私は中国語を学びたい）

賓語が2つある文   我教他英语。Wǒ jiāo tā Yīngyǔ.（私は彼に英語を教える） 我给他一本字典。Wǒ gěi tā yì běn zìdiǎn.（私は彼に字典を1冊あげる）

賓語に主述連語を用いる文   我想他一定来。Wǒ xiǎng tā yídìng lái.（私は彼はきっと来ると思う）

述語に主述連語を用いる文   他身体健康。Tā shēntǐ jiànkāng.（彼は〔体が〕健康だ）

述語に動詞述語が連続する文
（連動文）
①連続する動作，情況   他看完电影去买东西。Tā kànwán diànyǐng qù mǎi dōngxi.（彼は映画を見終えてから買い物に

②述語の一方が動作の目的	行く） 他去看电影。Tā qù kàn diànyǐng.（彼は映画を見に行く） 他看电影去。Tā kàn diànyǐng qù.（同上）
③前置の述語が動作の方式 "骑马去" qí mǎ qù（馬に乗りに行く／馬に乗っていく）のように，②③の双方に読める例もある。	他坐飞机去北京。Tā zuò fēijī qù Běijīng.（彼は飛行機に乗って北京に行く） 他站着说话。Tā zhànzhe shuōhuà.（彼は立ったまま話をする）
④前置の述語動詞が"有" yǒu(1)	有工夫玩儿。Yǒu gōngfu wánr.（遊ぶひまがある） 没有话说。Méi yǒu huà shuō.（話すことがない）
⑤前置の述語動詞が"有" yǒu(2)	有一个学生来找你。Yǒu yí ge xuésheng lái zhǎo nǐ.（一人の学生があなたを訪ねてきた） 今天没有人来。Jīntiān méi yǒu rén lái.（今日は来る人がいない）
⑥前置の述語動詞が請求，使役などを示す（使動文）	我请他来。Wǒ qǐng tā lái.（私は彼に〔お願いして〕来てもらう）我叫他帮忙。Wǒ jiào tā bāngmáng.（私は彼に〔言いつけて〕手伝わせる） 他让我回家。Tā ràng wǒ huíjiā.（彼は〔許して〕私を帰らせてくれる）
*以上の連動文のうち，⑤⑥を兼語文とも呼んでいるが，初級段階では連動文の一種としてあつかい，中級以後に兼語文としての構成を説明する。 兼語文の範囲は拡大しない。	→兼語文の範囲に含めないとする例 他喜欢这儿安静。Tā xǐhuan zhèr ānjìng.（彼はここが静かなのが／なので好きだ）（賓語が主述述語とする） 我们都叫他老李。Wǒmen dōu jiào tā lǎo Lǐ.（私たちはみな彼のことを「ラオリー」と呼ぶ）（二重賓語とする） → 連動文として説明する兼語文の例 我们选他当主席。Wǒmen xuǎn tā dāng zhǔxí.（私たちは彼を主席に選ぶ） 借几本杂志给我们看。Jiè jǐ běn zázhì gěi wǒmen kàn.（雑誌を何冊か私たちに貸して読ませて）
存在をあらわす文	桌子上〔有／放着〕一本字典。Zhuōzi shang〔yǒu/fàngzhe〕yì běn zìdiǎn.（机のうえに字典が1冊ある／置いてある）
出現・消滅をあらわす文 以上2項を存現文とも呼ぶ。	下雨了! Xià yǔ le!（雨だ！） 今天刮大风。Jīntiān guā dàfēng.（今日は強風が吹く） 前面来了一辆车。Qiánmian láile yí liàng chē.（前から車が1台来た） 村里死了一个人。Cūnli sǐle yí ge rén.（村では人が1人亡くなった）
処置文（介詞"把" bǎ を用いる）	我把这本书看完了。Wǒ bǎ zhèi běn shū kànwán le.（私はこの本を読み終えた）

受動文（介詞"被"bèiなどを用いる）	我被他打了一顿。Wǒ bèi tā dǎle yí dùn.（私は彼に1発殴られた）
（介詞"被"bèiなどを用いない）	老虎打死了。Lǎohǔ dǎsǐ le.（トラは殴り殺された）
比較文（"比"bǐを用いる）	今天比昨天热一点儿。Jīntiān bǐ zuótiān rè yìdiǎnr.（今日は昨日よりすこし暑い）
（"没有"méi yǒuを用いる）	今天没有昨天热。Jīntiān méi yǒu zuótiān rè.（今日は昨日ほど暑くない）
形容詞述語文	这个好。Zhèige hǎo.（これがよい） 那个好不好? Nèige hǎo bu hǎo?（あれはいいですか？） 他很忙。Tā hěn máng.（彼は忙しい）

7-4 『基本構文～述語を分解してみると』

7-2で、同じ例文を挙げましたが、

①我去。Wǒ qù.（私は行く）
②我很忙。Wǒ hěn máng.（私は忙しい）

①②とも"我"が主語、残りの下線部が述語です。述語の中心が①では動詞なので動詞述語文、②は形容詞なので形容詞述語文といいます。では、次の③はどうでしょう。

③他身体健康。Tā shēntǐ jiànkāng.
　（彼は〔からだが〕健康だ）

③では"他"が主語、下線部が述語です。"身体健康"shēntǐ jiànkāng（〔からだが〕健康だ）とさらに「主語+述語」という主述連語になっています。このような文を主述述語文といいます。「～はドコドコが…だ」と訳すので二重主語文ということもあります。①～③は図で示すと以下のようになります。

①我　去。　②我　很　忙。　③他　身体　健康。
|主|述|　　|主|　述　|　　|主|　述　|
　　　　　　　　　　　　　　　　　　|主|述|

②のように形容詞が述語になる文については8-5をご覧下さい。ここでは動詞述語文についてもう少し詳しく見ていきます。

④我看书。Wǒ kàn shū.（私は本を読む）
⑤我要去中国。Wǒ yào qù Zhōngguó.
　（私は中国に行きたい）
⑥我教他英语。Wǒ jiāo tā Yīngyǔ.
　（私は彼に英語を教える）
⑦我知道他不来。Wǒ zhīdao tā bù lái.
　（私は彼が来ないことを知っている）
⑧他去看电影。Wǒ qù kàn diànyǐng.
　（彼は映画を観にいく）
⑨我把书看完了。Wǒ bǎ shū kànwán le.
　（私は本を読み終えた）

④～⑨では下線部が述語です。述語の部分は下の図のように分析することができます（連語の構成について詳しくは2を参照）。

④看　书。　⑤要　去　中国。⑥教　他　英语。
|動|賓|　　|動|　賓　　|　|動|賓/賓|
　　　　　　　　　　|動|　賓　|

⑦知道　他　不　来。
動	賓
主	述
修飾	被修飾

⑧去　看　电影。　　⑨把　书　看　完了。
|連|　動　|　　　　|　修飾　|被飾飾|
|動|賓|　　　　　　|介|賓|　|動|補|

次に、④～⑨を整理すると次のようになります。

④：賓語が1つの文
⑤：賓語が動賓連語
⑥：賓語が2つある文

⑦：賓語が主述連語
⑧：述語が連動連語
⑨：介詞連語を含む文

④〜⑦は賓語がある文，⑧⑨は2-1・2-2の項で補足した連動連語（動詞述語が連続するもの）・介詞連語「介詞＋賓語」を使った文です。④〜⑨のタイプについてもう少し詳しくみていきましょう。

◆賓語が1つの文：「動詞＋賓語」

"吃"chī（食べる）・"喝"hē（飲む）・"买"mǎi（買う）など賓語を1つ取ることができる動詞は数多くありますが，ここでは特に，"是"shì・"在"zài・"有"yǒuの例と関連する表現についてお話します。

1）"是"shìの文："A是B"（AはBだ）
①他是学生。Tā shì xuésheng.（彼は学生だ）
②今天(是)星期天。Jīntiān (shì) xīngqītiān.（今日は日曜日だ）

②のようにBの部分が「日付・曜日・時刻・年齢など」を表す場合は"是"shìを省略することができます。ただ，否定では省略できません。
①′ 他不是学生。Tā bú shì xuésheng.（彼は学生ではない）
②′ 今天不是星期天。Jīntiān bú shì xīngqītiān.（今日は日曜日ではない）
また，いつのことでも必ず"不"で否定します。

③去年他还不是大学生。Qùnián tā hái bú shì dàxuéshēng.（去年彼はまだ大学生ではなかった）

2）"在"zàiの文：「モノ・人」＋"在"＋場所」「□はドコドコにある/いる」
"在"zàiの賓語は場所を表すものでなくてはなりません。
①他在家(里)。Tā zài jiā(li)（彼は家にいる）
①′ 他不在家(里)。Tā bú zài jiā(li).（彼は家にいない）
②你的字典在这儿。Nǐ de zìdiǎn zài zhèr.（あなたの字典はここにある）
③你的字典在桌子上。Nǐ de zìdiǎn zài zhuōzi shang.（あなたの字典は机の上にある）

"桌子"（机）は「モノ」なので③を×"在桌子"ということはできません。

場所を表す名詞については8-1(3)(4)を参照してください。

3）"有"yǒuの文：
"有"yǒuは，必ず"没"méiで否定します。
3)-1「所有者＋"有"yǒu(＋数量)＋モノ・人」「ダレダレは□を持っている」
①我有一本字典。Wǒ yǒu yì běn zìdiǎn.（私は字典を1冊持っている）
①′ 我没有字典。Wǒ méi yǒu zìdiǎn.（私は字典を持っていない）

【練習】次の①〜⑥を中国語に訳してください。

①それは私のではありません。
②私のはこれです。
③昨日は水曜日でした。
④図書館はどこですか？
⑤彼のカバンは机の上です。
⑥昨日私は家にいました。

＊　＊　＊

①这(个)不是我的。Zhè (ge) bú shì wǒ de. ②我的是这个。Wǒ de shì zhèige. ③昨天(是)星期三。Zuótiān (shì) xīngqīsān. ④图书馆在哪里/哪儿？Túshūguǎn zài nǎli/nǎr? ⑤他的书包在桌子上。Tā de shūbāo zài zhuōzishang. ⑥昨天我在家(里)。Zuótiān wǒ zài jiā(li).

※①〜③には"是"shìを，④〜⑥には"在"zàiを使います。日本語の「〜は…だ」は何でも言えてしまうので，訳すときには気をつけましょう。「カバン＝机の上」ではありませんね。①②は"这"zhèの使い方に注意です。主語の時には"个"geがなくてもいいのですが，賓語では必ず"这个"zhèigeのように量詞がついた形で使います。また③⑥のように日本語では「〜した」となっていても"是"や"在"のような関係や状態を表す動詞には"了"leをつけません。

②你有词典吗?。Nǐ yǒu cídiǎn ma?
②′你有没有词典?Nǐ yǒu méi yǒu cídiǎn?
②″你有词典没有?Nǐ yǒu cídiǎn méi yǒu?
（②～②″ あなたは辞典を持っていますか？）

3)-2「場所（時間）+"有"yǒu（+数量）+ モノ・人 」
「ドコドコには□がある/いる」

ここでは場所が主語になっています（場所を表す名詞については8-1(3)(4)を参照してください）。

①这里有一本字典。Zhèli yǒu yì běn zìdiǎn.（ここには1冊の字典がある）

①′这里没有字典。Zhèli méi yǒu zìdiǎn.（ここには字典がない）

②桌子上有几个杯子。Zhuōzi shang yǒu jǐ ge bēizi.（机の上にはコップがいくつかある）

③那里有两个人。Nàli yǒu liǎng ge rén.（あそこには人が2人いる）

次の文と比べてみてください。

④屋子里很安静。Wūzi li hěn ānjìng.（部屋の中は静かだ）

⑤那里夏天太热。Nàli xiàtiān tài rè.（あそこは夏ひどく暑い）

①～⑤はみな「ドコドコについていうと…だ」という場所を話題にした文です。ただ、④⑤では「…だ」の部分に形容詞を使っているのに対して、①～③では「"有"+存在するものを表す賓語」（…がある/いる）を使っています。

4) 存在・出現・消失を表す文

3)-2のように場所を話題にして、存在や出現・消失を表す文があります。

4)-1「場所（時間）+動詞+"着"zhe（+数量）+ モノ・人 」
「ドコドコには□が～してある/いる」

3)-2の"有"のかわりに，動詞に持続を表す助詞"着"zheをつけた「動詞+"着"」（～している/ある）を使った表現です。

①桌子上摆着几个杯子。Zhuōzi shang bǎizhe jǐ ge bēizi.（机の上にはコップがいくつか並べてある）

②那里站着两个人。Nàli zhànzhe liǎng ge rén.（あそこには人が2人立っている）

①は"摆"bǎi（並べる）・②は"站"zhàn（立つ）に"着"をつけて，それぞれ「並べてある」・「立っている」としています。

3)-2の②③と比べて、ただ「ある/いる」だけでなく、それが「どういう状態で」なのかを説明しています。

4)-2「場所（時間）+動詞+"了"le（+数量）+ モノ・人 」
「ドコドコには/から□が（～して）現れる/消える」

①前面来了一辆汽车。Qiánmian láile yí liàng qìchē.（前から車が1台来た）

②桌子上掉了一个杯子。Zhuōzi shang diàole yí ge bēizi.（机の上からコップが1つ落ちた）

③村里死了一个人。Cūnli sǐle yí ge rén.（村では人が1人亡くなった）

「動詞+"了"+出現・消失するものを表す賓語」で、4)-1とは使う助詞と賓語の表すものが異なっています。

この動詞と賓語との関係は，ちょうど，"下雨"xià yǔ（雨が降る）・"打雷"dǎ léi（雷が鳴る）のような自然現象を表す連語と同じになっています。これらは日本語にも「降雨・落雷」という単語の形で入ってきていますね。

【練習】1.①～⑧を中国語に直し，適切な量詞と組み合わせて1)・2)それぞれの下線部に入れてください。
1) 我有两____ ____。
①コート　②ネクタイ　③手袋　④弟
2) 这里有一____ ____。
⑤テーブル　⑥いす　⑦ベッド　⑧テレビ

2. ＡＢの違いに注意してそれぞれ中国語に訳してください。
1) 前に自転車が1台 ¦A：ある/B：停めてある¦
2) A：家に客が1人来た。
　 B：家から客が1人去った。

＊　＊　＊

1.1) ① 件 jiàn／大衣 dàyī ② 条 tiáo；根 gēn／领带 lǐngdài ③ 双 shuāng／手套儿 shǒutàor ④ 个 ge／弟弟 dìdi　2) ⑤ 张 zhāng／桌子 zhuōzi ⑥ 把 bǎ／椅子 yǐzi ⑦ 张 zhāng／床 chuáng ⑧ 台 tái；架 jià／电视机 diànshìjī　2.1) A：前面有一辆自行车。Qiánmian yǒu yí liàng zìxíngchē. B：前面停着一辆自行车。Qiánmian tíngzhe yí liàng zìxíngchē. 2) A：家里来了一个客人。Jiāli láile yí ge kèren. B：家里走了一个客人。Jiāli zǒule yí ge kèren. ※1.⑤〜⑧の量詞は"个"geでも言えます。2.1)は存在を表す文,2)は出現・消失を表す文です。2)は"个"の代わりに"位"wèiを使うと丁寧な言い方になります。「去る」は"走"zǒu「(その場から)立ち去る；出かける」を使います。"去"qùは「(ドコドコへ)行く」という意味です。

◆賓語が動賓連語：「動詞+〔動詞+賓語〕」

　使われる動詞には，たとえば次の"喜欢"xǐhuan（好きだ）のように，動賓連語だけでなく名詞も賓語にとれるものがあります。

　喜欢打网球／他 xǐhuan dǎ wǎngqiú／tā
　（テニスをするのが／彼が好きだ）

　それに対して動詞・動賓連語しか賓語にできないものを特に「助動詞」と呼びます。可能・願望を表すものなどがあります。いくつか例を見てみましょう。助動詞や心理・感情に関わる動詞の否定には"不"bùを使うことにも注意してください。

1) 可能を表す助動詞：能 néng・可以 kěyǐ・会 huì

1)-1：能 néng「(条件・都合から)〜できる；〜する能力がある」

①明天能去，后天不能去。Míngtiān néng qù, hòutiān bù néng qù.（明日なら行けるけど，明後日は行けない）

②我今天能去游泳。Wǒ jīntiān néng qù yóuyǒng.（私は今日泳ぎに行ける）

③他能游一千米。Tā néng yóu yì qiān mǐ.（彼は1000メートル泳げる）

　「できる」という意味で一番広く使うことのできるのがこの"能"néngです。③は特に「具体的にどれくらい能力があるのか」をいういい方です。

1)-2：可以 kěyǐ「〜してさしつかえない」

①你可以回家。Nǐ kěyǐ huíjiā.
　（あなたは家に帰ってもかまいません）

①′你｜不可以／不能｜回家。Nǐ｜bù kěyǐ／bù néng｜huíjiā.（あなたは家に帰ってはいけない）

②我明天可以去。Wǒ míngtiān kěyǐ qù.
　（私は明日行ってもかまわない）

　否定の"不可以"bù kěyǐは「〜してはいけない」という意味にしかなりません（この場合"不能"も使うことができます）。「できない」という意味がないことに注意してください。

1)-3：会 huì「(語学・運転・運動などマスターして)〜できる；〜の可能性がある」

①她会说汉语。Tā huì shuō Hànyǔ.
　（彼女は中国語を話せる）

②我不会游泳。Wǒ bú huì yóuyǒng.
　（私は泳げない〔かなづちだ〕）

③你会不会开车? Nǐ huì bu huì kāichē?
　（あなたは車の運転ができますか？）

　「できる」という場合の"会"huìは①〜③のように「(基本の技術を)習得して〜できる」という限られた場合にしか使いません。例えば"会游泳"huì yóuyǒngは，②に対して「泳げる」というだけで，1)-1③の"能游一千米"（1000メートル泳げる）のように具体的な能力を言う場合には使いません。

　また④のように可能性を表す場合もあります。

④我怎么会知道呢? Wǒ zěnme huì zhīdao ne?
　（どうして私が知っているわけがあろうか〔＝知らない〕）

2) 願望を表す助動詞：想 xiǎng・要 yào
　どちらも「〜したい」という意味を表します。

①我想／要喝茶。Wǒ xiǎng／yào hē chá.
　（私はお茶を飲みたい）

①′我不想喝茶。Wǒ bù xiǎng hē chá.
　（私はお茶飲みたくない）×我不要喝茶。

　「〜したくない」には"不想"bù xiǎngを使います。また，"要"yàoは「〜したい→〜するつも

りだ→〜しなくてはならない」というように意思から必要・義務まで広く表すことができます。

【練習】｛　｝内の助動詞をそれぞれ1度だけ使って下線部に入れ，日本語に訳してください。

｛要／想／能／可以／会｝

①我没骑过自行车，不＿＿骑。　②这里＿＿抽烟吗？
③上午没有时间不＿＿去。　　　④我＿＿跟他一起去。
⑤我不喜欢他，并不＿＿去看他。

＊　　＊　　＊

①会／Wǒ méi qíguo zìxíngchē, bú huì qí.（私は自転車に乗ったことがないので乗れない）②可以／Zhèli kěyǐ chōuyān ma?（ここは喫煙OKですか？）③能／Shàngwǔ méi yǒu shíjiān bù néng qù.（午前中は時間がなくて行けない）④要／Wǒ yào gēn tā yìqǐ qù.（私は彼と一緒にいくつもりだ）⑤想／Wǒ bù xǐhuan tā, bìng bù xiǎng qù kàn tā.（私は彼を好きではない，別に彼に会いに／彼の見舞いになんか行きたくない）　※①は，マスターしたかどうか，なので"会"huì を使います。"没(有)〜过" méi(you)~guo は「〜したことがない」という意味です。②「〜してかまわない」で"可以" kěyǐ を使います。"能" néng でもいえますが，③には"不能"しか使えないのでこのようにします。⑤「〜したくない」は"不想" bù xiǎng のみなので，④"要" yào で決まりです。

②我要做作业。Wǒ yào zuò zuòyè.（私は宿題をしたい；するつもりだ；しなくてはならない）

◆**賓語が2つある文**：「動詞＋賓語（人）＋賓語（モノ）」「ダレダレに…を〜する」
①我给他一本词典。Wǒ gěi tā yì běn cídiǎn.
（私は彼に字典を1冊やる）
②我问他一个问题。Wǒ wèn tā yí ge wèntí.
（私は彼に1つ質問する）
　このように賓語を2つ取れる動詞は数が限られています。その他の動詞では介詞連語を利用して対象者を表したりします。(8-6参照)
我跟他打听一件事。Wǒ gēn tā dǎting yí jiàn shì.（私は彼にあることを尋ねる）×我打听他一件事。

◆**賓語が主述連語**：「動詞＋〔主語＋述語〕」
　動詞は"想" xiǎng（〜と思う）・"觉得" juéde（〜と感じる；思う）・"知道" zhīdao（知っている）など心理・知覚などを表すものです。
①我想他一定来。Wǒ xiǎng tā yídìng lái.
　（私は彼はきっと来ると思う）
②我觉得这里有点儿冷。Wǒ juéde zhèli yǒudiǎnr lěng.（私はここはいささか寒いと感じる）
③我知道他家在哪里。Wǒ zhīdao tā jiā zài nǎli.
　（私は彼の家がどこなのか知っている）
　この場合の"想" xiǎng は「〜したい」という意味ではないので(3)の助動詞と区別します。

◆**述語が連動連語**：
　　　「動詞1＋賓語 a ＋動詞2（＋賓語 b）」
　このような文を特に「連動文」と言います。時間にそって動作を並べたり，動作とその目的を表したり，動作の方式を表したりします。
①我买面包吃。Wǒ mǎi miànbāo chī.
　（私はパンを買って食べる）
②我去（商店）买东西。Wǒ qù (shāngdiàn) mǎi dōngxi.（私は〔店に〕行って買い物する；買い物しに行く）
③他来（我家）玩儿。Tā lái (wǒ jiā) wánr.
　（彼は〔私の家に〕来て遊ぶ；遊びに来る）
④他坐飞机去。Tā zuò fēijī qù.
　（彼は飛行機に乗って行く）
　賓語 a は普通省略できません。省略できるのは②③のように動詞1が"来／去" lái/qù の場合か，または次のように動詞1に"着" zhe がついた場合です。
「動詞1＋"着" zhe（＋賓語 a）＋動詞2（＋賓語 b）」
（動詞1の状態で動詞2する）
⑤他站着说话。Tā zhànzhe shuōhuà.
　（彼は立ったままで話をする）

⑥我穿着(毛衣)去。Wǒ chuānzhe (máoyī) qù.（私は〔セーターを〕着て行く）

　特別な連動文として動詞1に"有"yǒuを使ったものと，動詞1が請求や使役などを示すものを挙げておきます。

1)"有"yǒu+モノ+動詞2(+賓語b)
①有工夫玩儿。Yǒu gōngfu wánr.（遊ぶ暇がある）
②没有话说。Méi yǒu huà shuō.（話すことがない）
　動詞2は賓語aが「どういうモノ」なのかを補う働きをしています。

2)"有"yǒu+人+動詞2(+賓語b)
①我有一个朋友叫李明。Wǒ yǒu yí ge péngyou jiào Lǐ Míng.（私には李明という名の友達がいる）
②今天没有人来。Jīntiān méi yǒu rén lái.（今日は来る人がいない）
　2)では賓語aが人になっています。

3)請求や使役を表す動詞1+人+動詞2(+賓語b)
　動詞1には"请"qǐng(お願いする)・"叫"jiào(させる；言いつける)・"让"ràng(させる；許す)などを使い，賓語aを人にして「ダレダレに〜して…させる」という文を作ります。

①我请他来。Wǒ qǐng tā lái.（私は彼にお願いして来てもらう；来るようお願いする）
②我叫他帮忙。Wǒ jiào tā bāngmáng.（私は彼にいいつけて手伝わせる；手伝うよういいつける）
③他不让我回家。Tā bú ràng wǒ huíjiā.（彼は私を帰らせてくれない；私が帰ることを許さない）

◆介詞連語を含む文：

「〔介詞+賓語〕+動詞(+賓語)/形容詞」
①我们〔在那里〕见面。Wǒmen〔zài nàli〕jiànmiàn.（私たちは〔あそこで〕会います）
②我〔给他〕打电话。Wǒ〔gěi tā〕dǎ diànhuà.（私は〔彼に〕電話をかける）

　介詞には"在"zài〔〜で〕・"给"gěi〔〜に〕その他いろいろなものがありますが，ここでは処置を加えることを表す介詞を取り上げます。("比"bǐ〔〜より〕を使った比較文については7-5でふれます。他の介詞については8-7を参照してください。)

1)処置文：「〔介詞"把"+賓語〕(+修飾語)+動詞+〜」(〔その；例の〕〜を…する)
①明天一定〔把词典〕带来！Míngtiān yídìng〔bǎ cídiǎn〕dàilai!（明日必ず辞典を持ってきなさい）

---

column

『不特定人物≠不審者』

　ちょっと昔話の冒頭部を比べてみましょう。
「昔々あるところに 1人のおじいさん がいました。ある日のこと，(その)おじいさん (＝彼)は〜」
"很早以前，有个地方有一个老爷爷。有一天(这位)老爷爷 (＝他)〜"
"Once upon a time, there was an old man in the country. One day, the old man (=he)〜"

　「ドコドコに或る〜がある/いる」と「その〜は…」といういい方が並んでいます。初めて知らされることは文の後ろの方に，すでにわかっていることは文の前の方に置かれています。同じ意味を表しているとはいえ，別の言語なのに語順や数量の使い方も似ていますね。
　下線部____は「或る〜」という不特定のものを指しています。英語では不定冠詞「an」，中国語と日本語では「"一个"・1人」を使っています。
　また，□は「その〜」という特定のものを指しています。英語では定冠詞「the」を使い，中国語と日本語では「"这"・その」を使っていますがこれは省略することもできます。特定のものをあらわす□はどの言語でも代(名)詞の「彼」に置き換えることができますが，不特定の____は換えることができません。
　"有"の文はよく「"有"＋数量＋名詞」と説明されますが，この数量はつまり，"有"の賓語が不特定のものということを表しています。
　逆に「特定のもの」は(「彼・それ」などの)代(名)詞に換えられるものです。「ダレダレ/ドレドレは〜だ」という文の主語は普通みな代(名)詞で置き換えることができます。

②我还没〔把作业〕做完。Wǒ hái méi〔bǎ zuòyè〕zuòwán.（私はまだ宿題を済ませていない）
③他们〔把那张桌子〕搬到院子里去了。Tāmen〔bǎ nèi zhāng zhuōzi〕bāndào yuànzili qù le.（彼らはあの机を中庭に運んで行った）
④我〔把钱包〕忘在家里了。Wǒ〔bǎ qiánbāo〕wàngzài jiāli le.（私は財布を家に忘れてしまった）
⑤我不想〔把这本书〕借给他。Wǒ bù xiǎng〔bǎ zhèi běn shū〕jiègěi tā.（私はこの本を彼に貸したくない）

"把"bǎを使って「～を」という対象を動詞の修飾語にしたものです。「移動・授受・失敗」などを表す場合，また「（その）～を…（と処置）しろ」というように対象と処置を明確にするので命令文でよく使われます。

また「～をドコドコに…する」という場合，モノと場所の賓語を1度に取れる動詞はないので「～を」を必ず"把"の賓語にします。

賓語は「その；例の～」という特定のものです。「その」といっても③と⑤のほかは"这／那"zhè/nà（この／あの）がついていませんが，わざわざいわなくても何を指すのか了解済みだとことです。名詞単独のものは使えますが，"这／那"なしで数量だけがついたものは使えません。（『不特定人物≠不審者』コラム～参照）。

×把一本词典带来

動詞には，修飾語・賓語・補語・重ね型など何かほかの成分が加えられていなくてはなりません。また心理的描写のみで処置を表さない動詞も使えません。

×把词典＿带＿　×把书很喜欢

2) 受身文：「A＋｜被bèi／叫jiào／让ràng｜＋B＋動詞＋結果／"了"le」（AはBに～される）

①自行车｜被／叫／让｜弟弟骑走了。Zìxíngchē｜bèi/jiào/ràng｜dìdi qízǒu le.（自転車は弟に乗って行かれた）
②我｜被／叫／让｜他打了一顿。Wǒ｜bèi/jiào/ràng｜tā dǎle yí dùn.（私は彼に1回ぶたれた）
③钱包｜被／叫／让｜人偷走了。Qiánbāo｜bèi/jiào/ràng｜rén tōuzǒu le.（財布は人に盗まれた）

被害を表します。"被"bèiは書面語で，口語では"叫／让"jiào/ràngを使うのが一般的です。

また"被"bèiは，③′のように，「ダレダレに」を表すBを省略できるほか，④のように被害ではない場合にも使うこともできます。

③′钱包被＿偷走了。Qiánbāo bèi tōuzǒu le.（財布は盗まれた）
④他被(大家)选为代表了。Tā bèi (dàjiā) xuǎnwéi dàibiǎo le.（彼は〔みんなによって〕代表に選ばれた）

また，被害ではなく，単に動作の受け手が主語になる場合は，"被／叫／让"を使いません。

他的小说出版了。Tā de xiǎoshuō chūbǎn le.（彼の小説は出版された）

7-5　補語

> ＊英文法における補語と混同することも考えられるので，英語の補語とは異なることを示すため，後置修飾語と説明してもよい。

①接続成分"得"が不要の補語
　一定数の動補連語を学ぶまでは，補足型の複合動詞としてあつかう。

看完kànwán（見／読み終える）　看见kànjian（見える）　看上kànshang（〔見て〕気に入る）

結果補語	看完 kànwán（見/読み終える）　学好 xuéhǎo（〔学んで〕マスターする）　記住 jìzhù（しっかり記憶にとどめる）　说清楚 shuōqīngchu（はっきりと話す）　他住在学校宿舍里。Tā zhùzài xuéxiào sùshè li.（彼は学校の宿舎に住んでいる）　他坐在椅子上。Tā zuòzài yǐzishang.（彼は椅子に座っている）　找到李老师的家。Zhǎodào Lǐ lǎoshī de jiā.（李先生の家を探しあてた）　每天都睡到中午。Měitiān dōu shuìdào zhōngwǔ.（毎日昼まで寝ている）　送给他一本字典。Sònggěi tā yì běn zìdiǎn.（彼に字典を1冊プレゼントする）　请借给我一百块钱。Qǐng jiègěi wǒ yìbǎi kuài qián.（私に100元貸してください）
＊"到"dào "在"zài "给"gěi などに導かれる，到達点を示す介詞句は補語としてあつかわない。この3語は前置の動詞と複合動詞を作り，後に到達点を示す賓語を置く。	
方向補語	拿来 nálai（持って来る）　出来 chūlai（出てくる）　拿出来 náchūlai（取り出す）　看出来 kànchūlai（見てとれる）　想出来 xiǎngchūlai（思いつく）
派生義になる場合を含む	
＊方向補語の説明で，わずかな用例から，方向補語のすべてを列挙するようなことはしない。	
可能補語	看得完 kàndewán（見/読み終えることができる）　拿不来 nábulái（持って来られない）　拿不出来 nábuchūlai（取り出せない）　拿不了 nábuliǎo（持ちきれない）
＊"～得"de "～不得"bude は割愛する。	
程度補語	好极了 hǎo jíle（すごくよい）　忙死了 máng sǐle（忙しくてかなわない）
数量補語	看一次 kàn yí cì（1度見る）　看一眼 kàn yì yǎn（ひと目見る）　看一看 kàn yi kàn（ちょっと見る）　高一米 gāo yì mǐ（1メートル分高い）　大一点 dà yìdiǎn（すこし大きい）
＊数量補語を補語から除き，賓語としてあつかう考え方もある。	
②接続成分"得"de を用いる補語　状態補語	学得很好 xué de hěn hǎo（よく勉強している）　说得大家都笑了 shuō de dàjiā dōu xiào le（話したことでみんなが笑った）　好得很 hǎo de hěn（とてもよい）

7-5 『後ろについたらみんな補語』

中国語では，形容詞や動詞の後ろに置かれ，賓語ではないものを，すべてまとめて「補足する成分＝補語」と呼びます。補語は接続成分"得"de を用いるものと用いないものの2つに大きく分けることができます。

"得"de を用いない補語は5種類あります。

(1) 結果補語：動詞＋ 結果を表す動詞・形容詞
(2) 方向補語：動詞＋ 移動・方向を表す動詞
(3) 可能補語：結果補語・方向補語の可能型
(4) 程度補語：形容詞＋ 程度を強める語
(5) 数量補語：動詞・形容詞＋ 数量

また，"得"を用いる補語は1種です。

(6) 状態補語：動詞・形容詞＋"得"＋ 状態・程度

を表す語句

学習状況・授業形態によって進度は様々なので，学び始めた1年次でこれらの補語すべてにふれるということもあれば，最初は"看完"kànwán（見終える）・"回来"huílai（帰って来る）・"听不懂"tīngbudǒng（聞いてもわからない）などいくつか語句として登場し，2年次になってから，仕組みを学ぶということも多いと思います。もし学習者のみなさんがご自分のテキストを開いて「こんなの載ってないな」と思ってもご心配なく。

(1) **結果補語**：動詞＋ 結果を表す動詞・形容詞

動詞の後ろに，その結果を表す動詞や形容詞，たとえば"-完"wán（～し終える）・"-好"hǎo（きちんと～し終える）・"-住"zhù（～してしっかり固定する）・"-错"cuò（～し間違える）などをつけます。「結果」を表しているので普通"了"をともなうことが多く，否定には"没(有)"を用います。

① 说完了 shuōwán le ⇔ 没(有)说完 méi(you) shuōwán（いい終えた⇔いい終えなかった；いい終えていない）
② 学好 xuéhǎo（マスターする）
③ 记住 jìzhù（しっかりと記憶する）
④ 听错 tīngcuò（聞き間違える）

【練習】以下の①～④を発音し，下線部に注意して日本語に訳してください。
① 对不起，我说错了。
② 我还没写完信。
③ 我要学好汉语。
④ 第四课的生词你记住了没有？

① Duìbuqǐ, wǒ shuōcuò le.（すみません，私はいい間違えました）② Wǒ hái méi xiěwán xìn.（私はまだ手紙を書き終えていません）③ Wǒ yào xuéhǎo Hànyǔ.（私は中国語をマスターしたい）④ Dì-sì kè de shēngcí nǐ jìzhù le méiyou?（第4課の新出単語，あなたはしっかり覚えましたか？）

(2) **方向補語**：動詞＋ 移動・方向を表す語

動詞の後ろに，話し手に向かってくる動作なら"来"lái，離れていく動作なら"去"qùを加えて方向を表します。
① 走来 zǒulai／走去 zǒuqu（歩いて来る／行く）
② 拿来 nálai／拿去 náqu（持って来る／行く）

また，移動を表す"回"huí（戻る）"出"chū（出る）"进"jìn（入る）など（全部で7種あります）に賓語を加えたり，移動を表す動詞の後ろに，さらに"来／去"を加えることもあります。
③ 走进教室 zǒujìn jiàoshì；走进教室来 zǒujìn jiàoshì lai（歩いて教室に入る；歩いて教室に入って来る）
④ 拿回书 náhuí shū；拿回书去 náhuí shū qu（本を持って帰る；本を持って行く）

場所を表す賓語や，命令文での賓語の位置は"来／去"の前と決まっています（⑤⑥）。賓語が移動できるもので，すでに終わった動作・行為についていう場合は"来／去"の後ろにも置けます（⑦）。

⑤ 走进教室来 zǒujìn jiàoshì lái（教室に歩いて入って来る）
⑥ 请拿回书去！Qǐng náhuí shū qù!（本を持って帰って〔行って〕ください）
⑦ 他拿回来了一本书。Tā náhuílaile yì běn shū.（彼は1冊の本を持って帰って来た。）

具体的な方向以外に，派生的な意味を持つものもあります。たとえば"起来"には「起き上がる」という意味のほかに「～始める；～してみると；まとまる」などの意味もあります。
⑧ 笑起来 xiàoqǐlai（笑い出す）

のように，「～し始める」の場合はいろいろな組み合わせがありますが，下の⑨⑩⑪などは最初のうちは熟語として覚えておきましょう。派生義の"起来"では賓語は必ず"来"の前に置きます。
⑨ 想起来 xiǎngqǐlai（思い出す）
⑩ 看出来 kànchūlai（見てとれる）
⑪ 想出来 xiǎngchūlai（思いつく）

【練習】以下の日本語を中国語に訳してください。
①彼はもう北京に帰って行きました。
②彼はカサを2本買って帰って来た。
③はやく入って来てください。
④私は彼の名前を思い出した。

①他已经回北京去了。Tā yǐjing huí Běijīng qù le. ②他买回来了两把雨伞。Tā mǎihuílaile liǎng bǎ yǔsǎn. ／他买回两把雨伞来了。Tā mǎihuí liǎng bǎ yǔsǎn lái le. ③（你）快进来吧！(Nǐ) kuài jìnlai ba! ④我想起他的名字来了。Wǒ xiǎngqǐ tā de míngzi lái le.
※①「場所」賓語なので必ず"去"の前に置きます。②「モノ」の賓語で命令文ではないのでどちらの語順でも言うことができます。"了"の位置にも注意してください。④派生義の"起来"では賓語は必ず"来"の前に置かれます。

(3) 可能補語：結果補語・方向補語の可能型
「動詞＋"得／不" de/bu + 結果補語・方向補語」
　動詞と結果補語・方向補語との間に"得／不"という助詞を挿入して「～できる／～できない」という可能・不可能を表す形にしたものを可能補語といいます。
①看得完 kàndewán ⇔ 看不完 kànbuwán（見終えることができる⇔見終えることができない）
②拿得来 nádelái ⇔ 拿不来 nábulái（持ってくることができる⇔持って来ることができない）
③拿得出来 nádechūlai ⇔ 拿不出来 nábuchūlai（取り出すことができる⇔取り出すことができない）
　可能よりも不可能を表す否定形のほうを圧倒的に多く用います。肯定形は疑問や反語などのほかではあまり使いません（使えないということではありませんが）。
　また"-不了"buliǎo（～しきれない；～のはずがない；～できない）（⇔"-得了"deliǎo）のように，もともとの結果補語の形が存在せず，可能補語専用で使われるものもあります。
④拿不了 nábuliǎo（持ちきれない）
⑤丢不了 diūbuliǎo（なくなるはずがない）

(4) 程度補語：形容詞＋程度を強める語
　形容詞の程度を強めるには，副詞を前に置いて"太贵（了）"tài guì (le)（高すぎる）などとするほかに，形容詞の後ろに程度を強める語を置く方法もあります。程度補語に使われるものには，"极了"jíle "死了"sǐle などがあります。
①好极了 hǎo jíle（すごくよい）
②忙死了 máng sǐle（忙しくてかなわない）
　"死"は場合によっては結果補語と取れることもあります。
③累死了 lèi sǐle（疲れてくたくただ〔程度補語〕）；lèisǐ le（疲れ果てて死んでしまった〔結果補語〕）

【練習】可能補語は，可能の助動詞では表しきれない理由まで表すことができます。
　次の｛　｝内の可能補語はいずれも「食べられない」という意味です。①～⑤の下線部にふさわしいものを選んだうえで完成した文を日本語に訳してください。

｛吃不下／吃不起／吃不到／吃不惯／吃不了｝

①这里冬天＿＿＿＿新鲜的水果。
②菜太多，我一个人＿＿＿＿。
③我吃饱了，再＿＿＿＿了。
④太贵了，我＿＿＿＿。
⑤盒饭，我总＿＿＿＿。

　　　　＊　　＊　　＊

①吃不到／Zhèli dōngtiān chībudào xīnxiān de shuǐguǒ.（ここは冬新鮮な果物にありつけない）②吃不了／Cài tài duō wǒ yí ge rén chībuliǎo.（料理が多すぎて私1人では食べきれ

ない）③吃不下／Wǒ chībǎole,zài chībuxiàle.（私は満腹しました，もう食べられません）④吃不起／Tài guì le,wǒ chībuqǐ.（高すぎて私には食べられない）⑤吃不惯／Héfàn wǒ zǒng chībuguàn.（弁当はどうも口に合わない）※"吃不到"は「ものがなくて食べられない」，"吃不了"は「量が多くて食べきれない」，"吃不下"は「満腹でのどを通らない」，"吃不起"は「金銭・資格などの都合で食べられない」，"吃不惯"は「習慣がなくて食べつけない」という意味です。

(5) 数量補語：動詞・形容詞＋数量

動詞の後ろに置かれる回数などの動作量や時間量，形容詞の後ろに置かれる比較の差の量を合わせて数量補語といいます（"一个" yí ge〔1個〕など，数量連語が賓語になる場合と語順などで共通点が多いので，補語ではなくて賓語に含めるという考え方もあります）。

①看一次 kàn yí cì（1度見る）
②看一个小时 kàn yí ge xiǎoshí（1時間見る）
③高一米 gāo yì mǐ（〔比べて〕1メートル分高い）

①は動作量，②は時間量を表しています。時間に関する点で補足すると，"去年" qùnián（去年）・"今天" jīntiān（今日）・"下午" xiàwǔ（午後）のように「いつ」を表す名詞は動詞よりも前に修飾語として置かれ，「どれだけ」を表す時間量は動詞の後に置かれます。「いつ＋動詞＋どれだけ」という順で覚えましょう。

④我下午看一个小时电视。Wǒ xiàwǔ kàn yí ge xiǎoshí diànshì.（私は午後に1時間テレビを見る）

また，賓語の位置にも注意が必要です。一般の名詞の賓語は④の"电视" diànshì（テレビ）のように数量補語の後ろに置きますが，"我" wǒ（私）・"他" tā（彼）のような人称代詞が賓語となる場合には数量補語の前に置かなくてはなりません。

⑤昨天我等了他一个小时。Zuótiān wǒ děngle tā yí ge xiǎoshí.（昨日私は彼を1時間待った）
⑥我去年见过他一次。Wǒ qùnián jiànguo tā yí cì.（私は去年彼に1度会ったことがある）

上記の③は比較した結果の差を表しています。下の⑦のように，介詞"比" bǐ（～より）を使った比較文にしたほうがわかりやすいかも知れません。

⑦这座大楼（比那座大楼）高一米。Zhèi zuò dàlóu (bǐ nèi zuò dàlóu) gāo yì mǐ.（このビルは〔あのビルよりも〕1メートル高い）

"一米"のような具体的な量だけでなく「ちょっと」を表す"一点儿" yìdiǎnr を使うこともできます。

⑧这个（比那个）大一点儿。Zhèige (bǐ nèige) dà yìdiǎnr.（これは〔あれより〕少し大きい）

「"一点儿"は形容詞の後ろ」と覚えましょう。

少し話題がそれますが，「ちょっと～してみる」という意味を表す動詞の重ね型では，「重ねた1音節動詞の間に"一" yī を入れることができる」として"看看" kànkan と"看一看" kàn yi kàn をまとめて説明するのが普通です。ここで以下の⑨⑩と前の①を比べてみましょう。

①看一次（1度見る）
⑨看一眼 kàn yì yǎn（一目見る）
⑩看一看 kàn yi kàn（ちょっと見る）

①は動作量を計る専用の量詞"次" cì を使っていますが，⑨は"看" kàn という動作に関連した"眼" yǎn（目）という名詞を借用して計ったもの，⑩は"看"という動作自体を借用して計ったものであることが見て取れます。実はこのようなしくみだったのです。

【練習】以下の①～④の｛　｝内の語を意味が通るように並べ替え，さらに日本語に訳してください。

①每天｛广播／三个小时／上午／听｝。
②｛顿／吃／一天／三｝饭。
③我｛他／汉语／一年／教／过｝。
④｛便宜／这／一点儿／件｝。

①每天上午听三个小时广播。Měitiān shàngwǔ tīng sān ge xiǎoshí guǎngbō.（毎日午前中3時間ラジオを聴く）②一天吃三顿饭。Yì tiān chī sān dùn fàn.（1日に3回食事をする）③我教过他一年汉语。Wǒ jiāoguo tā yì nián Hànyǔ.（私

は彼に1年間中国語を教えたことがある）④这件便宜一点儿。Zhèi jiàn piányi yìdiǎnr.（これ〔この1着〕はちょっと安い）　※まず基本は，「いつ＋動詞＋どれだけ（数量補語）＋名詞」の語順です。①は"每天上午"が「いつ」を表すものなので，動詞より前に，"听广播"（ラジオを聴く）の動詞と名詞の間に"三个小时"を入れます。②"顿"は食事の回数を数える量詞で"吃三顿饭"（3回食事する）となります。また，"一天"の置き場に迷ったと思います。普通は"等一天"（1日待つ）のように動詞の後ろに来るはずなのですが，ここでは「～あたり」として文頭に持ってきます。「毎日3回食事する≒1日3回食事する」ということに気づけば，①の"每天"と同じ位置に来ることがわかります。③の動詞"教"は，「～に…を教える」という2つの賓語をとり，"我教他汉语"となります。「～したことがある」という経験を表す助詞"过"を動詞につけ，あとは，"一年"を名詞"汉语"の前に置けば完成です（「彼に1年教える」なら，"教他一年"です。"他"と"一年"はこの順で覚えてしまいましょう）。④は「形容詞＋"一点儿"」の形です。"件"は衣服や事柄を数える量詞なので"这件"（この1着）というように組み合わせて主語にします。

(6) 状態補語：動詞・形容詞＋"得" de＋状態・程度を表す語句

まず基本形は「動詞＋"得"＋形容詞を含む連語」で「～のしかたが…だ；～するのが…だ」という意味を表します。

形容詞は肯定でも否定でもかまいません。

①他说得|很好／不好|。Tā shuō de|hěn hǎo/bù hǎo|.（彼は話すのがうまい／下手だ）

疑問文にするには文末に"吗"を加えたり形容詞を「肯定＋否定」の形に変えたりします。

②他说得|好吗／好不好|？Tā shuō de|hǎo ma/hǎo bu hǎo|?（彼は話すのがうまいですか？）

賓語がある場合は語順に注意しましょう。「（動詞）＋賓語」をもとの「動詞＋"得"～」の前に加えます。最初の動詞は省略することもできます。

③他（说）汉语说得很好。Tā (shuō) Hànyǔ shuō de hěn hǎo.（彼は中国語を話すのがうまい）

ここまでが基本の形です。

応用として"得"の後ろに主述連語などが置かれて「～の結果（～が原因で）…はこのようになった」という形のものもあります。

---

column

『補語大活躍！』～受身・処置

74-(7)で出てきた受身や処置の表現では動詞に補語など何かを加えることが必要でした。

×我被他打→我被他打伤了。Wǒ bèi tā dǎshāng le.（私は彼に殴られてけがをした）

×我把书看→我把书看完了。Wǒ bǎ shū kànwán le.（私は本を読み終えた）

日本語の意味にあうように次の①～④の動詞に必要な成分を加えてください。

①彼は部屋をきれいに掃除している。
他把房间打扫＿＿＿＿。Tā bǎ fángjiān ＿＿＿.
②私はお母さんに1度叱られた。
我叫妈妈说＿＿＿＿。Wǒ jiào māma ＿＿＿.
③カサを机の上に置かないで。
别把雨伞放＿＿＿＿。Bié bǎ yǔsǎn ＿＿＿.
④腕時計は子供に壊された。
手表让孩子弄＿＿＿＿。Shǒubiǎo ràng háizi ＿＿＿.
⑤頭をあげて。
你把头抬＿＿＿＿。Nǐ bǎ tóu ＿＿＿.

◇

①打扫得|很干净／干干净净的| dǎsǎo de |hěn gānjìng/gānganjìngjingde| ②说了一顿 shuōle yí dùn ③放在／到桌子上 fàngzài/dào zhuōzi shang ④弄坏了 nònghuài le ⑤抬起来 táiqǐlai
※①状態補語，②数量補語，④結果補語，⑤方向補語。③の"在／到"zài/dàoや"给"gěiなどは動詞の後ろにおいて到達点を表します。①形容詞の重ね型も使ってみましょう（「ピカピカに～」という感じになります）。

④他说得大家都笑了。Tā shuō de dàjiā dōu xiào le.（彼が話して〔話し方がおかしくて〕みんなが笑った）

また，「形容詞＋"得"＋程度を強める語」という組み立てもあります。（形容詞の程度を強めるということで，前の(4)の程度補語とまとめてとりあげることが多いです。）
⑤好得很 hǎo de hěn（とてもよい）
⑥好得多 hǎo de duō（ずっとよい）

【練習】｛ ｝内に与えられた語を適宜組み合わせて使って①〜⑤を中国語に訳してください。ただし，｛ ｝には余計な語が1つ混ざっています。

｛滑／走／踢／跑／打／画／网球／雪／画儿／足球｝

①彼は走るのが速くない。
②彼はテニスをするのが上手ですか？
③この絵はよく描けている。
④サッカーは，彼が（するのが）一番うまい。
⑤彼女はスキーの腕前はいかがですか？

＊　＊　＊

①他跑得不快。Tā pǎo de bú kuài.　②他（打）网球打得｜好吗／好不好｜？ Tā (dǎ) wǎngqiú dǎ de |hǎo ma/hǎo bu hǎo?　③这幅画儿画得很好。Zhèi fú huàr huà de hěn hǎo.　④足球他踢得最好。Zúqiú tā tī de zuì hǎo.　⑤她滑雪滑得怎么样？ Tā huáxuě huá de zěnmeyàng?　※①「走る」には"跑"を使います。"走"zǒu は「歩く」という意味です。「動詞＋"得"＋…」の順で並べるのでしたね。②「テニスをする」は"打网球"dǎ wǎngqiú です。最初の動詞を繰り返す繰り返さないに関わらずとにかく賓語"网球"が"打得〜"の前に置かれることが重要です。「〜ですか？」の疑問文は"好吗？"でも"好不好？"でもお好きなものを使ってください。③「絵を描く」は"画画儿"huà huàr といいます。"画儿"が話題（主語）なのでまず文頭に置きます。"画儿"の量詞は"张"zhāng でもかまいません。後は「よく描けている→描き方がうまい」ということで①と同様に並べます。④「サッカーをする」は"踢足球"tī zúqiú といいます。③同様にまず話題の"足球"を文頭に置きます。あとは①に同じです。「一番」には"最"zuì という副詞を使います。⑤の「いかがですか」は"好不好？"でもよいですが，"怎么样"zěnmeyàng という疑問詞も覚えましょう。「スキーをする」は"滑雪"huáxuě といいます。②と同じように並べますが，②では最初の動詞を省略しても"网球打得〜"（テニスについては〜だ）というように理解できますが，⑤で最初の動詞を省略すると"雪滑得〜"（雪については〜）と，ちょっと不自然な表現になってしまうので，"滑雪滑得〜"のように繰り返した形にしておいてください。

7-6　修飾語

＊（限）定語，状（況）語という呼称は用いない。

①連体修飾語

接続成分"的"de を用いない修飾語	我妈妈 wǒ māma（私の母）　我家 wǒ jiā（私の家）　木头(的)桌子 mùtou (de) zhuōzi（木のテーブル）　白(的)纸 bái(de)zhǐ（白〔い〕紙）
接続成分"的"de を用いる修飾語	我的字典 wǒ de zìdiǎn（私の字典）　漂亮的衣服 piàoliang de yīfu（きれいな服）　他写的字 tā xiě de zì（彼が書く／書いた字）

②連用修飾語	
接続成分"地"de を用いない修飾語	快来 kuài lái（はやく来る） 一天看完 yì tiān kànwán（1日で読み終える） 慢慢(地)走 mànmàn (de) zǒu（ゆっくり歩く）
接続成分"地"de を用いる修飾語	很高兴地说 hěn gāoxìng de shuō（とても喜んで話す）科学地研究 kēxué de yánjiū（科学的に研究する）

7-6 『修飾語はいつでも前から順番に』

修飾語はいつでも被修飾語の前に置かれます。名詞的な成分を修飾する「連体修飾語」と動詞や形容詞を修飾する「連用修飾語」に分けることができます。

(1) 連体修飾語

連体修飾語と被修飾語を結ぶのに助詞"的"de を使います。名詞や代詞だけでなく動詞や形容詞また動詞・形容詞を含んだ連語も"的"を介して修飾語になることができます。

①我的字典 wǒ de zìdiǎn（私の字典）
②漂亮的衣服 piàoliang de yīfu（きれいな服）
③（他）写的字（tā）xiě de zì
　（〔彼が〕書く / 書いた字）

①では代詞、②は形容詞、③では動詞及び動詞を含んだ主述連語が修飾語になっています。

連体修飾語の中には"的"なしで直接ほかの名詞を修飾できるものもあります。人称代詞の後ろに④親族関係・⑤所属先などが続く場合には"的"がなくてもかまいません（特に取り立てて「～の」と言いたい場合以外では省略するほうが普通です）。また、修飾語になる名詞が後の語の性質や属するグループを表していたり特に熟語化している場合なども直接修飾することができます。形容詞が直接名詞を修飾するのは、一般に、名詞＋名詞よりもさらに制限されていて、"好"hǎo・"大"dà など一部の1音節形容詞を除き組み合わせが固定した熟語になっている場合が多いようです（⑨）。

④我妈妈 wǒ māma（私のお母さん）
⑤他家 tā jiā（彼の家）
⑥木头桌子 mùtou zhuōzi（木のテーブル）
⑦汉语课本 Hànyǔ kèběn（中国語テキスト）
⑧日本老师 Rìběn lǎoshī（日本人教師）
⑨白纸 báizhǐ（白〔い〕紙）

④～⑨にはそれぞれ間に"的"を入れることもできます。ただ⑧の"日本"は"老师"の国籍を表しますが、"日本的老师"Rìběn de lǎoshī は「日本にとっての先生」と意味が変わってしまいます。

また、動詞を使った③の"写的字"から"的"をとると"写字"xiě zì（字を書く）という「動賓連語」になってしまいます。

(2) 連用修飾語

動詞や形容詞を直接修飾するものには副詞・「いつ（時点）」を表す名詞・一部の形容詞・形容詞の重ね型・介詞連語・数量詞（数量連語）などいろいろとあります。

①快来 kuài lái（はやく来て）
②非常好 fēicháng hǎo（非常によい）
③明天回来 míngtiān huílai（明日帰って来る）
④从中国回来 cóng Zhōngguó huílai
　（中国から帰って来る）

①は形容詞、②は副詞、③は「いつ」を表す時間名詞、④は介詞連語です。

また、連用修飾語と動詞を"地"de で結ばなくてはならないものもあります。

⑤很高兴地说 hěn gāoxìng de shuō
　（とても喜んで話す）
⑥科学地研究 kēxué de yánjiū
　（科学的に研究する）

一部の動詞や形容詞の重ね型は"地"があってもなくても修飾語になることができます。

⑦慢慢儿（地）走 mànmānr(de) zǒu
　（ゆっくり歩く）

"地"はもともと"的"と書いていたのですが連

体修飾語と区別して"地"と表記するようになったものです。⑥の"科学"kēxuéは「〔形〕科学的；〔名〕科学」というように形容詞でも名詞でもあり、また"研究"yánjiūも「研究(する)」というように動詞でも名詞でもあるので、助詞を書き換えると"科学的研究"(科学〔の〕研究)というように意味が変わってしまいます。

8 品詞

*品詞分類は単語の文法的性質による分類で、その単語の文法的な働きによって分ける。意味による判断を排し、その語がどんな語とどのように組み合わさり、どんな働きをするか、によって分類すべきである。

品詞名については、若干の許容範囲を設け、それぞれカッコ内に示す。品詞は実質的な意味を有する実詞と、主として文法的な働きをする虚詞に大別されるが、前者は以下の名詞から動詞まで、後者は以下の介詞から擬声詞までを指す。ここでは、《現代汉语词典第5版》が12品詞とする分類にしたがう。ただし下位分類(附类)は同書と異なる。

実詞のうち代詞、数詞、量詞などと、虚詞については、原則として学習すべきすべての語彙を掲げる。

8『品詞～AさんとBさんは仲がいい』

いよいよ『ガイドライン』も最後の項目、品詞です。

大雑把に言って、日本語では語尾変化(いわゆる「活用」)のあるなしで体言か用言か、その変化の仕方で動詞か形容詞かなどと分けることができます。同じように、英語では単数複数の変化があるもの(名詞)、比較級や最上級の変化があるもの(形容詞)、時制による変化があるもの(動詞)と変化の仕方を目安にすることができます。

中国語ではこのような外見上の変化をよりどころにすることができないので、その語がどういった語とどういう関係で結びつくのか、どういう働きをするのかから確かめなくてはなりません。

外見がそっくりな人がたくさんいて、観察してみると、AさんとBさんはいつも一緒にいるとか、BさんとCさんはどうも合わないらしいとか、Dさんはいつも中心になって働くとか、Eさんは補佐だとか、それぞれ確認した上でグループ分けするようなものです。ちょっと人にたとえてみました。

8-1 名詞

抽象名詞を含め、名詞は数量詞の修飾を受けることができる。

一般名詞はふつう副詞の修飾を受けない。

一般名詞

可算名詞、不可算名詞を問わず、数量詞の修飾語が置ける。

可算名詞は量詞"个"geを用いることができるか否かで3類に分けられる。

(1) 特定の量詞を用いる　　　　　　　　　　(一本)书(yì běn) shū (〔1冊の〕本)
(2) 特定の量詞も、"个"geも用いる　　　　(一把)椅子(yì bǎ) yǐzi; (一个)椅子(yí ge) yǐzi

(3) 量詞"个"geのみ用いる	([1脚の；ひとつの]椅子) (一个)苹果(yí ge) píngguǒ (1個のリンゴ)
時間名詞	明天 míngtiān（明日）　現在 xiànzài（今） 从前 cóngqián（昔）
場所名詞	
(1) 単用して場所を示せるもの 　→ 固有名詞など	中国 Zhōngguó　　北京 Běijīng　　长江 Chángjiāng (長江・揚子江)
(2) 一般名詞であるが，方位名詞を後置せずに単用可の場所名詞。 ただし，場所主語となる場合は方位名詞を後置する。	商店(里) shāngdiàn (li)（店）　教室(里) jiàoshì (li)（教室）　广场(上) guǎngchǎng (shang)（広場） 公园里菊花开了。Gōngyuán li júhuā kāi le.（公園に菊の花が咲いた／咲いている）
(3) 一般名詞は方位名詞を後置しないと場所名詞にならない。 　→ (2)と(3)の区別	屋子里 wūzi li（部屋〔のなか〕）　椅子上 yǐzi shang（椅子のうえ） 他在商店(里)买东西。Tā zài shāngdiàn (li) mǎi dōngxi.（彼は店で買い物をする） 他在铺子里买东西。Tā zài pùzi li mǎi dōngxi.（同上）
方位名詞	
単用できる2音節方位名詞	里边 lǐbian（なか）　外边 wàibian（そと） 上边 shàngbian（うえ）　下边 xiàbian（した） 左边 zuǒbian（ひだり）　右边 yòubian（みぎ）
単用できない1音節方位名詞	里 lǐ（なか）　外 wài（そと）　上 shàng（うえ） 下 xià（した）　左 zuǒ（ひだり）　右 yòu（みぎ）
方位連語	屋子里 wūzi li（部屋〔のなか〕）　桌子上 zhuōzi shang（机のうえ）　公园外边 gōngyuán wàibian（公園のそと）

8-1 『名詞〜目立つ位置にどっしり構える』

名詞は (1) 一般名詞のほか，(2) 時間名詞 (3) 場所名詞 (4) 方位名詞に大きく分けることができ，それぞれ特徴が異なっています。

名詞の大きな働きは主語・賓語といった文の主要な成分になることです。連体修飾語にもなりますが，補語にはなりません。連用修飾語・述語になるものは限られています。

(1) 一般名詞

一般名詞は"不"bùなど副詞の修飾を受けません。一般名詞のなかで1つ1つ個別に数えることのできる名詞を可算名詞といいます。可算名詞以外の一般名詞も度量衡の単位その他何らかの数量詞の修飾を受けることができます。また，可算名詞は量詞"个"geを基準に以下の3種に分類できます。

1) 特定の量詞のみ：书 shū（本）〜"本"běn
2) 特定の量詞と"个"：椅子 yǐzi 〜把 bǎ；个
3) "个"のみ：苹果 píngguǒ（リンゴ）

中国語の量詞は日本語に比べ，種類も使う場面も多いので覚えるのが大変ですが，もし割り切ってしまえば，2)のように"个"で代用できるもの

は，最初から"个"だけで通してしまうという方法もあります。ただ，「使える」といっても，全く同等であるものだけでなく，指す範囲が違うものもあるのでなかなか踏み切るのは難しいですが。

(2) 時間名詞：「いつ（時点）」を表す名詞

①明天 míngtiān（明日）　②現在 xiànzài（いま）

①②は動詞の前において，「イツイツ～する」という修飾連語をつくることができます。

①′ 我明天去。Wǒ míngtiān qù.（私は明日行く）

④現在我没有时间。Xiànzài wǒ méi yǒu shíjiān.（いま私には時間がない）

⑤我看了三个小时。Wǒ kànle sān ge xiǎoshí.（私は3時間見た）

④の"时间"shíjiān，⑤の"小时"xiǎoshíは時間を表していても一般名詞です。

(3) 場所名詞：「場所」を表す名詞

場所名詞は介詞"在"zài（～で）や"往"wǎng（～へ）の賓語になったり，"这里"zhèli（ここ）などで置き換えることのできるものです。

1) 単用して場所を表せるもの：固有名詞など
　①中国 Zhōngguó　②北京 Běijīng

2) 一般名詞であるが，方位名詞の助けなしで単用できるものと場所名詞を兼ねるもの：
　①公園　gōngyuán（公園）
　②商店　shāngdiàn（店）
　③广场　guǎngchǎng（広場）
　④学校　xuéxiào（学校）

3) 「一般名詞＋方位名詞」（方位連語）
　①铺子里 pùzi li（店）②屋子里 wūzi li（部屋）
　③椅子上 yǐzi shang（椅子〔のうえ〕）
　④黑板上 hēibǎn shang（黒板〔の表面〕）

2) の名詞は方位詞なしでも"在公园～"zài gōngyuán（公園で～）のように使うことができますが，それでも場所を表す主語として使う場合には方位名詞を後ろにつけます。

①→公园里菊花开了。Gōngyuán li júhuā kāi le.（公園に菊の花が咲いた／咲いている）

（逆に国名などには普通，方位名詞をつけることができません。×"中国里～"）

2) に入る名詞は場所や公共機関などを表していま

す。また，単語の構成でみると，2) ①～④には"园、店、场、校"といった場所を表す成分が後ろにあるという共通点があります。意味だけでいうなら，2) ②と3) ①はいずれも「店」のことですが，

2) ②→他在商店（里）买东西。Tā zài shāngdiàn (li) mǎi dōngxi.（彼は店で買い物する）

3) ①→他在铺子里买东西。Tā zài pùzi li mǎi dōngxi.（同上）

"商店"は"里"を省略できるのに対して，"铺子"は省略することができません。同じく3) ②の"屋子"wūziは「部屋」という意味はあってもそのままでは単に「モノ」で，"里"を加えて始めて「場所」になります。"-子"で終わっている単語はたとえ意味が場所のようでも，使い方は3) ③の"椅子"yǐzi（いす）や3) ④の"黑板"hēibǎn（黒板）と同じ「モノ」扱いだということに注意しましょう。

(4) 方位名詞：方角や位置を表す名詞

方位名詞には2音節のものと1音節のものがあります。

里边 lǐbian（なか）　　　　外边 wàibian（そと）
上边 shàngbian（うえ）　　下边 xiàbian（した）
左边 zuǒbian（ひだり）　　右边 yòubian（みぎ）
里 lǐ（なか）　　上 shàng（うえ）　　左 zuǒ（ひだり）
外 wài（そと）　下 xià（した）　　　右 yòu（みぎ）

2音節の方位名詞は名詞と組み合わせて方位連語をつくるほかに，そのまま単用して場所名詞と同じ働きをすることができます。

①银行右边 yínháng yòubian（銀行のみぎ）
②桌子下边 zhuōzi xiàbian（机のした）
③我在公园外边等他。Wǒ zài gōngyuán wàibian děng tā.（私は公園のそとで彼を待つ）
④里边没有人。Lǐbian méi yǒu rén.（なかには人がいません）

これに対して1音節の方位名詞は方位連語をつくるだけで単用することができません。（対句になるなど，特別な例は除きます）

⑤屋子里 wūzi li（部屋〔のなか〕）
⑥桌子上 zhuōzi shang（机のうえ）
×里没有人

また1音節の方位名詞のうち、"里"lǐと"上"shàngは比較的自由にいろいろな名詞と組み合わせて連語を作ることができ、「～（のなか／うえ；表面）に」という場合、「名詞＋"里边／上边"」よりも「名詞＋"里／上"」のほうを多く用います。

しかし、その他の方位詞の組み合わせは限られており、熟語となっているものがほとんどです。
×桌子下　　　　×公园外
⑦楼下 lóuxià（階下）
⑧门外 ménwài（〔ドアの〕そと）

【練習】｛ ｝内の語を適宜使い、場所名詞や方位名詞の使い方に注意して、以下の①～⑤を中国語に訳してください。

｛书包／院子／歌儿／家／本／唱／冷｝

① 彼は中庭で歌を歌います。
② そとは非常に寒いです。
③ 銀行の右側に店が1軒あります。
④ 机のうえにカバンが1つあります。
⑤ カバンのなかに辞典が2冊あります。

＊　　＊　　＊

① 他在院子里唱歌儿。Tā zài yuànzi li chàng gēr. ② 外边非常冷。Wàibian fēicháng lěng. ③ 银行右边有一家商店。Yínháng yòubian yǒu yì jiā shāngdiàn. ④ 桌子上有一个书包。Zhuōzi shang yǒu yí ge shūbāo. ⑤ 书包里有两本词典。Shūbāo li yǒu liǎng běn cídiǎn.

※①「ドコドコで～する」は介詞"在"zài を使って「"在"＋場所＋動詞」で表します。"院子"yuànzi はそのままだと「モノ」扱いなので、"在"の後ろに置くためには必ず"里"をつけなくてはなりません。「歌を歌う」は"唱歌儿"chàng gēr です。②「そと」と単独で使うには2音節の方位名詞"外边"wàibian を使います。1音節の"外"は使えません（"外边"を同じく「そと」をあらわす"外面"wàimian・"外头"wàitou などといい換えてもかまいません）。③～⑤「ドコドコに～がある」は「場所＋"有"yǒu（＋数量）＋モノ」の順になります。③「銀行の右側」は"银行右边"yínháng yòubian で"银行右"とはいえません。ここでの"商店"shāngdiàn は、1つの「モノ」として数えている一般名詞なので、場所を表す場合とは違って、"里"はつきません。"家"jiā は「～軒」と店などを数える量詞です。"一个商店"ともいえます。④「机のうえ」は"桌子上"zhuōzi shang です。④での"书包"shūbāo（カバン）は「モノ」ですが、⑤では"里"と組み合わさって方位連語をつくり場所として使っています。

8-2 代詞（代名詞）

指示と代替の働きをする。

＊人称、指示、疑問の3類のうち、指示と疑問は述語になるものがあるので代名詞という呼称を避ける。

人称代詞（人称代名詞）
　中国で代詞とする"大家"dàjiā（みなさん）"自己"zìjǐ（自分）などは名詞としてあつかう。

指示代詞

我 wǒ（私）　你 nǐ（あなた）　您 nín（あなた〔敬語〕）
他 tā（彼）　她 tā（彼女）　它 tā（それ）

这 zhè（これ；この）　那 nà（あれ；あの）　这里 zhèli（ここ）　那里 nàli（あそこ）　这儿 zhèr（ここ）　那儿 nàr（あそこ）这样 zhèyàng（このように）　那样 nàyàng（あのように）　这么 zhème（このように）　那么 nàme（あのように）

疑問代詞(疑問詞)	哪nǎ(どれ；どの)　哪里nǎli(どこ)　哪儿nǎr(どこ)　谁shéi(誰)　什么shénme(何；何の)　为什么wèi shénme(なぜ)　怎么zěnme(どのように；なぜ)　怎么样zěnmeyàng(どうですか)　怎样zěnyàng(どのように)　多么duōme(どれほど)
疑問詞の非疑問用法	什么都有。Shénme dōu yǒu.(何でもある)　没有什么。Méi yǒu shénme.(何でもない)　要什么就给什么。Yào shénme jiù gěi shénme.(何でも欲しいものをやる)　好像在哪见过他。Hǎoxiàng zài nǎr jiànguo tā.(どこかで彼に会ったことがあるようだ)
その他の代詞	每měi(それぞれ)　各gè(各)　有的yǒude(あるもの)　别的biéde(ほかのもの)

8-2 『代詞～マルチな背番号0』

「代詞」は指示・代替の働きをするもので，意味によって(1)人称代詞・(2)指示代詞・(3)疑問代詞に分けられます。また，その他"每"měi(いずれも)など(1)～(3)に入らない個別の代詞もあります。

働きによってまとめられたほかの品詞とは違うので，ひとくくりに説明できない様々な一面があります。

(1) 人称代詞：『ガイドライン』で挙げられているものと，"我们"wǒmen(私たち)のように語尾に"们"menを加えたその複数形があります(ただし敬語の"您"nín〔あなた〕には対応する複数形がありません)。

(2) 指示代詞：(『ガイドライン』参照)

日本語では「こ・そ・あ」と3つに分けますが中国語では近称と遠称の2種です。一応「こ」と「あ」で訳をつけましたが，実際には日本語の感覚だと「それ；あれ」を使う場面で"这"zhèが使われることもあります。

また，"这么好"zhème hǎo(こんなによい)・"他这样说"tā zhèyàng shuō(彼はこんなふうに言う)・"那样的态度"nàyàng de tàidu(あのような態度)のように，代詞はいつも名詞の代わりをするとは限らないので，「代名詞」ではなく「代詞」という用語を使っています。

(3) 疑問代詞：(『ガイドライン』参照)

疑問代詞は疑問文にだけ用いられるとは限りません。6-3のように反語文に使われたり，また不定を表すこともあります。

次の①②は疑問文，③④は反語文です。
① 他在哪里？Tā zài nǎli?(彼はどこですか？)
② 你为什么不能来？Nǐ wèi shénme bù néng lái?(あなたはどうして来られないの？)
③ 哪儿有那么便宜？Nǎr yǒu nàme piányi?(どうしてこんなに安いものか！)
④ 我怎么会知道呢？Wǒ zěnme huì zhīdao ne?(私が知っているわけがない。〔←どうして知っているなんてことがあろうか〕)

以下の⑤～⑨では，文末に"？"ではなく"。"が使われています。
⑤ 我想喝点儿什么。Wǒ xiǎng hē diǎnr shénme.(私はなにかちょっと飲みたい)
⑥ 我好像在哪儿见过他。Wǒ hǎoxiàng zài nǎr jiànguo tā.(私はどうもどこかで彼に会ったことがあるようだ。)

⑤⑥では，疑問詞が「何か」「どこか」という不定の意味で使われています。"好像"hǎoxiàngは「～な気がする；どうも～らしい」という副詞です。
⑦ 什么都有。Shénme dōu yǒu.(何でもある)
⑧ 谁也不知道。Shéi yě bù zhīdào.(誰も知らない)

⑨要什么,就给什么。Yào shénme jiù gěi shénme.(何でも欲しいものをやる)

⑦⑧は「疑問詞+"都"dōu+肯定」または「疑問詞+"也/都"yě/dōu+否定」で「何(で)も；誰(で)も～」という任意の取り立て表現です。

⑨は複文の前後に同じ疑問詞を用いて,"就"jiùでつないだ呼応表現です。前後の疑問詞は同一のものを指しています。「何かほしい→その何かをやる」から「何でも欲しいものをやる」となります。

【練習】以下の①～⑥を発音し,疑問詞の用法に注意して日本語に訳してください。

① 哪个也不喜欢。Něi ge yě bù xǐhuan.
② 谁想说谁就说。Shéi xiǎng shuō shéi jiù shuō.
③ 有没有什么新鲜的? Yǒu méi yǒu shénme xīnxiān de?
④ 我想到哪儿去玩儿。Wǒ xiǎng dào nǎr qù wánr.
⑤ 我哪儿有工夫去玩儿呢? Wǒ nǎr yǒu gōngfu qù wánr ne?
⑥ 动物园怎么走? Dòngwùyuán zěnme zǒu?

*　　*　　*

①どれも好きではない。②誰でも話したい人が話す。③何か|新しいもの/目新しいこと|はありますか？④私はどこかへ遊びに行きたい。⑤私のどこに遊びに行く暇があるもんですか〔暇なんて全然ない〕。⑥動物園へはどう行きますか？

※①は「疑問詞+"也"yě+否定」でここでは"哪个"něi geを使用して「どれも～ない」という意味になっています。②は"谁"shéiを使った呼応表現で「誰でも～なものが…する」となります。副詞"就"jiùが「主語の後,動詞の前」に置かれることに注意してください。③は"有没有～?"Yǒu méi yǒu(ありますか?)という「肯定+否定」の反復疑問文の中に"什么"shénmeが不定の意味「何か」で使われています。④では"哪儿"nǎrを不定の意味で使った例です。⑤は反語文で"哪儿有～?"Nǎr yǒuで「どこに～があろうか；どうして～であろうか」という意味を表します。⑥は"怎么"zěnme(どのように；どうして)を使った疑問文。"怎么走"zěnme zǒu(どう行きますか)はよく使いますのでこのまま覚えてしまいましょう。

8-3　数詞

位数詞(単位となる数詞)	十shí　百bǎi　千qiān　万wàn　亿yì(億)
係数詞	一yī 二èr 三sān 四sì 五wǔ 六liù 七qī 八bā 九jiǔ 十shí 两liǎng (2)
その他の数詞	零líng(ゼロ)　半bàn(半;半分)
疑問数詞(疑問代詞には含めない)	几jǐ(いくつ)　多少duōshao(いくら)
疑問数詞の非疑問用法	有十几个人。Yǒu shí jǐ ge rén.(十数人いる)　没有多少。Méi yǒu duōshao.(いくらもない)　要多少就给多少。Yào duōshao jiù gěi duōshao.(欲しいだけやる)
数量詞	俩liǎ(ふたつ;2人)
数詞+量詞の数量連語を数量詞ともいう。	一个yí ge(ひとつ) 两个liǎng ge(ふたつ) 三个sān ge(みっつ) 四个sì ge(よっつ) 五个wǔ ge(いつつ)……

一点 yìdiǎn（ちょっと）　一些 yìxiē（ちょっと）
一下 yíxià（ちょっと）

8-3 『数詞～整列させるのが難しい』

"十" shí・"百" bǎi・"千" qiān のように位を表す数詞を位数詞，位数詞の前において使われる数詞を係数詞と呼びます。

係数詞は "一〜十" yī〜shí と "两" liǎng です。"十" は "二十" èrshí のように位を表す位数詞でもあり，"十万" shíwàn のように位数詞の前に置かれる係数詞でもあります。

位数詞・係数詞に入らないものに "零" líng と "半" bàn があります。

1～99までの数え方は日本語と同じですが，100以上の数ではだいぶ違ってきます。まず，"一百" yìbǎi・"一千" yìqiān・"一万" yíwàn のようにかならず "一" yī をつけます。変調にも注意してください。200は "二/两百" èr/liǎng bǎi どちらでも，2000は "两千" liǎngqiān といいます。次の例を見てみましょう。

①118：一百一十八 yìbǎi yīshibā
②190：一百九（十）yìbǎi jiǔ(shí)
③109：一百零九 yìbǎi líng jiǔ
④4500：四千五（百）sìqiān wǔ(bǎi)
⑤4050：四千零五十 sìqiān líng wǔshí
⑥4005：四千零五 sìqiān líng wǔ

①：2桁の18は "十八" shíbā と言いますが，3桁以上の数では "十" の前にも "一" をつけます。この "一" は変調しません。②④，その位より下が0の時には最後の位の位数詞を省略できます。③⑥：間の桁がとぶ場合は，ちょうど読み上げ算で「1百とび9」「4千とび5」というように，「とび」の部分に "零" líng を入れます。⑤は「4千とび5十(0)」と最後が0ですが，この場合は最後の "十" を省略しません（省略すると⑥と同じになってしまいます）。日本語と随分違うので，「200元のものを随分値切れたと思ったら10元引いていただけだった」なんてことがあるかもしれませんよ。

このほか，「いくつ」を表す疑問数詞の "几" jǐ と "多少" duōshao があります。

この2つを意味の違いで見ると，"几" は "十几个" shíjǐ ge（十数個〔＝11個～19個〕）のように1桁の数の代わりに使うことができ，疑問文では10以下の答えが予想できる場合に使い，また，日付や曜日など10以上にはなっても，ある一定の枠組みが固定されているような場合でも使います。"多少" にはこのような意味はありません。用法の違いでいうと，"几" は他の係数詞と同じように「数詞＋量詞」で数量詞（数量連語）を作りますが，"多少" は量詞を省略して使うことができます。

⑦今天几月几号星期几？Jīntiān jǐyuè jǐhào xīngqījǐ?（今日は何月何日何曜日？）
⑧现在几点？Xiànzài jǐ diǎn?（今何時？）
⑨你家有几口人？——四口人。Nǐ jiā yǒu jǐ kǒu rén?——Sì kǒu rén.（あなたの家は何人家族ですか？——4人です。）
⑩你们班有多少（个）学生？——有二十五个。Nǐmen bān yǒu duōshao (ge) xuésheng?——Yǒu èrshiwǔ ge.（あなた方のクラスには何人学生がいますか？——25人います）

疑問数詞にも8-2の疑問代詞と同じように非疑問用法があり，次のように使うことができます。

⑪有十几个人。Yǒu shíjǐ ge rén.（十数人いる）
⑫没有多少。Méi yǒu duōshao.（いくらもない）
⑬要多少就给多少。Yào duōshao jiù gěi duōshao.（いくらでも欲しいだけやる）

量を数える時には「数詞＋量詞」を使います。
一个 yí ge（ひとつ）　两个 liǎng ge（ふたつ）
三个 sān ge（みっつ）…

「2」を表す時，順序の場合は "二" èr を使い，個数を数える場合には "两" liǎng を使います。

⑭第二课 dì-èr kè（第2課）
⑮两本书 liǎng běn shū（2冊の本）

また，次のように数詞が "一" で固定されて少量「ちょっと」を表すものもあります。

⑯一点儿 yìdiǎnr　⑰一些 yìxiē　⑱一下 yíxià

⑯⑰は事物の量や比較の差の量を，⑱は動作量を表します。
（「数詞＋量詞」の数量連語や，また特に⑯などを指して「数量詞」と呼ぶことが多いですが，1-5合成語でふれた"俩"liǎ（两＋个）も「数量詞」と呼ばれます。）

【練習】いろいろな数を発音してみましょう。

数に関わる表現はまず使われている数字自体を覚えるのに苦労して，さらに数え方に苦労してというようになかなか大変です。次の数字や数に関する表現を中国語に直して発音してみましょう。
①605　②1003　③180　④2090　⑤2時半
⑥1/3　⑦70％　⑧2割引する　⑨1.6m　⑩1時間半

＊　＊　＊

①六百零五 liùbǎi líng wǔ　②一千零三 yìqiān líng sān　③一百八（十）yìbǎi bā(shí)　④两千零九十 liǎngqiān líng jiǔshí　⑤两点半 liǎngdiǎn bàn　⑥三分之一 sān fēn zhī yī　⑦百分之七十 bǎi fēn zhī qīshí　⑧打八折 dǎ bā zhé　⑨一米六 yì mǐ liù　⑩一个半小时 yí ge bàn xiǎoshí　※①〜④詳しくは8-3数詞の項参照。①②間の位がとんでいる場合は，1桁でも2桁でも同じく，"零"língを1つだけ間に入れていいます。③ある位より下が0の場合はその位の位数詞（この場合"十"shí）を省略できます。④最後が0で終わっていても，それより上の位が抜けている場合は，最後の位数詞を省略できません。⑤2時には"两"liǎngを使います。"半"bànは数字どおり"三十（分）"sānshí(fēn)ともいえます。⑥分数表現は日本語をそのまま置き換えればいいだけです。「の」は書面語の"之"zhīを使います。⑦パーセンテージも分数表現で表します。⑧「2割引」は「8掛け」で表します。SALEの派手な張り紙と"八折"bā zhéという数字を見たらつい8割引かと勘違いしてしまいそうです。⑨「1.6」だけなら"一点儿六"yì diǎnr liùと読みます。口語では"米"mǐが小数点のかわりに入ります。⑩ついでに「0.5時間」は"半个小时"bàn ge xiǎoshíと言います。同じ言い方をするものに"月"yuèがあり，"一个半月"yí ge bàn yuè，"半个月"bàn ge yuèのようにいいます。（"年"niánは別の言い方です。ここではふれませんがほかの機会に辞書を引いてみてください。）

8-4　量詞（助数詞）

名詞の計量には名量詞，動詞の動作量，時間量などには動量詞を用いる。

名量詞

度量衡の単位のような純粋に計量単位となる量詞と，事物の性質，形状をも含意する，形態単位としての量詞がある。

尺chǐ（尺）寸cùn（寸）里lǐ（里）斤jīn（斤）公斤gōngjīn（キログラム）公里gōnglǐ（キロメートル）吨dūn（トン）克kè（グラム）米mǐ（メートル）元yuán（元）角jiǎo（角）毛máo（角）分fēn（分）刻kè（15分）点diǎn（時）度dù（度）；个ge（個）些xiē（〔いくらか〕）种zhǒng（種）类lèi（類）只zhī（〔ペアの片方〕〜個）双shuāng（〔対になるもの〕〜組）对duì（〔対になるもの〕〜組）副fù（〔対・セットになるもの〕〜組）套tào（〔セットになるもの〕〜組）位wèi（〔人数〕〜名）名míng（〔人数〕〜名）口kǒu（〔家族の人

	数〕～人) 家jiā (〔店など〕～軒) 班bān (〔グループなど〕～つ) 排pái (〔列・並び〕～列) 辆liàng (〔車〕～台) 架jià (〔機械など〕～台) 件jiàn (〔衣服;事柄〕～枚;～件) 间jiān (〔部屋〕～間) 所suǒ (〔建物〕～つ) 座zuò (〔大きくて重いもの〕～つ) 匹pǐ (〔ウマなど〕～頭) 头tóu (〔家畜〕～頭) 条tiáo (〔細長いもの〕～本) 张zhāng (〔平面のあるもの〕～つ) 道dào (〔細長いもの〕～筋) 根gēn (〔細長いもの〕～本) 颗kē (〔粒など小さなもの〕～個) 块kuài (〔塊〕～個) 支zhī (〔棒状のもの〕～本) 把bǎ (〔柄のあるもの〕～本) 本běn (〔書物〕～冊) 棵kē (〔植物〕～本;～株) 面miàn (〔平たいもの〕～枚) 片piàn (〔平たいもの;かけら〕～つ) 封fēng (〔封書〕～通) 页yè (～ページ) 行háng (〔行;列〕～行;～筋) 篇piān (〔文章〕～篇) 节jié (〔区切られるもの〕～つ) 段duàn (〔段落;一区切り〕～段) 句jù (〔言葉;文〕～文;～言)
名詞からの借用量詞	杯bēi (〔グラス・カップに〕～杯) 碗wǎn (〔茶碗・丼に〕～杯) 包bāo (〔包み〕～個) 瓶píng (〔瓶に〕～本)
動量詞	次cì (～回) 回huí (～回) 遍biàn (〔ひと通り通して〕～遍) 场cháng (〔風雨など〕～回) 阵zhèn (〔風雨など〕ひとしきり) 顿dùn (〔叱責;食事〕～回) 趟tàng (〔往復〕～回)

8-4 『量詞〜仕分け上手な倉庫係』

量詞(助数詞)には名詞の量を計る名量詞と動作量を計る動量詞があります。全ての一般名詞は何らかの(数)量詞と結びつけることができます。

(1) 名量詞：以下のようなものがあります。

1) 度量衡の単位：

公斤gōngjīn(キログラム)，米mǐ(メートル)，元yuán(元)

2) 不定量を表すもの(少し)：些xiē，点diǎn

一些(书)yì xiē (shū)(いくつか〔本〕)

一点儿(水)yì diǎnr (shuǐ)(少し〔の水〕)

3) 集合を数えるもの：

双shuāng〔もとからペア〕：鞋xié(靴)

对duì〔臨時のペア〕：夫妇fūfù(夫婦)

套tào〔一式〕：茶具chájù(茶器)

4) 可算名詞を数える量詞(個体量詞;類別詞)：

个ge：苹果píngguǒ(リンゴ)，人 rén(人)

本běn：书shū(本)，词典cídiǎn(辞典)

张zhāng：桌子zhuōzi(机)，床chuáng(ベッド)，纸zhǐ(紙)，票piào(チケット)，嘴zuǐ(口)

条tiáo：河hé(川)，绳shéngzi(ひも)，裤子kùzi(ズボン)，领带lǐngdài(ネクタイ)，蛇shé(蛇)

把bǎ：雨伞yǔsǎn(カサ)，菜刀càidāo(包丁)，茶壶cháhú(急須)，椅子yǐzi(いす)

5) 名詞からの借用：

杯bēi (グラス・カップに～杯)

碗wǎn (茶碗・丼に～杯)

瓶píng (瓶に～本)

2)の量詞には普通"一"しかつきません。3)"鞋"xiéはペアの片方を表す量詞を使って"一只鞋"yì zhī xié(片方の靴)ともいえますが、"夫妇"fūfùと"家具"jiājùは名詞自体が集合体なのでバラバラに数えることができません。4)は可算名詞と組み合わされる専用の量詞です。一番広く使われるものは"个"geです。5)は容器になる名詞を量詞に借用したものです。

4)の量詞をもう1度見てみましょう。"本"běnで数えられるものは書物です。"张"zhāngは平面を持つ家具や折ったり広げたりできる紙類、さらに開いたり閉じたりする口を数えます。"条"tiáoは細長くてしなやかに曲がるようなものを数えます。"条"で数えるものには日本語では「〜本」を使うことができますが、"把"bǎで数えるカサや包丁も日本語では「〜本」です。"把"で数えるものをさらに見ていくと急須や(背もたれのある)いすなどが並べられていて、柄や握る部分のあるものだという共通点が見て取れます。1)が実際の計量の単位であるのに比べて4)の量詞は量を計るというよりも、性質や形状などによって名詞のグループ分けをしているといえます。

(2) 動量詞：名量詞に比べると数が少ないです。

専用の量詞のほか7-5数量補語で触れたように動作に関連のある名詞や動作そのものを借用したものがあります。

〜回：看一次kàn yí cì(1回見る)

往復〜回：去一趟qù yí tàng(1度行く)

ひと通り通して〜回：念一遍niàn yí biàn(1遍発音する)

食事・叱責〜回：吃一顿chī yí dùn(1回食べる)

名詞の借用：看一眼kàn yì yǎn(ひと目見る)

動作の借用：看一看kàn yi kàn(ちょっと見る)

8-5 形容詞

動詞と同様にそのまま述語に用いられるが、なかには述語になれないものもある。

---

column

"几"が表すもの

①〜⑥の文を"几"の使い方に注意して日本語に訳してみましょう。

①你几岁？——八岁。Nǐ jǐ suì?—Bā suì.

②你有几个妹妹？Nǐ yǒu jǐ ge mèimei?

③他已经三十几岁了。Tā yǐjing sānshíjǐ suì le.

④你们今天学习第几课？——第二十课。Nǐmen jīntiān xuéxí dì-jǐ kè?

⑤几块钱？——什么几块呀？要一百八！Jǐ kuài qián? —— Shénme jǐ kuài ya? Yào yìbǎi bā!

⑥他们结婚没几天就离了。Tāmen jiéhūn méi jǐ tiān jiù lí le.

◇

①いくつ？—8歳。②あなたには妹さんが何人いますか？③彼はもう30過ぎだ。④あなたたちは今日第何課を勉強しますか？—第20課です。⑤何元？—なにが何元だ？180元だぞ。⑥彼らは結婚して何日も立たないうちに離婚した。 ※①②は10以下の答えを予想して使ったものです。①は子供の年齢で、②妹は普通10人以下ですね。③不定の表現で「31〜39歳」を表しています。不定に限らず"三十几岁？"(三十何歳？)と疑問でも使えます。④は「第〜」という序数で使っています。⑤は180元もするものに対して、"几"を使って「何元」と尋ねられたので、「何言ってるんだい」と返したものです。⑥は"没几〜就…"で「いくらも〜なうちにもう…」と期間や量が少ないことを表しています。①〜⑥いずれも普通"多少"には換えられないものです。なんとなく"几"の使い方を感じていただけたでしょうか？

修飾語にも述語にもなる形容詞	好hǎo（よい） 大dà（大きい） 忙máng（忙しい） 漂亮piàoliang（きれいだ） 干净gānjìng（清潔だ）清楚qīngchu（明瞭だ）
修飾語にのみ用いる形容詞	男nán（男の） 女nǚ（女の） 金jīn（金の） 银yín（銀の） 初级chūjí（初級の） 高速gāosù（高速の）
述語にのみ用いる形容詞	行xíng（かまわない） 对duì（正しい）
状態形容詞	雪白xuěbái（雪のように真っ白だ） 冰凉bīngliáng（氷のようにひんやりしている） 绿油油lǜyōuyōu（青々としてつやつやしている）
数量形容詞	多duō（多い） 少shǎo（少ない）
形容詞の重ね型（状態形容詞）	好hǎo（よい） →好好hǎohǎo（十分に） 好好儿hǎohāor（十分に）明白míngbai（明らかだ） →明明白白míngmingbáibái（明々白々だ）
形容詞と動詞の兼類	高兴gāoxìng（〔動〕喜ぶ/〔形〕嬉しい）（高兴高兴gāoxìnggaoxing／高高兴兴gāogaoxìngxīng）
形容詞と名詞の兼類	科学kēxué（〔名〕科学/〔形〕科学的だ） 理想lǐxiǎng（〔名〕理想/〔形〕理想的だ）
形容詞と副詞の兼類	好hǎo（〔形〕よい/〔副〕よく；十分に）
動作態助詞の付加	红了脸hóngle liǎn（顔を赤らめた；腹を立てた） 红着脸hóngzhe liǎn（顔を赤らめて；腹を立てて） 红过脸hóngguo liǎn（顔を赤らめたことがある；腹を立てたことがある）

8-5 『形容詞～注文の多いオシャレ屋』

形容詞の文（連語）の中での役割は修飾語になることと述語になることです。

（1）修飾語になる場合

7-6修飾語で見たように，1音節の形容詞が直接名詞を修飾する場合，その組み合わせは熟語的なものがほとんどです。また修飾語を伴う形容詞や2音節の形容詞が修飾語になる場合は"的"で結ぶことが必要です（自分の後ろの名詞を選好みして仲介者"的"deがいないとつきあわない，そんな感じです）。

①旧书jiùshū（古本） ②旧衣服jiù yīfu（古着）
③老实人 lǎoshiren（まじめな人）
×老实学生 ○（很）老实的学生(hěn) lǎoshi de xuésheng（まじめな学生）
④比较旧的书bǐjiào jiù de shū（結構古い本）
⑤漂亮的衣服piàoliang de yīfu（きれいな服）

ただ，数量を表す"多"duō・"少"shǎoは"很多"hěn duō（たくさんの）・"不少"bù shǎo（少なからぬ）などの形で直接名詞を修飾できます。

⑥很多书hěn duō shū（たくさんの本）
⑦不少人bù shǎo rén（少なからぬ人）

（2）述語になる場合

形容詞は動詞と同じくそのまま述語になることができます（英語につられて"是"shìを加えないでくださいね）。ただ，このときも注文が多くて，

文が"。"で終わっている場合にはなにか修飾語がないといけません（お化粧しないと働きませんよ，という感じでしょうか）。

①这个｜比较／非常／真／太｜大。Zhèige ｜bǐjiào/fēicháng/zhēn/tài｜dà. （これは｜結構／とても／本当に／あまりに｜大きい）

②这个不大。Zhèige bú dà.（これは大きくない）
修飾語になる副詞はいろいろありますが，特につけたいものがない場合は"很"hěnをつけます（とりあえずの身支度完了）。このときの"很"は特に強く発音しない限り「とても」という意味はありません。

③这个很大。Zhèige hěn dà.（これは大きい）
"？"で終わる文の場合は修飾語をはずします。

④他｜忙吗／忙不忙｜？ Tā ｜máng ma/máng bu máng｜?（彼は忙しいですか？）

⑤哪个好？——这个好。Něi ge hǎo?— Zhèige hǎo.（どれがいいですか？—これがいいです）
程度を表す修飾語のない形容詞はほかのものと比較・対比したい方になります（ノーメイクだと人の目が気になって，明示されていなくても誰かと比べています）。

⑥他忙（我不忙）。Tā máng (wǒ bù máng).（彼は忙しいけど〔私は忙しくない〕）

⑦这个（比那个）大一点儿。Zhèige (bǐ nèige)dà yìdiǎnr.（これは〔あれより〕ちょっと大きい）

また，形容詞のなかには，"行"xíng（かまいません）のように述語の働きだけのものや，"男"nán（男〔の〕）・"初級"chūjí（初級〔の〕）のように，修飾語としてしか使えないものもあります。

(3) 形容詞の重ね型

同じ形容詞を2つ重ねることがあります。重ねないものと比べてみましょう。

①大大的眼睛 dàdà de yǎnjing
（くりくりした目；ぱっちりした目）

②很大的眼睛 hěn dà de yǎnjing（大きな目）
"大大"のほうはちょうど日本語の擬態語のような表現だと思ってください。2音節の形容詞ＡＢはＡＡＢＢのように重ねます。日本語にも入ってきていますね。

③ 明白 míngbai（明らかだ）→明明白白 míngmingbáibái（明々白々だ）

重ね型が述語になるときには後に"的"を加えます（意味はありません）。

④头发黑黑的。Tóufa hēihēide.
（髪が黒々としている）

重ね型は"很"hěnなどの修飾を受けることができませんし，"不"bùで否定することもできません。"雪白"xuěbái（雪のように白い）のような一部の形容詞，また述語になれない形容詞も同様です。

×很大大　×很雪白　×很初級
×不大大　×不雪白　×不初級

---

column 『決まった方とのお付き合い』

①～④のＡＢを比べて訳してみましょう。

①Ａ：短信 duǎnxìn
　Ｂ：比较短的信 bǐjiào duǎn de xìn

②Ａ：黑车 hēichē
　Ｂ：黑的车 hēi de chē

③Ａ：好人 hǎorén
　Ｂ：真好的人 zhēn hǎo de rén

④Ａ：热咖啡 rèkāfēi
　Ｂ：热热的咖啡 rèrè de kāfēi

◇

①Ａ：（携帯電話の）ショートメール　Ｂ：結構短い手紙　②Ａ：白タク　Ｂ：黒い（ほうの）車　※Ａは「闇の；非合法な」という意味です。日本語の「白」はナンバープレートの色ですね。③Ａ：善人；お人よし　Ｂ：本当にいい人　④Ａ：ホットコーヒー　Ｂ：熱々のコーヒー

【練習】{ }内の語を適宜使って次の①～⑥を中国語に訳してください。

{贵／便宜／多／高／冷／长／多；辆；座；头发}

①今日は本当に寒い。
②私はちょっと安めのカバンが欲しい。
③ここにはたくさんの人がいます。
④あの車は高いですか？
⑤この山はあまり高くありません。
⑥彼女は髪が長いです。

＊　　＊　　＊

①今天真冷。Jīntiān zhēn lěng. ②我要便宜一点儿的书包。Wǒ yào piányi yìdiǎnr de shūbāo. ③这里有很多人。Zhèli yǒu hěn duō rén. ④那辆车｜贵吗/贵不贵｜? Nèi liàng chē |guì ma/guì bu guì? ⑤这座山不太高。Zhèi zuò shān bú tài gāo. ⑥她头发很长。Tā tóufa hěn cháng. ※①は"真"zhēn（本当に）を修飾に使います。②は「何かの基準より少し安い」という比較の言い方です。数量補語を使った"便宜一点儿"piányi yìdiǎnr（少し安め）がさらに修飾語になるので"的"deを使って結びます。③"很多"hěn duō（たくさん）は特別にそのまま名詞と結びつきます。「数量詞＋名詞」が間に"的"を入れないのと似ていますね。ちなみに"这里有四十五个人。"Zhèli yǒu sìshiwǔ ge rén.（ここには45人の人がいる）。④⑤「値段が高い」は"贵"guì、「高度や程度が高い」は"高"gāoを使います。④は疑問文なので，特に"很"hěnなどの修飾語をつける必要がありません。⑤「あまり～ない」は"不太"bú tàiなどを使います。量詞にも注意しましょう。⑥は「～はドコドコが…だ」という文ですね。"她的头发"tā de tóufa（彼女の髪）としないように注意してください。修飾語"很"もつけておきましょう。

8-6　動詞

主として賓語との関係で下位分類をする。

自動詞（賓語をとらない動詞）	休息xiūxi（休憩する）　游泳yóuyǒng（泳ぐ）
他動詞（賓語をとる動詞）	看kàn（見る；読む）　打dǎ（打つ；する）　笑xiào（笑う）　哭kū（泣く）　研究yánjiū（研究する）　告诉gàosu（告げる）
対象を示す賓語を介詞連語として連用修飾語にする動詞がある	×打听他 → 跟他打听gēn tā dǎtīng（cf.问他wèn tā）（彼に聞く） 跟他结婚gēn tā jiéhūn（彼と結婚する）　跟他商量gēn tā shāngliang（彼に相談する）　跟你说gēn nǐ shuō（あなたに話す）
助動詞（賓語に動詞，動詞連語）	会说huì shuō（話せる）　会说英语huì shuō Yīngyǔ（英語を話せる）　想去xiǎng qù（行きたい）想去北京xiǎng qù Běijīng（北京に行きたい）
動詞の重ね型	看看kànkan（ちょっと見てみる）　研究研究yánjiūyanjiu（ちょっと研究してみる）
動詞と名詞の兼類	研究yánjiū（研究〔する〕）　工作gōngzuò（仕事〔する〕）　报告bàogào（報告〔する〕）　代表dàibiǎo（代表〔する〕）

離合動詞（離合詞）	结婚jiéhūn（結婚する）　见面jiànmiàn（会う） 毕业bìyè（卒業する）　生气shēngqì（怒る）
動作態助詞の付加	看了kànle（見た；読んだ）　看着kànzhe（見ている；読んでいる）　看过kànguo（見たことがある；読んだことがある）

■8-6 『動詞～どこでも顔を出す，いつでも俺様』

　動詞の大きな役割は述語になることです。そのほか補語として使われたり，時には主語になることもあり，修飾語にもなったりと文のどこにでも使われます。また，日本語では省略してしまう場合にも「俺様を忘れるな」とばかりに顔を出します。

①他听音乐。Tā tīng yīnyuè.（彼は音楽を聞く）
②站住！Zhànzhù!（〔立ち〕とまれ！）
③他回来了。Tā huílai le.（彼は帰って来た）
④写汉字不难。Xiě hànzì bù nán.
　（漢字を書くのは難しくない）
⑤他写的字。Tā xiě de zì.（彼が書く字）
⑥我喜欢看电影。Wǒ xǐhuan kàn diànyǐng.
　（私は映画（を見るの）が好きだ）
⑦你喝咖啡还是喝红茶？Nǐ hē kāfēi háishi hē hóngchá?（コーヒー〔を飲む〕それとも紅茶〔を飲む〕？）

(1) 動詞の種類

賓語との関係で次のように分けられます。
1）自動詞（賓語をとらない動詞）
①休息 xiūxi（休憩する）
②游泳 yóuyǒng（泳ぐ）
2）他動詞（賓語をとる動詞）
③看电视 kàn diànshì（テレビを見る）
④研究语法 yánjiū yǔfǎ（文法を研究する）
⑤告诉他一件事 gàosu tā yí jiàn shì
　（彼にあることを告げる）
⑥问他一个问题 wèn tā yí ge wèntí
　（彼に1つ質問する）
　⑤⑥のように「〜に…を」と賓語を2つ取ることのできる動詞は限られており，対象を示す賓語

---

column 『〜より…だ』～比較の表現

「AはBより（どれだけ）〜だ」は「A＋"比"bǐ＋B＋形容詞（＋どれだけ）」といいます。
①这个比那个贵｜十块／一点儿／得多｜。Zhèige bǐ nèige guì｜shí kuài/yìdiǎnr/de duō｜（これはあれより｜10元／ちょっと／ずっと｜高い）

　差の量を表すものは補語として形容詞の後ろに置き，修飾語は"更／还"gèng/hái（さらに；もっと）など差を表すものに限ります。
②这个比那个还贵一点儿。Zhèige bǐ nèige hái guì yìdiǎnr.（これはあれよりもう少し高い）
　「AはBほど～でない」には"没有"méi yǒuを使います。「A＋"没有"＋B（＋"那么"nàme）＋形容詞」（「AにはBの（あれほどの）～はない」）
③这个没有那个（那么）贵。Zhèige méi yǒu nèige (nàme) guì.（これはあれほど高くない）

　"一样"yíyàng「同じだ」という形容詞には介詞"跟"gēnを使います。「A＋"跟"＋B＋"一样/不一样"」「AはBと同じだ／違う」
④这个跟那个一样/不一样。Zhèige gēn nèige yíyàng/bù yíyàng.（これはあれと同じだ／違う）
　次の⑤⑥⑦を中国語でいってみましょう。
⑤今日は昨日よりちょっと暑い。
⑥私は彼ほど（背が）高くない。
⑦今年のテキストは去年と同じだ。

　　　　　　◇

⑤今天比昨天热一点儿。Jīntiān bǐ zuótiān rè yìdiǎnr. ⑥我没有他那么高。Wǒ méi yǒu tā nàme gāo. ⑦今年的课本跟去年一样。Jīnnián de kèběn gēn qùnián yíyàng.

> **column**
> 『離れたりくっついたり』
>
> 離合詞は使い方に気をつけなくてはなりません。辞書をひくと例えば"散步"ならsàn//bùのように注意書きがしてあります。
>
> 次の文を日本語に訳してみましょう。
> ①我喜欢唱唱歌儿、跳跳舞。Wǒ xǐhuan chàngchang gēr、tiàotiao wǔ.
> ②请别生我的气! Qǐng bié shēng wǒ de qì!
> ③我跟他见过两次面。Wǒ gēn tā jiànguo liǎng cì miàn.
> ④这个月我理了两次发。Zhèige yuè wǒ lǐle liǎng cì fà.
>
> ◇
>
> ①私は歌ったり踊ったりするのが好きだ。②私のことを怒らないで。③私は彼と2回会ったことがある。④今月私は2度散髪した。 ※①は重ね型です。②では対象を表すのに"我的"が使われ、③④では回数が間に入っています。

を修飾語の位置に持って来る動詞があります。
⑦跟他打听一件事 gēn tā dǎtīng yí jiàn shì.（彼にあることをたずねる）
⑧跟她说话 gēn tā shuō huà（彼女と話をする）

　賓語に動詞や動詞連語をとる動詞のうち，それ以外（名詞など）の賓語を取れないものを特に助動詞として扱います。(7-4(3)参照)

3) 助動詞（賓語に動詞・動詞連語）
⑨我想去中国。Wǒ xiǎng qù Zhōngguó.（私は中国に行きたい）

　特に「離合動詞」と呼ばれるものがあります。間にほかの成分をはさんで使うことができます。すでに単語自体が「動詞＋賓語」の構造をしているので，後ろにさらに賓語を取ることができません。（「動詞＋補語」の形のものもあります）
⑩结婚 jiéhūn（結婚する）⑪毕业 bìyè（卒業する）
→我毕了业，就跟他结婚。Wǒ bìle yè, jiù gēn tā jiéhūn.（私は卒業したらすぐ彼と結婚する）

(2) 動詞の重ね型
　同じ動詞を2つ重ねると「ちょっと〜する；〜してみる；〜したりする」という意味になります。命令文や自分の願望を表す文などで口調を和らげるためによく使われます。日本語でも「（ちょっと）開けて／見たい」では「ちょっと」があったほうがきつくない表現になりますね。後ろの動詞は軽く発音します。
①看 kàn（見る）→看看 Kànkan!（ちょっと見て）
②休息 xiūxi（休憩する）→休息休息 Xiūxi xiuxi!（ちょっと休憩しよう）

賓語がある場合も同様です。
③看书 kàn shū（本を読む）→看看书 kànkan shū（ちょっと本を読む）

離合動詞の重ね方に注意しましょう。
④散步 sànbù（散歩する）→散散步 sànsanbù（ちょっと散歩する）

(3) 動作態助詞の付加
　動詞の後ろに"了"le・"着"zhe・"过"guoなどの助詞をつけることができます。「完成（完了）・持続・経験」を表します。
完成：看了 kànle（見たら；見た）
持続：看着 kànzhe（見ている）
経験：看过 kànguo（見たことがある）
詳しくは8-10助詞を参考にしてください。

8-7　介詞

＊文法用語として，説明的には前置詞と言ってよいものもあるが，動詞と兼類になるものがあり，また介詞連語を補語に加えないとすることから，前置詞の名は避けた方がよい。ここでは，動詞が弱化（←虚化）したものとする考え方をとる。

動詞と兼類にならない介詞	把bǎ(〜を) 被bèi(〜によって) 从cóng(〜から) 往wǎng(〜へ) 和hé(〜と) 与yǔ(〜と) 为wèi(〜のために) 为了wèile(〜のために) 关于guānyú(〜について) 由于yóuyú(〜によって) 除了chúle(〜を除いて)
介詞と動詞の兼類	在zài(〜で) 到dào(〜へ) 给gěi(〜のために) 让ràng(〜によって) 叫jiào(〜によって) 朝cháo(〜に向かって) 对duì(〜に対して) 向xiàng(〜に向かって) 比bǐ(〜より) 跟gēn(〜と) 离lí(〜から)
介詞連語	从中国(来)cóng Zhōngguó(lái)(中国から〔来る〕) 被汽车(轧死)bèi qìchē(yàsǐ)(車に〔ひかれて死ぬ〕) 把字典(拿来)bǎ zìdiǎn(nálai)(字典を〔持って来る〕)

8-7 『介詞〜動詞を卒業，謙虚になりました』

次の文を比べて見ましょう。

① 他在大学。Tā zài dàxué.（彼は大学にいる）
② 他〔在大学〕学汉语。Tā zài dàxué xué Hànyǔ.（彼は〔大学で〕中国語を学ぶ）

"在"zài は①では動詞，②では介詞として使われています。①が彼の居場所をいうのに対して，②では彼の今の居場所にかかわらず，「彼は中国語を学ぶ」，その場所が「大学で」と，後ろの動賓連語"学汉语"xué Hànyǔ を修飾をしています。

介詞にはこの"在"のように動詞由来のものが多くあります。また"被"bèi のように動詞としての用法がないものもあります。

介詞は必ず介詞連語の形で使い，修飾語として働きます。単独では使うことができません。

③ 我〔给他〕写信。Wǒ〔gěi tā〕xiě xìn.（私は〔彼に〕手紙を書く）
④ 我〔跟他〕一起去。Wǒ〔gēn tā〕yìqǐ qù.（私は〔彼と〕一緒に行く）
⑤ 他〔从中国〕来。Tā〔cóng Zhōngguó〕lái.（彼は〔中国から〕来る）
⑥ 他〔被老师〕批评了。Tā〔bèi lǎoshī〕pīpíng le.（彼は〔先生に〕叱られた）

⑥は介詞連語をのぞくと「彼が叱った」と意味が変わります。(受身文については 7-4(7) 参照)

【練習】 下線部に適切な介詞を入れ，さらに日本語に訳して下さい。

① 我家__车站不远。Wǒ jiā __ chēzhàn bù yuǎn.
② 请__我打电话。Qǐng __ wǒ dǎ diànhuà.
③ 音乐会__今天开始。Yīnyuèhuì __ jīntiān kāishǐ.
④ 你别__他说！Nǐ bié __ tā shuō!

①离lí（私の家は駅から近い）②给gěi（私に電話してください）③从cóng（コンサートは今日から始まる）④跟gēn（彼に言ってはいけません） ※①距離を言うときには"离"を使います。②手紙や電話の相手には"给"を使います。③起点には"从"を使います。④一緒に動作・行為をする人を導きます。かわりに"和"hé や"对"duì（〜に対して）でもかまいません。

8-8 副詞

副詞は動詞の修飾語として，動詞の前に置くが，単用できるものも若干ある。

	不bù（いや） 別bié（だめ） 也许yěxǔ（そうかもしれない）
否定副詞	不bù（〜でない；〜しない） 没méi（〜しなかった；〜していない） 没有méiyou（〜しなかった；〜していない） 別bié（〜するな） 不要búyào（〜するな） 不用búyòng（〜しなくてよい）
程度副詞	很hěn（とても） 太tài（あまりに） 最zuì（最も） 真zhēn（ほんとうに） 非常fēicháng（非常に） 特別tèbié（とりわけ） 比较bǐjiào（わりあいに） 更gèng（ずっと） 有点儿yǒudiǎnr（いささか） 越yuè（ますます）
時間副詞	正(在)zhèng(zài)（ちょうど〔〜しているところ〕） 在zài（〜しているところ） 刚gāng（〜したばかり） 刚刚gānggāng（〜したばかり） 常cháng（よく） 常常chángcháng（よく） 已经yǐjīng（すでに） 立刻lìkè（さっそく） 马上mǎshàng（すぐに） 忽然hūrán（急に） 曾经céngjīng（かつて） 从来cónglái（これまで） 先xiān（まず） 还hái（まだ） 又yòu（また） 再zài（それから；また） 一直yìzhí（ずっと） 就jiù（もう；すぐに） 才cái（ようやく） 总zǒng（いつも） 老lǎo（いつも）
範囲副詞	都dōu（いずれもみな） 只zhǐ（ただ） 就jiù（ただ） 一共yígòng（合計で） 只好zhǐhǎo（〜するしかない）
関連副詞（重複・連続）	也yě（〜もまた） 又yòu（また） 再zài（また） 还hái（また） 就jiù（〔〜すると〕…） 一边yìbiān（〜しながら） 一面yímiàn（〜しながら）
情態副詞	一起yìqǐ（一緒に） 一块儿yíkuàir（一緒に） 互相hùxiāng（お互いに）
語気副詞	大概dàgài（おおよそ） 也许yěxǔ（もしかすると） 恐怕kǒngpà（おそらく） 一定yídìng（きっと） 必须bìxū（必ず〜しなければならない） 当然dāngrán（もちろん）

8-8 『副詞〜一見地味な実力者』

副詞は動詞や形容詞の修飾語として前に置かれます。"別"biéのように単独で使えるものもありますが，普通は単用しません。

修飾語として否定・程度・時間・範囲などをつけ加えます。名詞・動詞・形容詞といった文の主

な成分になるものと比べると地味な感じがしますが、文の意味を変える大きな働きをしています。
① 别！别！你别说了！Bié! Bié! Nǐ bié shuō le!（だめ、だめ、言わないで）
② 这个非常好吃。Zhèige fēicháng hǎo chī.（これはとてもおいしい）
③ 他们已经回国了。Tāmen yǐjīng huíguó le.（彼らはもう帰国した）
④ 他也不知道。Tā yě bù zhīdào.（彼も知らない）
⑤ 我们一起去吧！Wǒmen yìqǐ qù ba!（一緒に行きましょう）
⑥ 他大概不来吧。Tā dàgài bù lái ba.（彼はたぶん来ないだろう）

【練習】次の下線部に{才／就／又／再}のどれかを選んで入れ、また日本語に訳してください。
① 我一听＿知道是你。Wǒ yì tīng ＿ zhīdao shì nǐ.
② 你明天＿来吧。Nǐ míngtiān ＿ lái ba.
③ 我洗了＿洗，却没洗干净。Wǒ xǐle ＿ xǐ, què méi xǐgānjìng.
④ 我说了好几次，他＿改过来。Wǒ shuōle hǎo jǐ cì, tā ＿ gǎiguòlai.

＊　＊　＊

① 就 jiù（ちょと聞いてすぐあなただとわかった）
② 再 zài（あなたは明日また来てください）
③ 又 yòu（私は洗ってはまた繰り返し洗ったが、きれいにならなかった）
④ 才 cái（私はなんども言って〔叱って〕彼はやっと改めた）※①"一～就…"yī~jiù…「～するとすぐ…」という言い方です。②は「（今日来てこれから）また（繰り返す）」・「（明日になって）それから」というどちらにも取れます。③"又"yòuは繰り返したことを表します。"洗干净"xǐgānjìngは「洗って（結果）きれいになる」という動詞＋結果補語です。④は「（～して）ようやく：やっと」という話し手が「遅いな」と思っていることを表します。"改过来"gǎiguòlai（改める）の"过来"は方向補語の派生義で「正常な状態になる」ことを表します。

8-9 接続詞

中国語の呼称の、連詞は用いない。

語句を結ぶ接続詞

複文を組み立てる接続詞

和 hé（～と…）　跟 gēn（～と…）　还是 háishi（それとも）　或（者）huò(zhě)（もしくは）　要是 yàoshi（もし）　如果 rúguǒ（もし）　因为 yīnwèi（なぜなら）　所以 suǒyǐ（だから）　虽然 suīrán（～だが）　可是 kěshì（しかし）　但是 dànshì（しかし）　不过 búguò（しかし）　不但 búdàn（～ばかりか）　而且 érqiě（そのうえ）　那么 nàme（それでは）

8-9 『接続詞〜連絡係は結構ヒマ』

接続詞には"和"hé（～と…）のように語句と語句を結ぶものと、"所以"suǒyǐ（だから）のように複文を組み立てるものがあります。
① 我和他 wǒ hé tā（私と彼）
② 因为今天没有时间，所以我不能去。Yīnwèi jīntiān méi yǒu shíjiān, suǒyǐ wǒ bù néng qù.（なぜなら今日は時間がないので、それで私は行けない）

4の複文の項で触れましたが、口語では接続詞なしで言うことのほうが多いです。②は③のように言うことができます。
③ 今天没有时间，我不能去。Jīntiān méi yǒu shíjiān, wǒ bù néng qù.（今日は時間がないので私は行けない）

8-10 助詞

構造助詞	的de　得de　地de
"的"de連語（助詞"的"deの後置による名詞相当語）	铁的tiě de（鉄〔製〕の）　来的lái de（来るの；来たの）　红的hóng de（赤いの）　男的nán de（男の〔男性〕）　从中国来的cóng Zhōngguó lái de（中国から来たもの）
動作態助詞（動詞，形容詞に付加）	了le〔完成態〕（〜した；〜したら）　着zhe〔持続態〕（〜している；〜してある）　过guo〔経験態〕（〜したことがある）
文末助詞（；より前は語気助詞とも呼ぶ）	了le（〜になる；なった）　吗ma（〜か）　吧ba（〜なさい；〜しよう；だろう；〜でしょう）　呢ne（〜している；〜は？；一体全体〜？）　啊a（呀ya　啦la）　的de（〜したのだ；〜なのだ）；似的shìde（〜みたいだ）　就是（了）jiùshi(le)（〜だけだ）　来着láizhe（〜していた）

8-10 『助詞〜いつでも誰かの後ろにいたい』

助詞には接続成分として使われるもの，動作態を表すものと文末の助詞があります。助詞を単用することはできません。

(1) 構造助詞：的de　地de　得de

接続成分として使います。

1)「連体修飾語＋"的"de＋名詞」
我的帽子wǒ de màozi（私の帽子）
「修飾語＋"的"」だけで使うこともできます。
我的 wǒ de（私の〔もの〕）

我买的 wǒ mǎi de（私が買う/買ったもの）
买东西的 mǎi dōngxi de（買い物する人）
铁的不贵。Tiě de bú guì.（鉄のは高くない）
没有从中国来的。Méi yǒu cóng Zhōngguó lái de.（中国から来たものはない）

2)「連用修飾語＋"地"de＋動詞」
好好儿地看看 hǎohāor de kànkan（しっかり見る）

3)「動詞・形容詞＋"得"de＋補語」
说得很好 shuō de hěn hǎo（話すのがうまい）

【練習】 "的"に注意して日本語に訳して下さい。
①男的不能进去。
②我要红的。
③昨天来的不多。
④有没有比这个再便宜一点儿的？

①Nán de bù néng jìnqu.（男性は入って行ってはいけません）②Wǒ yào hóng de.（私は赤いのがほしい）③Zuótiān lái de bù duō.（昨日来た人（物）は多くなかった）④Yǒu méi yǒu bǐ zhèi ge zài piányi yìdiǎnr de?（これよりもうちょっと安いのはありませんか？）　※逆に中国語に訳す時に"的"を忘れてしまいやすいので注意しましょう。

(2) 動作態助詞：了le　着zhe　过guo

動詞（形容詞）の後ろについて「完成（完了）・持続・経験」を表します。

1) 了le〔完成（完了）〕（〜したら；〜した）
肯定：動詞＋了le：看了kànle（見たら；見た）
否定：没（有）méi(you)＋動詞：没（有）看 méi

(you) kàn（見ていない；見なかった）
疑問：動詞＋了吗／没有？：看了吗／看了没有？ kàn le ma/kàn le méiyou?（見ましたか）
①她买了三本书。Tā mǎile sān běn shū.
　（彼女は3冊の本を買った）
②我吃完了就走。Wǒ chīwánle jiù zǒu.
　（私は食べ終えたらすぐ出かける）
③我没(有)买词典。Wǒ méi(you) mǎi cídiǎn.（私は辞典を買っていない；買わなかった）
④你看完了没有？ Nǐ kànwánle méiyou?
　（あなたは読み終えましたか？）
　①賓語には数量連語など何か修飾語が必要です。「動詞＋"了"＋〔修飾語＋名詞〕」の順で覚えてください。①の例では"三本"sān běnを省略することはできません。②"了"は「〜したら」という意味があり，この意味のほうが「〜した」よりも優先されると思ってください。前半は「食べ終えました」という意味にはならないので注意しましょう。"〜了就…"le jiù（〜すると；〜したら〔すぐ；もう〕…）という形で使います。日本語でも仮定や条件で「〜したら；〜だったら…」

---

column

『「〜ところ」はおまかせ"在"』

"在"zàiには3つの使い方があります。
①他在银行里。Tā zài yínháng li.
　（彼は銀行のなかにいる）
②他在银行工作。Tā zài yínháng gōngzuò.
　（彼は銀行で働く）
③他在说话呢。Tā zài shuōhuà ne.
　（彼は話しているところだ）
④他(正)在那里说话呢。Tā (zhèng)zài nàli shuōhuà ne.（彼は〔ちょうど〕あそこで話しているところだ）
　①では動詞として彼の居場所「いるところ」をいっています。②では介詞として「〜で」という動作を「するところ」を表しています。③副詞ではどういう行為の最中なのか「〜しているところ」を表しています。④のように「ドコドコで〜しているところ」という場合は，"在"1つで，②③両方の意味を兼ねています。

と助詞「た」を使いますね。③否定では"没(有)"méi(you)を使います。"了"をとることに注意してください。④疑問は文末に"吗／没有"ma/méiyouのどちらかをつけます。
　②で「〜したら」のほうが優先だと言いましたが，これは賓語があっても同じです。
②' 我吃完了饭就走。Wǒ chīwánle fàn jiù zǒu.（私は食事を済ませたらすぐ出かける）
逆に①の数量（先ほど省略してはいけないと言いました）をとると，
①' 她买了书，〜。Tā mǎile shū 〜.
　（彼女は本を買ったら〜）
と言うように②と同じく文の前半のようにとられてしまいます。文を終わらせる役割を修飾語が果たしています。（時間や方式など動詞に対して修飾語を使うこともあります。）
　では，ただ「本を買った」というときにはどうするかというと，形は同じでも全然別の文末助詞"了"に助けてもらいます。もともと「〜（することに）なる；〜（することに）なった」という変化・確認の意味の助詞なのですが，文末助詞ですから，この助詞があったら文末ですよというサインだと思ってください。
⑤她买了书了。Tā mǎile shū le.
　（彼女はもう本を買ってますよ）
さらにはこの文末助詞だけでもかまいません。
⑥她买书了。Tā mǎi shū le.
⑦她买了。Tā mǎi le.
　（彼女は買った；〔もう〕買っている）
　⑦のように賓語がない場合の"了"は動態助詞と文末助詞両方を兼ねているというふうに考えます。

2) 着 zhe〔持続〕（〜している；〜してある）
肯定：動詞＋着 zhe：坐着 zuòzhe（座っている）
否定：没(有)méi(you)＋動詞＋着：没(有)坐着 méi(you) zuòzhe（座っていない）
疑問：動詞＋着吗／没有？：坐着吗／坐着没有？ zuòzhe ma/zuòzhe méiyou?（座っていますか）
①她今天穿着毛衣呢。Tā jīntiān chuānzhe máoyī ne.（彼女は今日セーターを着ている）

②那里摆着几本书。Nàli bǎizhe jǐ běn shū.
（あそこに本が数冊並べてある）

③他没(有)戴着帽子呢。Tā méi(you) dàizhe màozi ne.（彼は帽子をかぶっていない）

④他戴着帽子吗/没有？Tā dàizhe màozi ma/méiyou?（彼は帽子をかぶっていますか）

"着"zheは状態の持続を表します。①は「着た状態だ」ということです。助詞"呢"neは進行や状態を表す文の末尾によく使われます。②は「場所+動詞+"着"+数量+モノ・人」（ドコドコに□が～してある/いる）という存現文です。③否定には"没(有)"méi(you)を使い、"没(有)～着"をとなることに注意してください。④疑問は文末に"吗/没有"ma/méiyouのどちらかをつけます。

3) 过guo〔経験〕（～したことがある）

肯定：動詞+过guo：看过kànguo(見たことがある)

否定：没(有)méi(you)+動詞+过guo：没(有)看过méi(you) kànguo(見ていない)

疑問：動詞+过guo吗/没有？：看过吗/看过没有？kànguo ma/kànguo méiyou?（見ていますか）

①我去过中国。Wǒ qùguo Zhōngguó.
（私は中国に行ったことがある）

②我没(有)喝过中国酒。Wǒ méi(you) hēguo Zhōngguójiǔ.（私は中国酒を飲んだことがない）

③你去过中国没有？Nǐ qùguo Zhōngguó méiyou?（あなたは中国に行ったことがありますか）

"过"guoは過去の経験を表します。②否定には"没(有)"méi(you)を使い、"没(有)～过"となることに注意してください。③疑問は文末に"吗/没有"ma/méiyouのどちらかをつけます。

(3) 文末助詞：了le 吗ma 吧ba 呢ne 啊a 的de
疑問・命令・感嘆などの気持ちを加えます。

1) 了le：変化・新しい事態の確認

「～(することに：ということに)なる/なった」という意味を表します。動作態助詞の"了"と違い動詞についている訳ではありません。

①八点了。Bādiǎn le.(8時になる：なった)

②不早了。Bù zǎo le.（遅くなった）

③下雨了！Xià yǔ le!(雨が降ってきた)

④他来了。Tā lái le.（彼は来ています；来ました）

2) 吗ma：疑問（～ですか）

①你来吗？Nǐ lái ma?（あなたは来ますか？）

②你不来吗？Nǐ bù lái ma?（あなたは来ないの？）

3) 吧ba：推量（～でしょう？；～だろう）；命令（～なさい）；提案（～しよう；～したら）など

①你来吧？Nǐ lái ba?（あなた来るんでしょう？）

②快来吧！Kuài lái ba!（はやく来て）

③(我们)走吧！(Wǒmen) zǒu ba!（行きましょう）

4) 呢ne：疑問（～は？）；疑問の強め；進行・持続

①我去，你呢？Wǒ qù, nǐ ne?
（私は行くけどあなたは？）

②你去不去呢？Nǐ qù bu qù ne?
（一体行くの行かないの？）

③下(着)雨呢。Xià(zhe) yǔ ne.
（雨が降っています）

①「名詞+"呢"」の省略疑問文です。②"吗"を使った当否疑問文以外の疑問文（反復疑問文・選択疑問文・疑問詞疑問文）や反語文の文末に使うことができ、いぶかしむ気持ちを強めます。③疑問文以外では進行・持続を表す場合の文末に用いられます。

5) 啊a：感嘆など

①多好啊！Duō hǎo a!（なんてよいんだろう）

②好啊。Hǎo a.（いいですよ）

①のような感嘆文のほか、肯定の口調を強めたり、口調を和らげたりする働きもあります。

6) 的de：すでに発生したこと；断定など

①我(是)昨天回来的。Wǒ (shì) zuótiān huílai de.（私は昨日帰って来たのです）

②他一定会来的。Tā yídìng huì lái de.
（彼はきっと来るはずだ）

①は特に「(是)～的」ですでに終わったことの方式について「〔いつ・どこで・だれが・どのように〕～したのだ」と説明をする表現です。②は断定の語気を表しています。

このほか、"来着"láizhe（～していた）・"似的"shìde（～みたいだ）なども文末に置かれる助詞です。

【練習】①～⑧を中国語に訳してみましょう。
① 私は昨日映画を観に行った。
②「雨が降りそうよ，カサを持っていくのを忘れないで」と母が言った。
③ 私は彼女と一緒に行ったのではない。
④ 映画を観終えてから買い物に行った。
⑤ 私は靴を1足買った。
⑥ 私はその靴屋で何足か買ったことがある。
⑦ 帰って来たときにはもう暗くなっていた。
⑧ 兄はちょうど入浴中だった。

* * *

① 我昨天去看电影了。Wǒ zuótiān qù kàn diànyǐng le. ② 妈妈说："要下雨了！你别忘带雨伞去！" Māma shuō: "Yào xià yǔ le! Nǐ bié wàng dài yǔsǎn qù!" ③ 我不是跟她一起去的。Wǒ bú shì gēn tā yìqǐ qù de. ④ 看完了电影就去买东西了。Kànwánle diànyǐng jiù qù mǎi dōngxi le. ⑤ 我买了一双鞋。Wǒ mǎile yì shuāng xié. ⑥ 我在这个鞋店买过几双（鞋）。Wǒ zài zhèige xiédiàn mǎiguo jǐ shuāng (xié). ⑦ 回来的时候，天已经黑了。Huílai de shíhou, tiān yǐjīng hēi le. ⑧ 哥哥正在洗澡呢。Gēge zhèngzài xǐzǎo ne. ※① 連動文では文末に"了" leをつけます。②"要～了" yào~leで「～しそうだ」という意味です。これと⑦の"了"は「なる／なった」という意味です。④「～したら」や数量の修飾語がある場合は動詞の後ろに"了"をつけます。⑥経験には"过" guoを使います。⑧"正在～呢" zhèngzài~neはそのとき動作が進行中だったことを表します。

8-11　感動詞
ふつう，文の成分にはならない。

啊ā/á/ǎ/à（あっ；あれ；えっ；ええ…）　哎呀āiyā（おや）　诶a/ai/e/ei（あれっ；おいっ；ええ…）　喂wèi（もしもし；おいっ）

8-11『感動詞～騒いでいても1人ぼっち』

文の成分にならず，独立して使います。声調も場面によって一定ではありません。

哎呀āiyā（おやっ；まあ）
啊ā/á/ǎ/à（あっ；あれ；えっ；ええ…）

8-12　擬声詞（擬声語）
当て字のため，表記が一定しないものもある。

丁当dīngdāng（カチャン）　哈哈hāhā（アハハ）
汪汪wāngwāng（ワンワン）

8-12『擬声詞～ワンもアハハも漢字』～再び1へ

単独で使用できるほか修飾語・述語・補語などとして使います。1-1で触れましたが，日本語では仮名文字を使って音を表すのに対して中国語では漢字を使います。漢字自体の意味はなく，漢字の音を利用しているだけなので表記が一定しないものもあります。

汪汪！Wāngwāng！（ワンワン）
哈哈地笑 hāhā de xiào（アハハと笑う）
丁当（叮当なども）dīngdāng（カチャン；チリン）

（しまだ・つぐみ　日本大学）

III

これで大丈夫!
基本動詞練習帳205語

宮田一郎

- 【あ〜お】 **90** 愛-する〜終-わる
- 【か〜こ】 **94** 買-う〜転-ぶ
- 【さ〜そ】 **98** 探-す〜座-る
- 【た〜と】 **99** 足-す〜取-る
- 【な〜の】 **102** 無-い〜乗-る
- 【は〜ほ】 **105** 入-る〜褒-める
- 【ま〜も】 **107** 負-ける〜漏れる
- 【や〜よ】 **109** 焼-く〜寄-る
- 【わ〜】 **111** 沸か-す〜割れ-る

【記号説明】

-：日本語の見出し語で，語幹と語尾との区別が立つものの仕切りを示す。

〜：日本語例文では見出し語の語幹を，中国語例文では見出しの語を示す。（中国語の見出しの語が複数のときは，いずれもが用いられることを示す）。日本語の見出し語のなかの「〜て」の「〜」は，任意の動詞の連用形を示す。

／：前後の語句（下に・が打ってある）が代替される関係にあることを示す。なお，各例文について代替可能の言い方をすべてあげているわけではない。

×：／のあとに示す語に×を附けているのは，この場合替えることはできないことを示して，特に注意を喚起しているものである。

○数字：日本語例文と中国語例文を対照しやすくするために附した。

| 基本動詞 | 用例 |

【あ-お】

愛-する ①我々はみな祖国を～している。②彼は深く妻を～している。③私は彼女を生涯～した。④妹はあの若者をそう～していないように思う。

愛 ài ❶我们都～祖国。❷他深深地～着妻子 qīzi。❸我～她～了一辈子。❹我觉得妹妹不怎么～那个小伙子。

合-う ①この料理はとても私の口に～う。②規格に～わない製品は出荷してはならない。③このオーバーが体に～うかどうか，試着してみよう。

合 hé ❶这个菜很～我的口味。❷不～规格的产品不能出厂。❸试试这件大衣，看～身儿不～身儿。

会-う ①また～いましょう。②両親とはもう2年～っていない。③彼はお客に～っているところだ。④私は彼に1度～ったことがある。

见 jiàn ｜ 会 huì ❶再～。❷跟父母已经有两年没见了。❸他正会着客呢。❹我～过他一面。

上が-る ①彼は2階にいるから，2階に～って会いなさい。②彼は一気に5階へ駆け～った。③補習で，彼の点数は～って来た。④山頂まで～ると，飛行場が見える。⑤太陽は東から～り，西に沈む。⑥五星紅旗が天安門広場に～った。⑦彼はまた1ランク～って，主任になった。⑧温度は～った。

上 shàng ｜ 升 shēng ❶他在楼上，你上楼去找他吧。❷他一口气跑上了五楼。❸经过补习，他的分数 fēnshù 上来了。❹上到山顶就可以看见飞机场。❺太阳从东边升起，由西边落下。❻五星红旗在天安门广场上升起来了。❼他又升了一级，当主任了。❽温度升高了。

開-く ①風が吹いて，ドアが～いた。②ドアに透き間が～いた。③窓は1つも～いていない。④早朝で，店はまだ～いていない。⑤窓が～かなくなった。⑥かぎがかかっていて，戸が～かない。

开 kāi ❶风一吹，门～了。❷门～了一条缝 fèng。❸一扇 shàn 窗户也没～着。❹大清早，店还没～门。❺窗户～不开了。❻上着锁，门不开。

開-ける ①彼はトランクを～けている。②間もなく9時だ，店を～けよう。③かぎがなくて，ドアを～けられない。④かぎで錠前を～ける。

开 kāi ❶他在～箱子。❷快九点了，该～门了。❸没有钥匙 yàoshi，～不了 / 不能～门。❹用钥匙～锁。

あ-げる ①私は彼にボールペンを1本～げた。②この本は君に～げよう。③君の好きなものを～げる，どれでもいいから，持って行きなさい。

给 gěi ｜ 送 sòng ❶我～了他一枝圆珠笔 yuánzhūbǐ。❷这本书～你吧。❸我想～你件你喜欢的东西，哪件都行，拿去吧。

(～て)あ-げる ①その荷物を持って～げます。②私は父にセーターを1枚編んで～げた。③この本は君に貸して～げる。

给 gěi ｜ 帮 bāng ❶我～你拿这件行李。❷我给爸爸织了件毛衣 / 织了件毛衣给爸爸。❸这本书借给你。☞❶および❷の第1例の"给"は介詞。

上-げる ①彼を2階に～げるな。②彼を主任に～げるつもりだ。③クレーンをもう少し～げよ。

上 shàng ｜ 升 shēng ❶不要让他上楼。❷我准备升他作主任。❸把吊车 diàochē 再往上升升。

挙-げる ①答えがわかった人は手を～げなさい。②もろ手を～げて賛成する。③みんなに見えるよう，旗を高く～げる。④彼はバーベルを50回～げた。⑤先生は例を～げて説明してくださった。⑥例がたくさんで，いちどきには～げきれない。

举 jǔ ❶知道答案的人～手。❷～双手赞成 zànchéng。❸把旗子往高里～，让大家看到。❹他～了五十下杠铃 gànglíng。❺老师给我们～例进行了说明。❻例子很多，一时～不过来。

遊-ぶ ①君は彼と～びなさい。②あす私たちは中山公

玩儿 wánr ❶你跟他～吧。❷明天我们去中山

| 基本動詞 | 用 例 |

園へ～びに行く。③きょうは思い切り～んだ。④子どもたちは滑り台で～んでいる。

公园～。③今天我们～了个痛快。④孩子们在～滑梯 huátī。

与-える ①私はもう2回あなたに金を～えた。②君の手紙は私に大きな慰めを～えてくれた。③君は子どもに金を～えすぎる。

给 gěi ①我已经～过你两次钱了。②你的信～了我极大的安慰 ānwèi。③你～孩子钱～得太多了。

謝-る ①いくら～っても，彼は許してくれない。②彼は私たちに～った。

道歉 dào//qiàn ①无论怎么～，他也不原谅我。②他向我们道了歉。

洗-う ①彼女は靴下を～っている。②水で～いますか，湯で～いますか。③私は週に1度頭を～う。④彼は服をきれいに～った。⑤1日でこんなに多くの服は～えない。

洗 xǐ ①她在～袜子。②是用凉水～，还是用热水～？③我一个星期～一次头。④他把衣服～干净了。⑤一天～不了这么多衣服。

ありがとう ①きょうはどうも～，とても楽しかった。②結構なものをいただいて，～。③手厚いおもてなし，～ございます。☞「ありがとう」は感動詞。"谢谢"は動詞。

谢谢 xièxie ①今天太～了，过得很愉快 yúkuài。②您给我这么好的东西，～！③～您的热情接待。

有-る｜在-る ①庭に木が2本～る。②私には彼を説得する手だてが～る。③うちにはどんな本も～る。④彼は用事が～って来ることができない。⑤1年は12か月～る。⑥彼はとても音楽の才能が～る。⑦外国に1人住んでいると，寂しいときが～る。⑧新聞は机の上に～る。⑨いちばんの難点はここに～る。⑩この件は私に責任が～る。

有 yǒu｜在 zài ①院子里有两棵树。②我有办法说服他。③我们家里什么书都有。④他有事不能来。⑤一年有十二个月。⑥他很有音乐才能。⑦一个人住在国外，有时会感到寂寞 jìmò。⑧报纸在桌子上。⑨最大的困难 kùnnan 就在这儿。⑩这件事责任在我。

歩-く ①歩行者は歩道を～かねばならない。②老先生は外またで～いている。③私は1時間に3キロ～く。④私は～き疲れた。⑤彼は山道を～いて，足がはれあがった。⑥彼は～くのがはやく，私たちはついて行けない。⑦～いて行くのは疲れるから，私たちはやはり車で行きませんか。

走 zǒu ①行人要在人行道上～／～人行道。②老先生～着八字步。③我一个小时～三公里。④我～累／乏 fá 了。⑤他～山路～肿 zhǒng 了脚。⑥他～得很快，我们都跟不上。⑦～着去太累，我们还是坐车去，好不好？

言-う ①誰が～ったのか。②彼は一言も～わずに，そこに腰かけている。③さっき～いもらしたので，いまから補足する。④彼に～って聞かせなさい。⑤中国語ではどのように～いますか。⑥私は山田三郎と～います。⑦さっき田中さんと～うおばあさんが見えました。

说 shuō｜讲 jiǎng｜叫 jiào｜姓 xìng ①是谁说／讲的？②他一句话也没说／讲，就坐在那里。③刚才我说／讲落 là 了一件事，现在补充 bǔchōng 一下。④你说／讲给他听听。⑤用中文怎么说／讲？⑥我叫山田三郎。⑦刚才来了一位姓／叫田中的老太太。

行-く ①彼は北京に～った。②私は上海へ2度～ったことがある。③私は～くのがおくれて，芝居はもう終わりかけていた。④では～こうか。⑤彼女はこのような催しは好まないようで，10分間いてもう～ってしまった。⑥彼は会議で上海に～く。

去-//·qù｜走 zǒu ①他去北京了／到北京去了。②我去过两次上海／到上海去过两次。③我去晚了，戏都快演完了。④那么就～吧。⑤她似乎不喜欢这样的活动，在这儿呆 dāi 了十分钟就走／×去了。⑥他去上海开会／参加会议。

基本動詞	用 例

(〜て)行-く ①彼は私を押しのけて，門の外へ駆けて〜った。②彼は海へ歩いて〜く。③誰が私の辞書を持って〜ったのか。

去 -//・qù ｜ 走 zǒu ❶他推开我，向门外跑去了。❷他向着大海走去。❸谁拿去/走了我的词典？

要-る ①この辞書はまだ〜る。②この雑誌はもう〜ない，はやく捨ててしまいなさい。③コート1着作るのにいくら布地が〜りますか。

要 yào ❶这本词典还〜呢。❷这本杂志不〜了，快把它扔掉/扔了它！❸做件大衣〜多少布？

居る ①部屋にたくさん人が居る。②私には銀行に勤めている弟が1人居る。③彼はきょう家に居ません。④その時，家のものは誰も家に居なかった。⑤去年のいまごろ私は東京に居た。

有 yǒu ｜ 在 zài ❶屋子里有不少人。❷我有一个弟弟在银行里工作。❸他今天不在家。❹那时候家里人都没/不在家里。❺去年这时候我在东京。

動か-す ①机の上の物を〜すな ②このくだりは1〜2字〜せば筋道が立つ。③この石は重くて，1人では〜せない。

动 dòng ❶别〜桌子上的东西。❷这几句话只要〜一两个字就通顺了。❸这块石头太重，一个人搬不〜。

動-く ①注射するとき，〜くな。②ロボットが〜きだした。③なにか言いたげに，彼の口がちょっと〜いた。④大雪で電車が〜かなくなった。

动 dòng ❶打针的时候，你别〜。❷机器人〜起来了。❸他的嘴〜了一下儿，好像要说什么。❹由于大雪，电车开不〜了。

歌-う ①私は中国の民謡を1曲〜った。②彼はテノール，私はバリトンで〜う。③彼女は〜って声がかれてしまった。

唱 chàng ❶我〜了一首中国民歌。❷他〜高音，我〜中音。❸她〜歌〜得嗓子 sǎngzi 都哑 yǎ 了/〜哑了嗓子。

写-す ①黒板の数学の問題をノートに〜す。②私たちが1人1枚ずつ〜すと，ほどなく〜し終わる。③君はこの字を〜しまちがえた。

抄 chāo ❶把黑板上的数学题〜在本子上。❷我们一个人〜一张，一会儿就能〜完。❸你把这个字〜错了。

生ま-れる ①私は1976年に〜れた。②私は北京で〜れた。③弟が〜れて間もなく，母は亡くなった。④私は〜れてから18歳になるまで，あそこで暮らしていた。⑤彼らの間に次第に愛が〜れた。

生 shēng ｜ 出生 chūshēng ｜ 产生 chǎnshēng ❶我生/出生于1976年。❷我生/出生在北京。❸弟弟出生/×生不久，母亲就去世了。❹我生/×出生下来以后到十八岁，都在那里生活。❺他们之间逐渐 zhújiàn 产生了爱情。

産-む ①彼女は男の子を〜んだ。②彼女は双子を〜んだ。③彼女は病気で子どもを〜めなくなった。④このイヌは1度に子イヌを3匹〜んだ。⑤このメンドリは病気で卵を〜めない。

生 shēng ｜ 下 xià ❶她生了一个男孩儿。❷她生了个双胞胎 shuāngbāotāi。❸她有病生不了孩子了。❹这只狗一次生/下了三只小狗儿。❺这只母鸡有病生/下不了蛋。

売-る ①私は古着を1枚〜った。②あのコートを私は100元で〜った。③私はあの本を〜りはらった。④君は〜りおくれた，早く〜れば少しは儲かったのに。⑤ミカンの皮を〜れば金になる。

卖 mài ❶我〜了一件旧衣服。❷那件大衣我〜了一百元。❸我把那本书〜了。❹你〜晚了，早〜可以赚 zhuàn 些钱。❺橘子 júzi 皮也可以〜钱。

運転-する ①彼は自動車を〜できる。②雨の日は道が滑るから，〜に気を付けなさい。③きのう彼は酒を飲んで〜し，大事故を起こした。

开 kāi ❶他会〜汽车。❷雨天路滑，〜车一定要小心。❸昨天他酒后〜车，闯 chuàng 了大祸。

選-ぶ ①数人を〜んで綱引き競技に出す。②歌舞団は彼を〜んだ。③彼女は服を〜んでいるところだ。④長い

选 xuǎn ｜ 挑 tiāo ❶〜几个人去参加拔河 báhé 比赛。❷歌舞团〜上他了。❸她〜衣服呢。

| 基本動詞 | 用例 |

こと～んだが，気に入ったものは1つも～び出せなかった。⑤彼らは私を会長に～んだ。⑥彼は今回学生代表に～ばれなかった。

起-きる ①私は毎日6時に～きる。②6時前に出発では，私は～きられない。③転んだがすぐ～きて，また走りだした。④彼は足の傷がまだ治りきらず，1人では～きられない。

置-く ①私の自転車をどこに～いたのか。②テーブルの上に鉢植えが1つ～いてある。③この仕事はちょっと～いておこう。④君の住宅交換の件は何日も～かずにしてあげられるだろう。

送-る ①私は郵便局へ小包を～りに行く。②私は速達で～る。③あの小包を～ってもう2週間になるのに，まだ返事がない。④田舎の母からまたリンゴを～って来た。⑤彼は弟にお金を少しばかり～ってやった。

怒-る ①君は何を～っているのか。②彼は君に～っている。③山田さんは君が約束を破ったことをたいへん～っているよ。

起こ-る ①近年，北京に大きい変化が～った。②彼の身に何か～ったのではないだろうか。③静電気は摩擦によって～る。④彼女にまた疑念が～った。⑤会場に万雷の拍手が～った。

教-える ①彼は大学で英語を～えている。②王先生は6年生を～えている。③彼は我々に数学を1年間～えたことがある。④彼は1字まちがえて～えた。⑤彼は～えるのがうまい。⑥駅へ行く道をちょっと～えてください。

落-ちる ①日が～ちて暗くなった。②冬が来て，木の葉はすっかり～ちてしまった。③木からリンゴが1個～ちて来た。④この行で2字～ちている。⑤彼は大学を受けたが，～ちた。

覚-えている ①私はまだあの事を～えている。②君たちはまだ私を～えているか。③彼は記憶力がよく，昔のどんな事も～えている。④彼がこんなことを言ったことがあるとは，誰も～えていない。

覚-える ①外国語の勉強では，たくさん単語を～えねばならない。②先生の話をしっかり～えておきなさい。

④～了半天，～不出一件满意的来。⑤他们选我作会长。⑥他这次没选上学生代表。

起 来 qǐ//·lái(-//·qǐ//·lái) ｜ 起 床 qǐ// chuáng ①我每天六点～。②不到六点就出发，我可起不了床/起不来。③摔倒 shuāidǎo 了就爬 pá 起来，又向前跑了。④他腿上的伤 shāng 还没完全好，一个人起不来。

放 fàng ｜ 搁 gē ①你把我的自行车～哪儿了？②桌子上～着一盆 pén 花。③这件工作暂时 zànshí ～一下儿。④你换房的事～不了几天就会给你办。

寄 jì ①我到邮电局～包裹 bāoguǒ 去。②我～快件。③那件包裹已经～了两个星期了，还没收到回信。④乡下的母亲又～来了苹果。⑤他给弟弟～了一些钱/～给了弟弟一些钱。

生气 shēng//qì ①你为什么事～呀？/生什么气呢？②他在生你的气呢。③山田对你的失约 shīyuē 很～呀。

发生 fāshēng ｜ 产生 chǎnshēng ｜ 起 qǐ ①最近几年，北京起/发生了很大变化。②是否 shìfǒu 在他身上发生了什么意外？③静电是由摩擦 mócā 而产生的。④她又起上疑心了。⑤会场里响起了雷鸣 léimíng 般的掌声。

教 jiāo ｜ 告诉 gàosu ①他在大学里教英语。②王老师教六年级的学生。③他教过我们一年数学。④他教错了一个字。⑤他教书教得不错。⑥请你告诉我一下去火车站的路。

落 luò ｜ 掉 diào ｜ 落 là ①日落 luò 天黑了。②冬天到了，树上的叶子 yèzi 都落 luò/掉光了。③树上落 luò/掉下来一个苹果。④这一行掉/落 là 了两个字。⑤他没考上大学落榜 luòbǎng 了。

记得 jìde ①我还～那件事。②你们还～我吗？③他的记性很好，过去的事他什么都记得。④我们都不～/记不得他说过这样的话。

记 jì ｜ 学会 xué//huì ｜ 觉得 juéde ①学外语，要多记单词。②你把老师的话好好儿记着。

| 基本動詞 | 用例 |

③これらの地名はみな〜えたか。④彼は懸命にがんばり，はやくにこの技術を〜えてしまった。⑤こんな難しい歌は1度では〜えられない。⑥私は少しも疲れを〜えない。

❸这些地名你都记住了吗？❹他非常努力，所以很快就学会了这门技术 jìshù。❺这么难的歌儿一次学不会。❻我一点儿也不觉得累 lèi。

思-う ①私は彼も賛成すると〜う。②この事は必ずうまく行くと，誰もがそう〜っている。③誰もがいい暮らしをしたいと〜う。

想 xiǎng｜看 kàn ❶我〜他也会同意。❷这事一定会办成的，谁都这么〜。❸谁都想过好日子。

下-りる ①彼はゆっくりと階段を〜りた。②彼らはもう車から〜りた。③きのう私は1度階下に〜りたきりだ。④エレベーターに乗らずに，階段で〜りなさい。⑤私たちは山を駆け〜りた。⑥子ネコはベッドからとび〜りた。

下 xià(-//·xià) ❶他慢慢儿地走〜了楼梯 lóutī。❷他们已经〜车了。❸昨天我只〜了一次楼。❹你别坐电梯，从楼梯〜去。❺我们跑〜了山。❻小猫跳 tiào 〜了床。

終わ-る ①工事は〜った。②この仕事はどうも年内には〜りそうにない。③食べ〜ってから出かける。④答案を書き〜ったら，提出してください。

完 wán｜结束 jiéshù ❶工程〜了。❷这个工作看来在年内〜不了。❸吃完了再走。❹写完了答案，请交上来。

【か-こ】

買-う ①私は本を1冊〜った。②ノートを〜いたいが，どこで売っていますか。③彼はあのスーツを〜った。④私は彼から肉を1斤〜った。⑤私はナシを〜いすぎた。⑥子どもに靴を〜ったが，小さすぎた。⑦彼は友への贈り物を〜った。⑧このコートはいくらで〜ったのか。

买 mǎi ❶我〜了一本书。❷我想〜笔记本，哪儿有卖的？❸他把那套西服〜下了。❹我从他那儿〜了一斤肉。❺我〜梨〜多了。❻给孩子〜的鞋〜小了。❼他〜了件礼物送朋友。❽这件大衣，你多少钱〜的？

返-す ①1か月に10元ずつ〜すと，1年で〜し終わる。②私はもう本を図書館に〜した。③彼は何度も私から借金していながら，1回〜しただけだ。④あの画報はもう1か月も前に彼に〜した。⑤金を借りるのはたやすいが，〜すのは難しい。

还 huán ❶一个月〜十元，一年就〜完。❷我已经把书〜图书馆了。❸他借过我好几次钱，就〜过我一次。❹那本画报我已经〜他一个月了。❺借钱容易 róngyì，〜起来可难了。

変-える ①彼は考えを〜えた。②このたばこは1度商標を〜えたことがある。③砂漠をオアシスに〜える。④彼はまた手口を〜えた。⑤会議の日時は〜えられない。⑥彼はもう2度名を〜えた。

变 biàn｜改 gǎi ❶他〜主意 zhǔyi 了。❷这种香烟〜过一回商标。❸变沙漠 shāmò 为绿洲。❹他又变了花样。❺开会日期改不了。❻他改过两次名字。

換-える｜替-える ①私たちは場所を〜えてもうちょっとだべろう。②彼は服を〜えて出かけた。③天安門へ行くには何回乗り〜えなくてはならないか。④彼女は光線の関係で白の網戸に〜えた。⑤この100元札を50元札2枚に〜えてください。

换 huàn ❶咱们〜个地方再聊 liáo 聊。❷他〜了衣服出去了。❸去天安门要〜几次车？❹她因为光线的缘故 yuángù 〜上了白色的窗纱 chuāngshā。❺这一百元请给〜成两张五十元的。

帰-る ①彼は故郷に〜った。②私は7時までに家へ〜らねばならない。③来月私は父を見舞いに日本へ〜ります。④彼はきのう英国から〜って来た。⑤母は買い物から〜って来た。

回 huí ❶他〜老家了。❷我必须七点以前〜家。❸下个月我〜日本探望 tànwàng 父亲。❹他昨天从英国〜来了。❺妈妈买东西〜来了。

書-く ①彼はいま字を〜いている。②先生はいつも黒板に〜く。③彼は筆で〜き，私はペンで〜く。④私は宋

写 xiě ❶他正在〜字。❷老师经常在黑板上〜字。❸他〜毛笔字，我〜钢笔字。❹我可以／

基本動詞

朝体が〜ける。⑤壁にローマ字がいくつか〜いてある。⑥君はスローガンを1字〜き落とした。⑦私はきのう彼に手紙を〜いた。

描-く ①彼は絵を〜いている。②彼は松の木を1本〜いた。③私は以前油絵を〜いたことがある。④彼は私をも画中に〜き入れた。⑤彼は旅行コースを紙に〜いた。⑥駅から君の家までの地図を〜いてください。⑦油絵は，私は〜けない。

掛-ける ①どうぞこのいすにお〜けください。②こんろに鉄なべが1つ〜けてある。③彼女は服を〜けている。④壁に地図が1枚〜けてある。⑤2〜ける3は6。⑥友人に電話を〜けた。⑦あの眼鏡を〜けた人はどなたですか。⑧レコードを2枚ほど〜けて聞かせてください。

貸-す ①君の車は誰かに〜したことがあるか。②200元ほど私に〜してくれませんか。③君のノートを私に〜して写させてください。

数-える ①彼は人数を〜えている。②私はこれらの金をみな〜えたが，まちがいない。③この庭に木が何本あるか〜えてみなさい。④英語で1から10まで〜える。

片づ-ける ①引き出しの中を〜けなさい。②彼女は朝起きるとすぐに部屋を〜け始める。③私は帰って家の用事を〜けてからすぐ来る。④彼らはたった30分で敵を〜けてしまった。

勝-つ ①昨日の試合ではわれわれが〜った。②Aチームは5対3でBチームに〜った。③この子は今日までにもうおじいさんに10数局〜っている。④赤チームは白チームに〜てないと思う。⑤彼はこの試合に〜った。⑥私はマージャンで300元〜った。

噛-む ①ご飯はよく〜んで食べなさい。②彼は1日じゅうチューインガムを〜んでいる。③彼はヘビに〜まれたことがある。④彼は歯で糸を〜み切った。⑤歯がみな抜けてしまって，硬い物が〜めない。

借-りる ①私たちは誰も彼の自転車を〜りたことがない。②私は彼に辞書を1冊〜りた。③ちょっと電話をお〜りできますか。

変わ-る ①天気が〜った。②ここは何も〜っておらず，すべてが昔のままである。③服装のスタイルはほとんど毎年〜る。④信号機が赤から青に〜った。⑤会議

用例

能〜仿宋 fǎngsòng 体。❺墙上〜着几个英文字母。❻你〜标语〜落 là 了一个字。❼我昨天给他〜了一封信。

画 huà ❶他正在〜画儿。❷他〜了一棵松树。❸我以前〜过油画。❹他把我也〜进画儿里了。❺他把旅游路线〜在纸上。❻请给我〜一下从车站到你家的地图。❼油画我〜不了／不会〜。

坐 zuò｜挂 guà｜乘 chéng｜打 dǎ｜戴 dài｜放 fàng ❶请坐在这把椅子上。❷炉子上坐着一只铁锅 tiěguō。❸她在挂衣服呢。❹墙上挂着一张地图。❺二乘三等于／是／得 dé 六。❻给朋友打了个电话。❼那位戴眼镜的是谁？❽给我放两张唱片听听。

借 jiè｜借给 jiègěi ❶你的车〜过谁没有？❷您能〜我二百元吗？❸把你的笔记本〜我抄一下。☞"给"を用いないことが多い。

数 shǔ ❶他在〜人数 rénshù 呢。❷我把这些钱都〜过了，没有错儿。❸你〜一下／一〜这院子里有几棵树。❹用英语从一〜到十。

收拾 shōushi｜整理 zhěnglǐ｜处理 chǔlǐ ❶把抽屉 chōuti 里的东西收拾／整理一下。❷她下床以后就开始收拾／整理屋子。❸我回去处理一下家务就来。❹他们只用半个小时就把敌人收拾了。

赢 yíng｜胜 shèng ❶昨天的比赛我们〜了。❷甲队以五比三〜了乙队。❸这孩子到今天都〜了爷爷十几盘 pán 了。❹我估计 gūjì 红队〜不了白队。❺他〜了这场比赛。❻我在牌桌上赢了三百块钱。

嚼 jiáo｜咬 yǎo ❶吃饭要好好儿嚼嚼。❷他嘴里成天嚼着口香糖。❸他被蛇 shé 咬过。❹他用牙把线咬断了。❺牙都掉了，硬东西嚼不烂 làn／咬不动。

借 jiè ❶我们谁也没〜过他的自行车。❷我〜了他一本词典／我跟他〜了一本词典。❸可以〜用一下电话吗？

变 biàn｜改 gǎi ❶天气变了／×天气改了／变天了。❷这儿什么也没变，一切都是老样子。❸服装 fúzhuāng 的样式差不多一年变一次。❹

基本動詞

変わる―転ぶ

の日時が～った。

替わ-る ①最近あの会社は総支配人が～った。②この事の担当者はみな～ってしまい，私は1人も知らない。③10番の選手が～ってコートに入った。

考-える ①私たちにいい方法を～えてください。②君が当時その場にいたかどうか，よく～えなさい。③当時は誰もその点まで～えなかった。④我々は各方面の意見を～えて，会議の開催延期を決めた。⑤私たちはもう1度彼らと話し合うかどうか，～えてみてください。

感-じる ①私はここに問題があるように～じる。②外は雪が降っているが，誰も寒いとは～じない。③私たちはみな問題の複雑さを～じとった。

聞-く｜聴-く ①彼はいま部屋で音楽を～いている。②ラジオを～きますか，それともテレビを見ますか。③私は毎日ラジオで天気予報を～く。④あの子は両親の言うことをよく～く。⑤わからないことは，何でも先生に～きなさい。⑥王先生の電話番号をお～きしたい。⑦妹に最近の状況を～いたことがありますか。⑧この人はいつも他人の私事を～きたがる。

聞こ-える ①私は聞いてみたが，何も～えなかった。②外でノックしているのが～える。③～えません，大きな声で話してください。

決-める ①試合の期日は早めに～めなくてはならない。②まず原則を～めてから，具体的な問題を討論する。③忙しいので，私は行かぬことに～めた。④飛行機の手荷物は20キロ以下と～められている。⑤彼はまだ考えを～めかねている。

着る ①彼は服を着ているところだ。②このコートは1度着ただけで，その後は着ていない。③そんな高いコートは，私には着られない。④セーターが小さくなって，着られない。⑤合うかどうかこれを着てみなさい。⑥君はどうして人のコートを着て帰ったのか。

切-る ①彼はスイカを～っている。②あの肉のブロックは私が薄～りにした。③彼は野菜を～っていて指を～った。④紙のみみを～りそろえなさい，でないと製本できない。⑤火災が発生したときは，まず電源を～らねばならない。⑥電話を～らないでください，調べてみますから。

曇-る ①また～った。②最近晴天続きで，1度も～っ

用例

红绿灯由红变绿了。❺开会日期改了。

换 huàn ❶最近，那家公司～了总经理。❷负责这件事的人都～了，我一个人也不认识。❸10号队员～到场上去了。

想 xiǎng｜考虑 kǎolǜ ❶您替/给我们想个好办法吧。❷你好好儿想一下/想一想，你当时在不在场。❸当时谁都没～到这一点。❹我们考虑了各方面的意见，决定会议延期举行 jǔxíng。❺你考虑一下/考虑考虑我们是不是再和他们谈谈。

感到 gǎndào｜觉得 juéde ❶我～这里有问题。❷虽然外面在下雪，谁也没～/不觉得/×不感到冷。❸我们都感到/×觉得了问题的复杂性。

听 tīng｜问 wèn｜打听 dǎting ❶他现在在屋子里听音乐 yīnyuè。❷是听收音机，还是看电视？❸我每天从收音机听天气预报。❹那孩子很听父母的话。❺不管是什么，不明白的事都去问/×打听老师吧。❻我想打听/问一下王老师的电话号码。❼你问/打听过妹妹最近的情况吗？❽这人总爱打听别人的私事。

听见 tīngjian ❶我听了听，什么也没～。❷我～外边有敲 qiāo 门声。❸听不见，请大点儿声/大声点儿说。

定 dìng｜决定 juédìng｜规定 guīdìng ❶比赛日期要早点儿定下/决定。❷先把原则定/决定下来，再讨论具体问题。❸因为太忙，我决定不去了。❹飞机的随身行李 xíngli 规定为 wéi 二十公斤以下。❺他还拿不定主意呢。

穿 chuān ❶他在～衣服呢。❷这件大衣我只～过一次，以后再没～。❸那么贵的大衣，我可～不起。❹毛衣小了，～不进去。❺你～～这件，看合适 héshì 不合适。❻你怎么把别人的大衣～回来了？

切 qiē｜切断 qiēduàn｜挂 guà ❶他正在切西瓜。❷那块肉我切了肉片了。❸他切菜切了手指头。❹你要把纸边切齐，这样才好装订 zhuāngdìng。❺发生火灾时，要首先切断电源。❻电话你先不要挂，等我查一下。

阴 yīn ❶又～天了/天又～了。❷最近一直是

| 基本動詞 | 用例 |

たことがない。③まだ〜っているから，衣類を外に干すのは待ちなさい。④朝はまだからっと晴れていたのに，今また〜ってきた。

比-べる　①彼ら2人は背を〜べあっているところだ。②これらの布地のうちどれがいいか〜べてみなさい。③彼はこの2つのプランをきっちり〜べた。④私たちの所と〜べ，ここはずっと寒い。⑤ことしは去年に〜べて，雨が少ない。⑥私は君とは〜べ物にならない，君は大卒だから。

来る　①日本に来てもう何年になりますか。②春は間もなく来る。③きょうは誰も来なかった。④彼は来ないことになった。⑤彼はまた来ていない。⑥来るのがおくれ，申し訳ない。⑦ちょっとこちらへ来てください。⑧彼は病気で来られなくなった。⑨君はいったい来られるのか来られないのか。

（〜て）来る　①彼は青年を1人つれて来た。②向こうからトラックが1台やって来た。③私は山から下りて来たばかりだ。④はやく出て来なさい。⑤校長は彼を学校へ招いて来た。⑥雨が降って来た。⑦その本をここへ持って来てください。

蹴-る　①ボールを〜って遊ぼう。②彼はウマに〜られてけがをした。

交換-する　①彼らは切手を〜しているところだ。②私は彼と意見を〜してみたい。③私に記念切手を2枚〜してください。④牧畜を業としている人たちは畜産物を塩と茶に〜している。

答-える　①次の質問に〜えなさい。②彼はどのようにしてここへ来たか私に〜えた。③そんな要求には〜えられない。④名まえを呼ばれたら，はいと〜えなさい。

殺-す　①彼にはとうていニワトリも〜せない。②彼は自分の部屋で〜された。③この薬ではあの害虫は〜せない。

転-ぶ　①彼はうっかりして〜んだ。②ちゃんと歩いていれば，〜んだりしない。③日は暮れ道が滑るので，ころりと〜んで溝にはまってしまった。

晴天，没〜过一次。❸天还〜着呢，先别往外晾 liàng 衣服。❹早晨还是大晴天，现在又〜起来了。☞"阴"は形容詞であるが，動態を表すことができる。

比 bǐ｜相比 xiāngbǐ｜比较 bǐjiào　❶他们俩在比个子 gèzi 呢。❷你比 / 比较一下这几种布料哪种好。❸他把两种方案认真地比 / 比较了一番。❹跟我们那儿相比 / 比起来 / 比较起来，这儿可冷多了。❺今年比去年雨少。❻我比不上你，你上过大学。

来 lái　❶你〜日本几年了？❷春天就要〜了。❸今天谁也没〜。❹他不〜了。❺他又没〜。❻对不起，我〜晚了。❼请过〜一下。❽他病了，〜不了 / 不能〜了。❾你到底 dàodǐ 能〜不能〜 / 〜得了〜不了？

来 -//・lái　❶他带〜了一位青年。❷对面开过〜一辆卡车 kǎchē。❸我刚从山上下〜。❹快出〜吧。❺校长把他请进学校〜了。❻下起雨〜了。❼请你把那本书拿到这儿〜 / 拿过〜。

踢 tī　❶咱们〜球玩儿玩儿吧。❷他被马〜伤了 / 〜得受了伤。

换 huàn｜交换 jiāohuàn　❶他们正〜着邮票 yóupiào。❷我想和他交换交换意见。❸你换我两张纪念邮票吧。❹牧民 mùmín 们用畜产品 xùchǎnpǐn 〜盐 yán 和茶。

回答 huídá｜答应 dāying　❶回答下面的问题。❷他回答了我他是怎么来这里的。❸那种要求无法 / 不能答应。❹点到谁的名字，谁就〜一声"到"。

杀 shā　❶他连个鸡也不敢〜。❷他在自己的房间里被人〜了。❸这种药 yào 〜不死那些害虫。

跌 diē｜摔 shuāi｜栽 zāi　❶他不小心〜了一跤 / 一个跟头。❷好好儿走路〜不了跟头。❸天黑路滑，一下〜到沟 gōu 里去了。

【さ-そ】

探-す ①山田さんが君を〜しているよ。②彼は財布を〜している。③もう部屋中〜したが，やはり見つからない。④彼は引き出しの中から1枚の写真を〜し出した。

咲-く ①モモの花が〜いた。②庭にいろいろな花が〜いている。

叫-ぶ ①彼は大声で〜んでいる。②〜んで彼は声がかれてしまった。③彼は隊列の先頭でスローガンを〜んでいる。

閉ま-る ①戸は〜っている。②あの店は8時に〜る。③銀行はもう〜った。

閉-める ①はやくドアを〜めなさい。②どの引き出しも彼は〜めておらず，みな開いたままだ。③蛇口を〜めなさい。④あの店はしばらく店を〜めていたが，最近また営業を始めた。

紹介-する ①みなさんにご〜します，こちらが山田教授です。②彼は一人ひとり来賓を〜している。③初対面ですので，みなさん自己〜してください。④私は彼に結婚相手を1人〜した。⑤彼らはタイピストを1人求めているから，王さんを〜してもいい。

招待-する ①私たちは王先生を私たちの結婚式に〜した。②彼の奥さんも〜すべきだ。③私は同僚数人を家に〜するつもりだ。

調-べる ①わからない単語は辞書で〜べなさい。②コンピューターがあるようになって，資料を〜べるのがずっと楽になった。③衛生状態は1軒1軒〜べていかなくてはならない。④あそこでトラブルが起きたそうだから，行って〜べてください。

知-る ①誰もがこの言葉の意味を〜っている。②この周囲数十里では，誰もが彼を〜っている。③彼らはみなここに来たことがないから，誰もここの道を〜らない。④これらの字はすべて篆書で，私は1つも〜らない。⑤私は彼を〜ってはいるが，何をする人か〜らない。⑥私が〜っている状況はこれだけだ。⑦この人は私は〜らない，1度も会ったことがない。⑧私は彼の名まえを〜っているが，どういう人かは〜らない。

信-じる ①彼の話を〜じるな。②彼はいつも人をだますので，誰も彼を〜じない。③そんなことを私は絶対に〜じない。④土地の人は多くが仏教を〜じている。⑤彼は無神論者で，宗教を〜じられない。⑥君はどう

用例

找 zhǎo ❶山田先生〜你呢。❷他在〜钱包。❸我已经把整个屋子都〜了，还是没〜到。❹他从抽屉 chōuti 里〜出来一张照片／〜出一张照片来。

开 kāi ❶桃树〜花了／桃树的花〜了。❷院子里〜着各种花。

叫 jiào｜喊 hǎn ❶他大声地〜着。❷他的嗓子 sǎngzi 已经〜哑 yǎ 了。❸他在队伍 duìwu 前边喊着口号。

关 guān ❶门〜着。❷那家商店八点〜门。❸银行已经〜门了。

关 guān ❶快〜门／把门〜上！❷哪个抽屉 chōuti 他也没〜，全开着。❸你把水龙头〜了！❹那家商店〜了一段时间，最近又开始营业了。

介绍 jièshào ❶向大家〜一下，这位就是山田教授。❷他一一〜来宾。❸初次见面，请大家自我〜一下儿。❹我给他〜了一个对象。❺他们需要一个打字员，可以把小王〜过去。

邀请 yāoqǐng ❶我们〜了王老师参加我们的婚礼。❷应该连他的夫人也〜一下。❸我准备 zhǔnbèi 〜几个同事到我家来做客。

查 chá｜调查 diàochá｜检查 jiǎnchá ❶不明白的词要查词典。❷有了电脑，查资料方便多了。❸卫生情况要挨 āi 门挨户查／检查下去。❹听说那儿出了问题，你去查／调查一下。

知道 zhīdao｜认识 rènshi｜了解 liǎojiě｜懂得 dǒngde ❶大家都知道／懂得这句话的意思。❷这方圆几十里，谁都知道／认识／了解他。❸他们都没来过这里，谁也不认识这里的路。❹这些字都是篆书 zhuànshū，我一个也不认识。❺我认识他，可不知道他是干什么的。❻我知道／了解的情况就是这些。❼这个人，我不认识，一次面都没见过。❽我知道他的名字，但是不了解他。

信 xìn｜相信 xiāngxìn ❶你不要〜他的话。❷他老骗人，谁也不〜他。❸这样的事我才不〜呢。❹当地人大多信佛。❺他是无神论者，信不了教。❻你怎么〜起上帝来了？

| 基本動詞 | 用例 |

して神を～じはじめたのか。

吸-う ①ここはたばこを～ってもいいですか。②池の水を～い上げて畑にやる。③外に出て新鮮な空気を～おう。④ここはほこりがひどくて，私は毎日どれだけほこりを～っているかわからない。⑤掃除機で部屋のほこりを～い取る。⑥スポンジはきれいに水を～い取った。

好-く ①山田さんは人柄がいいので，みんなに～かれている。②この子は本当に人に～かれる。③彼は小さいころから音楽が～きだった。④父も母も中国が～きで，それで私を北京へ中国語の勉強に送りだした。

捨-てる ①彼は古い箱を1個～てた。②地面にたばこの吸い殻がたくさん～ててある。③所かまわずむやみに紙くずを～てるな。④はやくこれらのがらくたを～てなさい。⑤ごみを路上に～てるな。

住-む ①彼はいま神戸に～んでいる。②彼は両親といっしょに～んでいる。③2階に2家族～んでいる。④学生2人で1室に～む。⑤私は平家に～みなれ，高い建物には～みたくない。

する ①きょうはすることがたくさんある。②君は何をしているのか。③人のするとおりにしなさい。④入学の手続をしに行く。⑤彼はいまどんな仕事をしていますか。

座-る ①彼は前列に～っている。②私は長いこと～っていて，足がしびれた。③子どもはじっと～っている。④和風レストランではたたみに～って食事をする。⑤こちらへお～りください。

【た-と】 **足-す** ①1～す1は2。②味が薄いので，しょう油を少し～した。③なべにもう少し水を～しなさい。④彼は行商人に数元～してやった。⑤君は油を～しすぎた。

出-す ①君が金を～し，私が力を～す。②いい考えを～してください。③先生はいつも宿題をたくさん～す。④私は数学の問題を数題～した。⑤この出版社はいい本をたくさん～した。

戦-う ①あの2国は～っている最中だ。②わが軍は敵と3日3晩～った。③ノルマを繰り上げ達成するために，労働者たちは機械の前で日夜～っている。④断固として誤った思想と～いぬかなくてはならない。

叩-く ①兄が弟を～く。②小さいころ，父は板で私を

吸 xī｜抽 chōu ❶这儿可以～烟吗？ ❷把池塘 chítáng 里的水抽上来浇 jiāo 地。❸出去吸吸新鲜 xīnxiān 空气。❹这儿灰真大，我每天不知吸进多大灰尘 huīchén。❺用吸尘器吸屋里的尘土。❻海绵把水吸干了。

喜欢 xǐhuan｜喜爱 xǐ'ài ❶山田人很好，大家都～她。❷这个小孩儿真招人～。❸他从小就～音乐。❹爸爸，妈妈都喜欢／×喜爱中国，就把我送到北京学习汉语。

扔 rēng｜丢 diū ❶他～了一个旧箱子。❷地上～着很多烟头儿。❸不要随地乱～废纸。❹快把这些破烂儿 pòlànr ～出去！ ❺不要把垃圾 lājī ～在马路上。

住 zhù ❶他现在～在神户。❷他跟父母～在一起。❸楼上～着两家人家。❹两个学生～一间房。❺我～平房～惯了，不愿意～楼房。

做 zuò｜干 gàn｜办 bàn ❶今天要～的事很多。❷你干／做什么呢？ ❸你看别人怎么～，你也怎么～。❹去办入学手续。❺他现在做／干什么工作？

坐 zuò ❶他在前排～着／～在前排。❷我～得太久了，都～麻了腿了。❸小孩儿～得很稳 wěn。❹日本式的餐厅 cāntīng 是～在席子上吃饭。❺请～过来。

加 jiā｜添 tiān ❶一加一等于／是／得 dé 二。❷味道太淡 dàn，～了点儿酱油 jiàngyóu。❸你往锅 guō 里再～点儿水。❹我给小贩 xiǎofàn ～了几块钱。❺你～油～得太多了。

出 chū ❶你～钱，我～力。❷帮／给／替我个好主意吧。❸老师总是～很多课外作业。❹我～了几道数学题。❺这家出版社～了不少好书。

战斗 zhàndòu｜打仗 dǎ//zhàng｜斗争 dòuzhēng ❶那两个国家正在打仗。❷我军跟敌人战斗／打仗打了三天三夜。❸为了提前完成任务，工人们在机器前日夜战斗着。❹要坚决 jiānjué 和错误思想斗争到底。

打 dǎ｜敲 qiāo｜拍 pāi ❶哥哥打弟弟。❷

基本動詞

~いたことがある。③子どもは母にお尻を~かれた。④誰かが戸を~いている。⑤彼らはうれしそうに太鼓を~いている。⑥誰かが後ろから私の肩をぽんと~いた。

立-つ ①彼は玄関に~っている。②ちょっとお~ちください。③私は~ちずくめで疲れた，ちょっと座らせてくれ。④家の横に電柱が1本~っている。

建-つ ①この図書館は3年かかってようやく~った。

達-する ①5時間も登って，ようやく山頂に~した。②先月は工場の生産が目標に~しなかった。

立-てる ①その棒を，人の往来のじゃまにならぬよう，わきに寄せて~てなさい。②老人が逝去されたが，あの方のために碑を~てなくてもいいか。③戦争していたとき，彼は大手柄を~てたことがある。④次年度の計画はいま~てているところだ。⑤彼らと改築プランを~ててみてください。

建-てる ①山田さんは最近家を~てた。②前世紀60年代に~てられたテレビ塔はこの市のシンボルになっている。

食-べる ①何時に朝食を~べるか。②昼食は何を~べたいか。③彼はいつもどんぶりで~べる。④このなべのご飯で10人~べられる。⑤こんな高い料理は~べられない。⑥彼はいつもご飯も~べられぬほど忙しい。⑦マトンは私は~べられない。⑧病気のブタの肉は~べられない。

試-す ①機械が直ったかどうか~してみよう。②これは正に自分の力を~すよい機会だ。

足-りる ①時間が~りなくて，最後の問題はできなかった。②例を1つ挙げるだけで~りる。③彼は教師になるには資格が~りない。

遅刻-する ①5分~した。②きょう授業に~した。

通-じる ①この道は学校の前に~じている。②電話が~じないが，どうしたのだろう。③地下鉄は間もなく~じるようになる。④彼は3か国語に~じている。⑤エジプトに行ったとき，言葉が~じなくて困った。

使-う ①これらの木材は何に~いますか。②家を建てるのにたくさん金を~った。③彼は毛筆を~ったことがない。④彼は箸を~えない。⑤彼は余暇をすべて学習

用例

小时候父亲打过我板子。❸小孩子被妈妈打了屁股 pìgu。❹有人在打／敲门。❺他们高兴地打／敲着鼓。❻有人从背后拍了我的肩膀 jiānbǎng。

站 zhàn｜立 lì ❶他在门口儿~着／~在门口儿。❷请~起来。❸我站累了，让我坐坐吧。❹房子旁边立着一根电线杆子。

盖 gài｜建 jiàn ❶这个图书馆~了三年才~成。

达到 dá//dào｜到达 dàodá ❶爬了足足五个钟头，好容易才到达山顶。❷上个月工厂的生产没有达到指标 zhǐbiāo。

立 lì｜订 dìng ❶你把那根木头往旁边立立，别挡 dǎng 着别人走路。❷老人去世了，咱们要不要给他老人家立块碑？❸战争年代他曾立过大功。❹下个年度的计划正订着呢。❺你替我跟他们订一下改建方案吧。

盖 gài｜建 jiàn ❶山田最近盖了房子。❷上个世纪六十年代建成的电视塔是这个城市的标志 biāozhì。

吃 chī ❶你几点~早饭？❷午饭你想~什么？❸他经常~大碗。❹这锅饭可以够十个人~。❺这么贵的菜，我~不起。❻他忙得总是~不上饭。❼羊肉我~不来。❽病猪的肉可~不得／不能~。

试 shì ❶机器修好了没有，~~看吧。❷这正是~~自己力量的好机会。

够 gòu ❶时间不~。最后一题没做完。❷只要举一个例子就~了。❸他当教师不~资格。

迟到 chídào ❶~了五分钟。❷今天上课~了。

通 tōng ❶这条路~到学校前面。❷电话不~，怎么搞 gǎo 的？❸地铁就要~车了。❹他~三门外语。❺到埃及 Āijí 去的时候，语言不~，可真没办法。

用 yòng｜使 shǐ｜花 huā ❶这些木料干什么用？❷盖房子用／花了很多钱。❸他没使／用过毛笔。❹他不会用／使筷子。❺他把业余

基本動詞

に～った。

着-く ①汽車は北京駅に～いた。②10分ごとに列車が～く。③西安に～いたら，電話をください。④1週間前に送った小包は～きましたか。

作-る ①彼は背広を1着～った。②きょうは誰がご飯を～るか。彼女は料理を数品～った。③彼らはあの木材で紙を～った。④彼らは予算を～っている。⑤彼は詩を～っているところだ。⑥私は2曲～った。⑦1日に作文2篇は～れない。

包-む ①彼女は服を数着～んで持って行った。②果物と衣類をいっしょに～むな。③これらは1枚の紙で～める。④キャンデーを紙で～みなさい。

釣-る ①兄は大きな鯉を1尾～りあげた。②彼はミミズで魚を～る。③彼ら2人は1日じゅう魚を～っていた。④彼は1尾の魚も～って帰れないだろうね。

で-ある ①このペンは私の～ある。②彼の趣味は将棋をさすこと～ある。③私が行くの～はなく，彼が行くの～ある。④彼はほんとうに病気～，仮病～ない。⑤あのボウルは木～ある。⑥そのころ父は北京大学教授～あった。⑦彼は18歳～，20歳～ない。⑧きょうは3日～，2日～ない。⑨私は裏口から部屋に入ったの～ある。⑩今後は私は私，彼は彼～ある。

で-きる ①彼は泳ぐことが～きない。②彼は5キロ泳ぐことが～きる。③我々は期限どおりノルマを達成～きる。④彼は君たちを援助～きる。⑤病室ではたばこを吸うことが～きない。⑥私は病気がまだなおらず，酒をのむことが～きない。⑦妹は1歳で，もう歩くことが～きる。⑧父は足のけががなおり，もう歩くことが～きる。

手伝-う ①彼はいまとても忙しい，ちょっと～ってあげなさい。②私は2日ほど彼を～ったことがある。③きのう彼は私にお金の計算を～ってくれた。

出-る ①私は毎朝7時に家を～る。②誰も部屋から～てはいけない。③3日を～ないうちにまたもどってきた。④わが工場からたくさんの模範労働者が～た。⑤100万元の赤字が～た。⑥鼻血が～る。⑦気温が低くて，ダイズの芽が～ない。⑧体に赤い斑点がたくさん～た。

通-る ①この部屋は風が～らないので，夏は暑くてた

用例

yèyú 时间都用／花在学习上。

到 dào ❶火车～北京站了。❷十分钟～一趟车。❸你～了西安给我来电话。❹一个星期前寄去的包裹～了吗？

做 zuò ｜作 zuò ｜造 zào ❶他做了一套 tào 西服。❷今天谁做饭呢？❸她做了几个菜。❹他们把那些木料造了纸了。❺他们在做预算呢。❻他正作着诗呢。❼我作了两个曲子 qǔzi。❽一天作不了两篇作文。

包 bāo ❶她～了几件衣服拿走了。❷不要把水果跟衣服～在一起。❸这些东西一张纸能～下。❹用纸把糖～起来。

钓 diào ❶哥哥～上来了一条大鲤鱼。❷他用蚯蚓 qiūyǐn ～鱼。❸他俩～了一天鱼。❹我说他一条鱼也～不回来。

是 shì ❶这枝笔～我的。❷他的爱好～下棋。❸不～我去，～他去。❹他～真生病，不～假生病。❺那个盆～木头的。❻那时候我父亲是北大教授 jiàoshòu。❼他十八岁，不是二十岁。❽今天三号，不是二号。❾我是从后门进屋子的／进的屋子。❿从今以后，我是我，他是他。

能 néng ｜可以 kěyǐ ｜会 huì ❶他不会游泳。❷他能／×会游五公里。❸我们能／可以按时完成任务。❹他能／可以帮助你。❺病房里不能／可以抽烟。❻病还没好，我不能／×可以喝酒。❼妹妹刚一岁就能／会走路了。❽爸爸腿上的伤好了，已经能／×会走路了。

帮 bāng ｜帮忙 bāng//máng ❶他最近很忙，你帮他一下儿／给他帮一下儿忙吧。❷我给他帮忙帮过两天／帮过两天忙。❸他昨天帮我／给我帮忙算钱。

出 chū(-//·chū) ❶我每天早上七点～门。❷谁也不许走～房间。❸不～三天又回来了。❹我们厂里～了不少劳动模范 mófàn。❺～了一百万元的赤字 chìzì。❻鼻子～血。❼温度太低，黄豆～不了芽。❽身上～了好多红点儿。

通 tōng ｜通过 tōng//guò ｜经过 jīngguò ｜

まらない。②この電線には高圧電流が〜っている。③この話は筋が〜らない。④前方工事中のため，車は〜り抜けられない。⑤山の向こうに訪ねて行くには，車は多くのトンネルを〜らなくてはならない。⑥これらの提案はすべて〜った。⑦私は筆記試験は〜ったが，面接試験が〜らなかった。⑧彼は難なく論文の口答試問に〜った。⑨彼は予選を3位で〜った。⑩10番のバスは長安街を〜らない。⑪この汽車は南京を〜って上海に行く。⑫私は以前この道を〜ったことがある。⑬私は車であの道を2，3回〜ったことがある。

飛-ぶ ①この鳥は1時間に80キロ〜ぶ。②北からガンの群れが〜んできた。③飛行機は西の方へ〜んで行った。

泊ま-る ①今晩どこにお〜りですか。②私はそのホテルに数回〜ったことがある。③去年私たちはあのゲストハウスに〜って，5日間会議をした。④湖岸に小舟が数艘〜っている。

止ま-る ①時計が〜った。②彼は〜って，左右をちょっと見た。③この月は2度ほど電気が〜った。④飛行機はエプロンに〜っている。

止-める ①彼らは我々の電気を〜めた。②彼は車を道路のわきに〜めた。③駐車場にたくさんの車が〜めてある。④車を奥によせて〜めなさい。⑤場所が狭いから，そんなに多くの車は〜められない。⑥この一帯は流れが急で，船を〜められない。

取-る ①彼はペンを〜って署名した。②彼は地べたにしゃがんでシラミを〜り始めた。③お預けしたかばんは，今から子どもに〜りにやらせます。④我々は院生を2名〜った。⑤英語の試験で100点を〜った。⑥オリンピックで彼は金メダルを2個〜った。⑦彼はすでに博士号を〜った。⑧上のトランクを〜っていただけませんか。

【な-の】無-い ①机の上には何も〜い。②いまお金が〜いから，あとで払う。③うちは電話が〜いので，とても不便だ。④彼が知らぬことは何も〜い。

泣-く ①子どもが〜いているよ。②母が死んだとき，私は1日中〜いた。③彼は亡くなった肉親を思って〜いている。④彼は〜いて目を

走 zǒu ❶这屋子不通风，夏天热得要命。❷这个电线通着高压电。❸这句话不通。❹前方正在施工，汽车不能通过。❺去山那边访问，汽车要通过很多山洞。❻这些提案都通过了。❼我笔试通过了，但面试没通过。❽他顺利地通过了论文答辩 dábiàn。❾他以第三名通过了预赛 yùsài。❿10路汽车不经过／走长安街。⓫本次火车经过／走南京到上海。⓬我以前走过这条路。⓭我开车从那条路走过两三次。

飞 fēi ❶这种鸟一小时〜八十公里。❷从北方〜来一群大雁 dàyàn。❸飞机向西边儿〜去了。

住 zhù｜停 tíng ❶今晚在哪儿住／住哪儿？❷我在那个饭店住过几次。❸去年我们住在那个招待所 zhāodàisuǒ 开了五天会。❹湖边停着几只小船。

停 tíng ❶钟〜了。❷他〜下来，向左右看了看。❸这个月〜过两次电。❹飞机〜在停机场里／在停机场里〜着。

停 tíng ❶他们〜了我们的电了。❷他把车〜在马路边儿上。❸停车场〜着不少车。❹你把车往里〜一〜。❺地方小，这么多车〜不开。❻这一带水流太急，〜不了船。

拿 ná｜捉 zhuō｜取 qǔ｜得 dé ❶他拿起钢笔签 qiān 了名。❷他蹲 dūn 在地上捉起虱子 shīzi 来。❸寄存的皮包，现在打发孩子去取。❹我们录取了两名研究生。❺英语考试得了一百分。❻在奥运会上他得／拿了两块金牌。❼他已经拿到／得到博士学位了。❽请帮我把上面的箱子拿／取下来。

没有 méiyǒu ❶桌子上什么也〜。❷现在〜钱，以后再付。❸我家里〜电话，很不方便。❹〜他不知道的事情。

哭 kū ❶小孩儿在〜哇。❷母亲死的时候，我〜了一整天。❸他在〜死去的亲人。❹他〜红了眼睛。❺小孩儿没奶吃，〜个不停。

| 基本動詞 | 用 例 |

まっ赤にした。⑤子どもは飲む乳がなくて，〜きやまない。

鳴-く　①鳥が〜く。②池のカエルが〜きやまない。③これらのキリギリスは1匹も〜かない。

無く-す　①私は財布を〜した。②彼は駅でトランクを1個〜した。③〜した自転車はたぶんもどって来ないだろう。

無くな-る　①時間が〜った，この問題はあす討論しましょう。②たばこが〜ったから，1箱買って来てください。③〜った財布はもどって来るだろうか。④私の傘が〜った。

投-げる　①彼は力いっぱい手榴弾を1個〜げた。②靴や靴下，衣類が床一面にほうり〜げてある。③1人の男のために川に身を〜げるとは，彼女は全く愚かだ。④その帽子をこちらへ〜げてよこしなさい。

習-う　①彼はいま日本語を〜っている。②私はそろばんを〜ったことがある。③私は彼に運転技術を2年〜った。

並-ぶ　①子どもたちは正門の所で2列に〜んでいる。②人々はチケットを手に入れようと〜んでいる。③彼ら2人は〜んで座っている。④彼は君の後ろに〜んでいる。⑤車が11台整然と門の所に〜んでいる。

並-べる　①本だなに20冊あまりの英文の本が〜べてある。②国慶節の前夜には，通りの両側に花がいっぱい〜べられている。③いただいた贈り物が多くて，もう机に〜べられない。④2人は盤上に駒を〜べ終えた。⑤机・椅子をきちんと〜べなさい。⑥机を3列に〜べる。

逃-げる　①トラはまたもや〜げた。②監獄から2人〜げた。③手足をしっかり縛られているので，彼は〜げられない。④ゾウは奥山に〜げて行った。⑤必要な各措置を講じて，囚人が再び〜げるのを防ぐ。

似る　①彼女の目は父親に，鼻は母親に似ている。②彼ら2人の性格はよく似ている。③あの2人は声がとても似ている。

煮る　①1時間も煮たのに，ダイズはまだ煮えていない。②患者が使った食器はよく煮沸しなくてはならない。③粥はせんじ薬のように長い時間煮つめてはいけない。④この肉はとろ火でゆっくり煮なくてはならない。

縫-う　①私は自分で服を〜う。②医者は彼の傷口を10

叫 jiào　❶鸟儿〜。❷池塘里的青蛙〜个不停。❸这几个蝈蝈儿 guōguor 一个也不〜。

丢 diū　❶我〜了钱包了／把钱包丢了。❷他在火车站〜了一只箱子 xiāngzi。❸〜了的自行车恐怕找不回来了。

没有 méiyǒu｜丢 diū　❶没有时间了，这个问题明天再讨论。❷没有香烟了，请帮／给我买一盒儿来。❸丢了的钱包，找得回来吗？　❹我的伞 sǎn 丢了。

扔 rēng｜投 tóu｜抛 pāo　❶他使劲儿〜了一颗手榴弹 shǒuliúdàn。❷鞋，袜子，衣服扔了一地。❸她真傻 shǎ，为了一个男人去投河。❹你把那顶帽子扔／抛给我。

学 xué｜学习 xuéxí　❶他正在〜日语。❷我〜过打算盘。❸我跟他〜了两年驾驶 jiàshǐ 技术。

排 pái｜摆 bǎi　❶孩子们在大门口排成两行 háng。❷人们在排队买票。❸他俩并 bìng 排坐着。❹他排在你后头。❺十一辆汽车整整齐齐地摆在门口。

摆 bǎi　❶书架上〜着二十多本英文书。❷国庆节前夕 qiánxī，街道两旁〜满了鲜花。❸送来的礼物太多，桌子上都〜不下了。❹他俩在棋盘 qípán 上〜好棋子了。❺把桌椅〜整齐。❻把桌子〜成三行 háng。

跑 pǎo｜逃 táo｜逃跑 táopǎo｜逃走 táozǒu　❶老虎又一次逃／跑了。❷监狱 jiānyù 里〜了两个人。❸手、脚都捆 kǔn 得结结实实，他〜不了。❹大象跑／逃进深山里去了。❺采取各项必要的措施 cuòshī，防止犯人的再次逃跑／逃走。

像 xiàng　❶她的眼睛〜爸爸，鼻子〜妈妈。❷他俩的性格〜得很。❸他俩说话的声音很〜。

煮 zhǔ｜熬 áo｜炖 dùn　❶黄豆煮了一个小时还没煮熟 shú。❷病人用过的碗筷要好好儿煮一下。❸稀饭不能像汤药那样熬那么长时间。❹这肉得 děi 用文火慢慢炖。

缝 féng　❶我自己〜衣服。❷医生给他的伤口

| 基本動詞 | 用例 |

縫う―話す

縫-う 数針~った。③ここは白い糸で~いなさい。④彼女は黒糸でそのほころびを~い合わせた。
~了十几针 zhēn。❸这个地方~白线吧。❹她用黑线把那个口子~上了。

脱-ぐ ①コートを~ぎなさい。②日本人の家では，ふつう靴を~いで部屋に上がる。③彼は服をみな~いだ。④衣服はみなかごの中へ~ぎなさい。
脱 tuō ❶你把大衣~下来。❷在日本人的家里，一般~鞋进屋子。❸他把衣服都~光了。❹把衣服都~筐里。

盗-む ①この連中は専ら高級車を~む。②彼は30年あまり保管係をしていたが，倉庫のどんな物も~んだことがない。③彼が旅行に出かけている間に，家の中の物はすっからかんに~まれてしまった。④この者は~むのが身にしみついてしまい，何度も教諭を受けたが効果がない。
偷 tōu | 偷窃 tōuqiè ❶这伙人专门~高级轿车 jiàochē。❷他当了三十多年的保管员，从没~过仓库 cāngkù 的任何东西。❸在他出去旅游的时候，家里的东西都被偷光了。❹这个人偷窃成性，几经教育也无效果 xiàoguǒ。

塗-る ①ひっかいて手を傷つけたね，ちょっと薬を~りなさい。②このような場合，ちょっと口紅を~ったほうがいい。③彼はパンにジャムを少し~った。④テーブルは何色を~ったらいいか。
抹 mǒ | 擦 cā | 涂 tú ❶你的手划破 huápò 了，~点儿药吧。❷在这种场合，你最好~点儿口红。❸他在面包上抹了点儿果酱。❹桌子要涂什么颜色？

眠-る ①私はふだん1日に8時間~る。②私は気にかかることがあって，よく~れない。③私はさっきちょっと~って，電話の鳴るのが聞こえなかった。④彼はまだ~っている。
睡 shuì | 睡觉 shuì//jiào ❶我平常一天睡八个小时。❷我心里有事，总是睡不好／睡不好觉。❸我刚才睡了会儿／睡了会儿觉，没听见电话响。❹他还睡着 zhe ／ 在~／睡着觉呢。

上-る | 登-る ①消防隊員はロープを伝って~ることができる。②彼はロープ1本でビルの屋上に~った。③小さいころ私はこの木に~ったことがある。④私はこんなに高いはしごに~ったことがない。⑤この山に私は以前~ったことがある。⑥彼らはついに山頂に~った。⑦私は長城に3度~ったことがある。
上 shàng | 登 dēng | 爬 pá ❶消防队员都能爬绳 shéng。❷他用一根绳子爬到了楼顶。❸小时候我爬／上过这棵树。❹我没~过这么高的梯子 tīzi。❺这座山我爬／登／登上过。❻他们终于登上／爬上／上到了顶峰。❼我登过三次长城。

飲-む ①彼は酒を~まない。②私は酒を~めない。③私は小さいさかずきで~むが，君は大きな碗で~め。④彼は酔っぱらった，もう~ませるな。⑤私はきょう~みすぎた。⑥さきに薬を~んでから，口をすすぐ。⑦この薬は~みにくい。⑧彼は酒もたばこも~まない。⑨子どもに母乳を~ませるのはいい。⑩私は毎朝牛乳を1杯~む。
喝 hē | 吃 chī | 抽 chōu | 吸 xī ❶他不喝酒。❷我不会喝酒。❸我喝小杯，你喝大碗吧。❹他已经喝醉了，别让他再喝了。❺我今天喝酒喝多了。❻先把药吃下去，再漱漱口。❼这种药很难吃。❽他既不喝酒也不抽／吸烟。❾给孩子吃母奶好。❿我每天早晨喝一杯牛奶。

乗-る ①はやく~りなさい，すぐ発車します。②搭乗客は飛行機に~り始めた。③私も1度飛行機に~ったことがある。④私たちは汽船に~って日本に行く。⑤この客船には200人~ることができる。⑥彼らは都会育ちで，誰もウマに~ったことがない。⑦彼はまたオートバイに~りだした。⑧誰が私の自転車に~って行ったのか。
上 shàng | 坐 zuò | 乘 chéng | 登 dēng | 骑 qí ❶快点儿上车，车就要开了。❷乘客开始登机了。❸我也乘／坐过一次飞机。❹我们坐／乘轮船 lúnchuán 去日本。❺这只客轮可以坐／坐得下二百人。❻他们是在城市长大 zhǎngdà 的，谁都没骑过马。❼他又骑上摩托车了。❽是谁把我的自行车骑出去了？

基本動詞 | 用例

【は-ほ】

入-る ①お〜りなさい。②彼をあの部屋に〜らせるな。③姉は大学卒業後会社に〜った。④汽車はゆっくりホームに〜った。⑤彼は去年東京大学に〜った。⑥わが工場には長い間新人が〜っていない。⑦込み合っていて，私は会場に〜れない。

进 jìn(-∥·jìn) ❶请〜！❷叫他别〜那屋子。❸姐姐大学毕业 bìyè 后〜了一家公司工作。❹火车徐徐〜站了。❺他去年〜了东京大学。❻我们厂里好久没〜过新工人了。❼我挤 jǐ 不〜会场。

計-る｜測-る｜量-る ①熱を〜ったら，39度あった。②体重を〜ったら，60キロもあった。③彼女は物差しを手にして〜り始めた。④この畑は何ムーあるか〜ってみよう。⑤このさおばかりでどれくらいの重さか〜ってみなさい。⑥このケーキ1箱の重さをちょっと手のひらにのせて〜ってごらん。

量 liáng｜称 chēng｜掂 diān ❶量/×称了一下体温，有三十九度。❷量/称了一下体重，竟有六十公斤。❸她拿起尺子 chǐzi 就量了起来。❹量量这块地，看有多少亩 mǔ。❺你用这个杆称 gǎnchèng 秤一下有多重。❻你掂掂这盒 hé 点心有多重。

穿-く｜履-く ①彼は靴下を〜いているところだ。②この靴は〜いていて心地がいい。③去年1年で彼は靴を2足〜きつぶした。④はやくズボンを〜け。

穿 chuān ❶他正在〜袜子 wàzi。❷这双鞋〜着挺舒服。❸去年一年他〜破了两双鞋。❹快把裤子〜上！

始ま-る ①次の授業は3時に〜る。②両国の紛争は今に〜ったことではない。③実験がもう〜ったからには，やり通さなくてはならない。

开始 kāishǐ｜起来 -∥·qǐ∥·lái ❶下一节课三点开始。❷两国的纷争 fēnzhēng 并不是现在才开始的。❸实验既然已经搞起来了，就要坚持 jiānchí 搞下去。

始-める ①さあ，勉強を〜めよう。②アナウンサーは放送を〜めた。③彼女は山村で新しい生活を〜めた。④9月から日本語を習い〜めたばかりだ。⑤この工事は8日に〜められるか。⑥彼らは歌い〜めた。⑦12時になり，新しい年を告げる鐘が鳴り〜めた。

开始 kāishǐ｜起来 -∥·qǐ∥·lái ❶来，开始学习吧。❷播音员开始了播音。❸她在山村开始了新的生活。❹九月份才开始学日语。❺这项工作八号开始得了/可以开始吗？❻他们唱起歌儿来了。❼到了十二点，新年钟声就敲 qiāo 起来了。

走-る ①〜るな。②長距離レースで彼は内側を，私は外側を〜る。③彼はいつも長距離を〜る。④ウマは〜るのがはやい。⑤けさ私は5千メートル〜った。⑥彼は門を出るや〜りだした。⑦彼は先頭を〜っている。⑧彼は10秒4で〜った。⑨彼は1日じゅう商売で外を〜り回っている。⑩彼女は恋人のもとに〜った。

跑 pǎo ❶别〜！❷长跑中，他〜里圈 lǐquān，我〜外圈。❸他常常〜长跑。❹马〜得很快。❺今天早上我〜了五千米。❻他一出门就〜开了。❼他〜在最前头/在最前头〜着。❽他〜了个十秒四。❾他整天在外面〜买卖。❿她〜情人那里去了。

働-く ①彼は銀行で〜いている。②私の息子はもう〜いている。③農民は太陽の照りつける中でせっせと〜く。

工作 gōngzuò｜劳动 láodòng ❶他在银行里工作。❷我的儿子已经工作了。❸农民在太阳底下劳动。

話-す ①彼は二言三言〜した。②彼女は英語と日本語が〜せる。③彼は1人で30分間〜した。④彼が状況を全部〜したので，私が補充することはもう何もない。⑤彼は書斎でお客と〜している。⑥彼は私に彼の家のことを少し〜した。⑦いったいどういう事なのか，私に〜してみなさい。⑧留学のことをお父さんに〜しましたか。

说 shuō｜讲 jiǎng｜谈 tán ❶他说/讲了几句话。❷她会说/讲英语和日语。❸他一个人说/讲了半个小时。❹他把情况都〜了，我没什么好补充 bǔchōng 的了。❺他和客人在书房里〜话呢。❻他对我〜了一些他家里的事。❼究竟是怎么回事，请跟我〜〜/〜一下。❽向父亲〜了留学的事吗？

| 基本動詞 | 用例 |

離-れる ①ここから5キロ～れた所に池がある。②遠く故郷を～れてもう1か月あまりになる。③彼女はもう20歳になったというのに，まだ母親から～れられない。④彼らは両親から～れて自活している。⑤彼はきのう北京を～れ帰国した。

払-う ①この勘定は私が～う。②部屋代はもう～ってある。③日本円で～ってください。④いくら～わねばならないか。

貼-る ①航空郵便で出すにはいくら切手を～らなくてはならないか。②申請書には写真を～らなくてはならない。③私は窓の透き間に紙を～った。④窓のガラスが割れたが，とりあえず新聞紙を～っておこう。

晴-れる ①空が～れた。②最近雨続きで，1度も～れたことがない。③空は～れわたって，雲1つない。④ちょっと～れたが，また曇った。⑤この様子では，あすも～れそうにない。

開-く ①あす会議を～く。②彼は香港で宝石店を～いている。③15ページを～いてください。④今学期は比較文学の講座を～けない。

拾-う ①去年私はここで財布を～った。②彼はムギの落ち穂を～っているところだ。③紙くずを～ってごみ箱に入れる。④彼は私にハンカチを～ってくれた。⑤そんな汚いものを～ってはいけない。⑥自分が捨てたのは自分で～いなさい。

増-える ①体重が5キロ～えた。②ことしのコムギの収穫は大はばに～えた。③子どもが多くなって，家庭の負担が～えた。④私はここに来て間もないが，知識が大はばに～えた。

拭-く ①当番の生徒はいま黒板を～いている。②私たち2人のほか，彼もしばらく机を～いた。③顔の汗を～きなさい。④足に付いたペンキがいくら～いてもとれない。⑤子どもは手の甲ではなを～いた。

吹-く ①きのうは1日中強い風が～いた。②外から一陣の涼風が～きこんだ。③強い風が～いて，人は立っていることもできない。④彼はふうと息を～きかけた。⑤彼は風船を～いてふくらませた。

降-る ①1月の初め雲南に大雪が～った。②最近，連日大雨が～り，多くの地方で水害が起きた。③ぼたん雪が夜明けまで～り続いた。④傘を持たなければなら

离 lí｜离开 lí//kāi ❶离这儿五公里的地方有一个池子。❷远离故乡已经一个多月了。❸她都二十岁了，还离不了／离不开母亲。❹他们离开父母独立生活着。❺他昨天离开北京回国了。

付 fù ❶这笔账 zhàng 由我来～。❷房费已经～过了。❸请～日币。❹应该～多少钱?

贴 tiē｜糊 hú ❶寄航空信要贴多少钱邮票？❷申请表上要贴照片。❸我把窗户缝 fèng 糊了纸了。❹窗户上的玻璃碎 suì 了，先糊上一层报纸吧。

晴 qíng ❶～天了／天～了。❷最近老下雨，没～过一次。❸天空～得一丝云彩 yúncai 也没有。❹～了一会儿，又阴了。❺看样子，明天也～不了／不会～。☞"晴"是形容词，但动态を表すことができる。

开 kāi ❶明天～会。❷他在香港～着珠宝店。❸请打～第十五页。❹这学期～不了比较文学课。

拾 shí｜捡 jiǎn ❶去年我在这里～了一个钱包。❷他在～麦穗儿 màisuìr 呢。❸把废纸～进垃圾箱里。❹他把手绢儿给我～起来了。❺不要～那些脏 zāng 东西！❻你扔的东西，你自己～起来。

增加 zēngjiā｜增长 zēngzhǎng ❶体重增加／×增长了五公斤。❷今年小麦产量大大～了。❸孩子多了，就增加／×增长了家庭的负担 fùdān。❹我来此地虽不久，但增长／×增加了不少知识。

擦 cā｜抹 mǒ ❶值日生正在擦黑板。❷除了我俩他也擦了一会儿桌子。❸你把脸上的汗～一～。❹腿上蹭 cèng 的油漆 yóuqī 怎么～也～不掉。❺孩子用手背抹了抹鼻涕 bítì。

刮 guā｜吹 chuī ❶昨天刮／×吹了一天大风。❷门外面～进来一阵凉风。❸大风～得人／把人～得站都站不住。❹他吹了一口气。❺他把气球吹得很大。

降 jiàng｜下 xià ❶一月初，云南～了一场大雪。❷最近，连～大雨，很多地方发生了水灾。❸鹅毛 émáo 大雪一直～到天亮。❹你得 děi 拿

基本動詞	用例

ないよ，外は雨が~ってきたから。
着伞，外面下/ ×降雨了。

減-る ①災害にあって，収穫量が~った。②私たちの班はもともと10人だったが，いまは2人~った。③お父さんが定年退職してから，わが家の収入が~った。④病気をして，体重が5キロ~った。

减 jiǎn｜减少 jiǎnshǎo ❶因为遭了灾，产量~了。❷我们班原来有十个人，现在~了两个人。❸爸爸退休 tuìxiū 后，我们家减少了收入/我们家的收入减少了。❹由于生病，体重~了五公斤。

干-す ①この下着数枚は室内に~しておく。②いま洗ったこれらの衣類は外に出して~しなさい。③規則により穀物を公道に~すことはできない。

晒 shài｜晾 liàng ❶这几件内衣晾在屋里。❷这些刚洗过的衣服，你拿出去~一~。❸按规定，粮食 liángshi 不能~在公路上。

褒-める ①近所の人もこの子を~める。②彼のあの進取の精神を~めるべきだ。③みんなが彼をやり手だと~める。④こんなに~めていただき，まことに恐縮です。⑤私は先生や学友たちに~められた。

夸 kuā｜夸奖 kuājiǎng ❶邻居也~这孩子。❷应该~他那种进取精神。❸大家都~他能干。❹承蒙 chéngméng 您这么~我，实在不敢当。❺我受到老师和同学们的夸奖。

【ま-も】

負-ける ①昨日のサッカーの試合では，アメリカチームが~けた。②彼らと試合して，われわれは~けたことがない。③上海チームは北京チームに1対2で~けた。④天津チームはまだ2点~けている。⑤私はマージャンで3000元~けた。

输 shū｜败 bài ❶昨天的足球比赛，美国队~了。❷跟他们比赛，我们从来没有~过。❸上海队以一比二~给了北京队。❹天津队还输着两分呢。❺我在牌桌上输了三千块钱。

待-つ ①ちょっとお~ちください。②彼はあそこで君を~っている。③バス停でたくさん人が~っている。④彼らは誰も私を~たずに，行ってしまった。⑤私は君の返信を~っている。⑥そんなにはやく歩かずに，ちょっと~ってくれ。⑦私はそんなに長くは~てない。

等 děng ❶请~一会儿/一下儿/一~。❷他在那儿~着你呢。❸在汽车站~着不少人。❹他们谁也没~我，都走了。❺我~着你回信。❻你别走那么快，~~我呀。❼我可~不了/不能~那么长时间。

学-ぶ ①私は以前，英語を~んだことがある。②彼はイギリスで法律を2年間~んだ。③私は彼についてピアノを~んだことがある。④この事をとおして私は多くのことを~んだ。⑤雷鋒に~ぶ。⑥彼はまた数学を~びだした。⑦~ばねばならぬ知識が多くて，手がまわらない。

学 xué｜学习 xuéxí ❶我以前~过英语。❷他在英国~了两年法律 fǎlǜ/两年的法律。❸我跟他~过钢琴 gāngqín。❹通过这件事我学到了许多东西。❺向雷锋学习。❻他又学开数学了。❼需要 xūyào ~的知识太多，~不过来。

守-る ①兵士たちは日夜祖国の国境地帯を~っている。②われわれは婦女子の合法的な権利を~らねばならない。③彼らはみなよく時間を~る。④子孫たちはこれらの家訓を~れるだろうか。⑤彼ときたら約束を~ったことがない。⑥憲法は基本の大法であり，公民たる者は厳に~らなくてはならない。

守 shǒu｜遵守 zūnshǒu｜守卫 shǒuwèi｜保卫 bǎowèi ❶战士们日日夜夜守/守卫/保卫着祖国的边疆 biānjiāng。❷我们要保卫妇女和儿童的合法权利。❸他们都很守/遵守时间。❹后人守/遵守得了这些家训吗？❺他就没守过约。❻宪法是根本大法，每个公民都必须严格 yángé 遵守。

迷-う ①私たちは森の中で道に~った。②この一帯で私は道に~うことがない。

迷 mí ❶我们在森林里~了路。❷这一带我~不了路。

見-える ①10日間も航海して，やっと陸地が~えた。

看见 kàn//jian ❶航行了十天才~陆地。❷猫

基本動詞	用 例

②ネコは夜でも目が〜える。③ここからは私たちの学校が〜えない。

就是在夜里也能〜。/ 看得见东西。❸从这儿看不见我们学校。

見送-る ①彼は空港へ友人を〜りに行った。②彼が出かけるとき，誰も〜らなかった。③叔父さんがお帰りだ，お〜りしなさい。

送 sòng ❶他到机场〜朋友去了。❷他走的时候，谁也没〜他。❸叔叔 shūshu 要走，你〜〜他 / 〜他一下吧。

磨-く ①私は毎朝歯を〜く。②靴を〜いてください。③やかんはぴかぴかに〜いてある。④彼は朝から晩まで武術の腕を〜いている。

刷 shuā｜擦 cā｜练 liàn ❶我每天早晨刷牙。❷给我刷 / 擦一下鞋。❸水壶 shuǐhú 擦得亮亮。❹他整天练武术。

見付-ける ①友達の家を〜けるのに苦労した。②あんな小さい物は〜けるのが容易でない。③なくしてすでに3か月だから，恐らくもう〜けられまい。④彼は貧しいがゆえに，ずっと結婚相手を〜けられないでいる。

找 zhǎo ❶为了〜朋友的家费了不少劲儿。❷那么小的东西〜起来可不容易。❸已经丢了三个月，怕是〜不到了。❹他因为穷 qióng，一直〜不上对象。

認-める ①彼は自分の誤りを〜めた。②君の誤りであるからには，潔く〜めるべきだ。③彼の仕事をする能力はみんなから〜められた。④われわれは第1案を採用すべきものと〜める。⑤この小説は最も時代の特徴をそなえる佳作と〜められている。

承认 chéngrèn｜认为 rènwéi ❶他承认了自己的错误。❷是你的错，你就应该痛痛快快地承认下来。❸他的工作能力得到了大家的承认。❹我们认为应该采取第一个方案。❺这部小说被认为是最具有时代特征 tèzhēng 的佳作。

見る ①弟はテレビを見ている。②彼は顕微鏡で見ているところだ。③私は月に1度芝居を見る。④下から見あげると，山の頂上にまだ塔があるようだ。⑤上から見おろすと，はっきり見える。

看 kàn ❶弟弟在〜电视。❷他正在〜显微镜 xiǎnwēijìng。❸我一个月〜一次戏。❹从下面〜上去，山顶上好像还有个塔 tǎ。❺从上面〜下去，看得很清楚。

診る ①王先生は1日に10人患者を診る。②風邪だね，医者に診てもらったか。③彼は病院へ行くのがいやで，どんな病気も診てもらわない。④漢方医に診てもらうか，西洋医に診てもらうか。

看 kàn ❶王大夫一天〜十个病人。❷是感冒了，请医生〜了吗？❸他不愿意去医院，什么病他都不〜。❹是〜中医，还是〜西医？

迎-える ①私は空港へ友人を〜えに行かなくてはならない。②代表団をお〜えして，工場へご案内して来なさい。③私の夫はこれまで子どもを保育所へ〜えに行ったことがない。④彼らは出し物の練習に励んで，国慶節を〜える準備をしている。

接 jiē｜迎接 yíngjiē ❶我要到机场〜朋友。❷你把代表团〜到厂里来。❸我丈夫从没去托儿所接过孩子。❹他们在紧张地排练节目，准备迎接国庆节。

向-く ①図書館の正門は南に〜いている。②かつて農民は畑で農作業をするとき，顔は黄土を，背は天を〜く姿勢だったから，たいへんつらかった。③その人は私に背を〜けていたので，誰だかわからなかった。④王君を除いて，数人の顔はみなグラウンドを〜いていた。

朝 cháo｜向 xiàng ❶图书馆的大门〜南。❷过去，农民在田里耕作 gēngzuò，面〜黄土背朝 /×向天，十分辛苦。❸这个人背朝着我，没看清是谁。❹除了小王以外，几个人的脸都〜着操场。

剥-く ①ミカンは皮を〜いてから食べるべきだ。②彼女はラッカセイの殻を〜いているところだ。③ヘビの皮を〜きなさい。④私はリンゴの皮を〜かないで食べ

剥 bāo｜削 xiāo ❶橘子 júzi 应当剥了皮再吃。❷她正在剥着花生。❸你把蛇皮剥下来。❹我吃苹果，不削皮。❺土豆皮削得太厚了。

基本動詞	用例

る。⑤ジャガイモの皮を厚く～きすぎている。

儲か-る ①この商売は実によく～る。②この商売はあまり～らない。③アイスキャンデー売りではいくらも～らない。

赚 zhuàn ❶这种生意真～。❷这笔生意～得不多。❸卖冰棍儿 bīnggùnr ～不了多少钱。

儲-ける ①彼は商売でずいぶん～けた。②彼は商売でこれまで～けたことがない。③彼らは～けた利潤をまた生産拡大に使った。

赚 zhuàn ❶他做买卖～了一大笔钱。❷他做买卖从来就没～过。❸他们把～来的利润又用在扩大生产上了。

持-つ ①ちょっと荷物を～ってください。②彼は手に傘を～っている。③彼1人ではこんなにたくさんの物を～てない。④財布は～ちましたか。⑤彼らは各人が自転車を1台～っている。⑥私はいま20元しか～っていない。⑦彼は家を買う金を～っている。⑧私は小さいころから、大きくなったら必ず南極に行くという願いを～っていた。

拿 ná｜带 dài｜有 yǒu ❶请帮/给我拿一下行李。❷他的手里拿着一把雨伞。❸他一个人拿/带不了这么多东西。❹钱包带了没有？❺他们一个人有一辆自行车。❻我身上只有/带着二十块钱。❼他有钱买房子。❽我从小就有一个心愿，长大一定去南极。

戻-る ①彼はもう学校に～った。②自分の席に～りなさい。③なくした財布が～って来た。④父はほどなく～って来ます。⑤彼はグラウンドから教室へ駆け～った。

回 huí(-//-huí) ❶他已经～学校了。❷～到自己的位子上去。❸丢了的钱包找～来了。❹父亲不一会儿就～来。❺他从操场 cāochǎng 跑～了教室。

漏ら-す ①情報を～したものがいる。②誰が試験問題を外に～したのか。③彼は某国のスパイに国の機密を～した。④国の機密の漏洩を防がねばならない。⑤私は1字書き～した。⑥ご安心ください、句読点1つ～したりしませんから。

漏 lòu｜泄露 xièlòu ❶有人～了消息。❷是谁把考题～出去的？❸他把国家的机密泄露给了某国间谍 jiàndié/向某国间谍漏了国家的机密。❹必须防止泄露国家的机密。❺我写漏了一个字。❻你放心，一个标点符号也漏不了。

漏-る ①なべが～るようになり、もう使えない。②家はことし修繕したばかりで、～るはずがない。③この部屋は雨が～る。④この部屋はひどく雨が～る。

漏 lòu ❶锅～了，不能再用了。❷房子是今年刚修过的，～不了。❸这间屋子～雨。❹这间屋子雨～得/～雨～得厉害。

漏-れる ①会談の内容が少し～れた。②彼の口から～れた秘密は少なくないよ。③オイルタンクの油が外に～れた。④ガスが～れたら大変だ。⑤びんがひび割れて、中の酒がすっかり～れてしまった。⑥代表者名簿に彼の名が～れている。

漏 lòu｜泄露 xièlòu ❶会谈的内容被～出了一点。❷从他口里～的秘密 mìmì 还不少呢。❸油箱的油漏出来了/油箱漏出油来了。❹煤气漏出来可不得了。❺瓶子裂 liè 了，一瓶酒漏光了。❻代表名单中漏了他的名字。

【や-よ】

焼-く ①敵に見付からないうちに、それらの文書はみな～いた。②この手紙はもう要らないから、～いてください。③1つの窯でこんなに多くのれんがは～けない。④彼はパンを2枚～いた。⑤肉はまだ火が十分通っていないから、もうちょっと～きなさい。

烧 shāo｜烤 kǎo ❶在被敌人发现之前把这些文件全烧了。❷这封信不要了，请你烧掉。❸一个窑 yáo 烧不了这么多砖 zhuān。❹他烤了两片面包。❺肉还没熟 shú，再烤一烤。

焼-ける ①大火で家が何軒も～けた。②服がたばこの火で～けて穴が開いた。③この窯の炭はうまく～けて

烧 shāo｜烤 kǎo ❶好几所房子被大火烧掉了。❷衣服让烟头烧了个洞。❸这窑炭 tàn 烧得不

基本動詞	用例

いる。④サツマイモが～けた，熱いうちにはやく食べなさい。⑤ジャガイモが大きすぎるから，切らないとうまく～けない。

休-む ①ちょっと～みましょう。②彼は～んでばかりいて，働こうとしない。③途中で私たちは1回～んだだけだ。④彼は木かげで～んでいる。⑤もう十分～んだから，仕事を始めよう。

止-む ①雨はもう～んだ。②風も～み，雪も～んだ。③この風は午後も～みそうでない。④子どもは泣き～まない。⑤雨はしばらく～んでいたが，また降りだした。

譲-る ①争わずに，みんなお互いにちょっと～りなさい。②彼はいつも老人に席を～る。③私は彼に自転車を1台～る。④私は私の住んでいる家を君たちに～ってあげてもいい。

許-す ①石油貯蔵庫の中でたばこを飲むことは～さない。②会社は彼女に3日間の休暇を～した。③私に私の見方を述べることをお～しください。④時間が途中滞在することを～さない。⑤彼は故意に壊したのではないから，こん回は～してやりなさい。⑥私はそれからほどなく彼の誤りを～した。⑦おくれました，お～しください。

酔-う ①私はもう～ってしまった，これ以上飲めない。②私たちは誰も酒に～っていない。③彼は前後不覚に～った。④地べたに1人～いつぶれている。⑤海が荒れて，私はすっかり船に～ってしまった。⑥この薬を飲んで車に乗ると，～わない。

用心-する ①大通りを渡るときは，車に～しなさい。②雪が降って道が滑りやすいから，～しなさい。③きょうはちょっと冷えるから，風邪をひかぬよう～しなさい。

予想-する ①彼は平常よく勉強しているから，みんな彼が試験でよい成績をあげるだろうと～している。②こんな結果になろうとは～していなかった。③事の結果がどうなるか，誰も～し難い。

呼-ぶ ①階下で誰かが君を～んでいる。②ちょっと彼を～んでください，彼に電話です。③彼らをここに～んで来なさい。④はやく彼を～び出しなさい。⑤私たちは彼をおでぶさんと～ぶ。⑥タクシーを～びたいが，いま～べるだろうか。

読-む ①彼は部屋で新聞を～んでいる。②私はこの数

错。④白薯烤好了，快趁 chèn 热吃。⑤土豆太大了，不切开～不熟。

休息 xiūxi｜歇 xiē ①～一会儿吧。②他老休息/歇着不干活。③在路上我们只～过一次。④他在树荫 shùyīn 下面歇着/休息呢。⑤已经休息好/歇够了，开始干吧。

停 tíng｜住 zhù ①雨已经～了。②风也～了，雪也～了。③看样子，这风下午也～不了/不会～。④孩子哭个不停。⑤雨～了一会儿，又下开了。

让 ràng ①别争了，大家互相～～吧。②他总是给老年人～座。③我～他一辆自行车。④我可以把自己住的房子～给你们。

准 zhǔn｜准许 zhǔnxǔ｜许 xǔ｜允许 yǔnxǔ｜饶 ráo｜原谅 yuánliàng ①油库内不许/准/准许/允许吸烟。②公司准/许了她三天假。③请准许/允许我阐明 chǎnmíng 我的观点。④时间不允许/×准许我在途中逗留 dòuliú。⑤他不是故意弄坏的，你就原谅/饶他这一次吧。⑥我时隔不久就原谅/×饶了他的过失。⑦我来晚了，请原谅。

醉 zuì｜晕 yùn ①我已经醉了，不能再喝了。②我们哪一个也没醉。③他醉得不省 xǐng 人事。④地上醉倒着一个人。⑤海上风浪大，我晕船晕得厉害。⑥你吃了这种药再上车，就晕不了/不会晕。

小心 xiǎo·xīn｜注意 zhù//yì｜留神 liú//shén ①过马路，你要～汽车。②下雪路滑，你要小心点儿/留点儿神/注点儿意。③今天比较冷，你～感冒。

料 liào｜意料 yìliào｜预料 yùliào ①他平时学习好，大家都～他会考出好成绩 chéngjì。②真没～到结果会是这样。③事情的结果会如何，谁也难以预料/意料。

叫 jiào｜喊 hǎn ①楼下有人～你。②你～他一声，有他的电话。③你把他们～到这儿来。④快把他～出来。⑤我们叫他/管他叫小胖子。⑥我要叫一辆出租车，现在叫得着吗？

看 kàn｜读 dú｜念 niàn ①他在屋里看/读

| 基本動詞 | 用例 |

冊の本をすべて～んだ。③私はついにこの文章の意味が～みとれた。④聞こえません，もっと大きい声で～んでください。⑤彼女にこの手紙を～んであげなさい。

寄-る ①もっとこちらに～ってよく見なさい。②人々は彼の話を聴こうと彼のそばに～って来た。③大勢～って騒いでいる。④毎年春節に我々は王先生の家に～ることになっている。

着报呢。❷我把这几本书全看/读了。❸我终于看/读懂了这篇文章。❹听不见，再大一点儿声念/读！❺你帮/给她念念这封信。

靠 kào｜聚 jù ❶再往这边靠一靠，好好儿看看。❷人们都向他靠过来听他说话。❸很多人聚在一起起哄 qǐhòng。❹每年春节我们总要在王老师家里聚聚。

【わ～】

沸か-す ①お湯を～してコーヒーを入れる。②湯をたっぷり～して風呂に入る。

分か-る ①私には君の気持ちが～る。②彼女は英語が～る。③こんな理屈は誰でも～っている。④君にそう言われて，やっと真相が～った。⑤～らないのに～ったふりをするな。⑥私の話は聞いて～ったか。⑦私のすごさを～らせてやろう。

別-れる｜分か-れる ①1つ家の者が3か所に～れて住んでいる。②あの班は3班から～れたものだ。③私と母は～れてもう3年あまりになる。④7月16日，私は数名の先生と名残りを惜しみつつお～れした。

分-ける ①彼はみんなにリンゴを～けている。②各人に1個ナシを～ける。③誰も私にリンゴを～けてくれなかった。④このリンゴは彼に～けてあげなさい。⑤リンゴをたくさんもらったので，近所に少し～けた。⑥このスイカは君たちで～けて食べなさい。⑦この薬は3回に～けて飲む。⑧この2つの問題は～けて論ずるべきだ。⑨彼らはもうバナナを残らず～けてしまった。⑩大きさによってミカンを3種類に～ける。

忘-れる ①私は彼の名を～れた。②彼は私に言うのを～れてしまった。③君の誕生日は，私たちは誰も～れていない。④彼の言ったことを，私はずっと～れたことがない。⑤彼は習った英語をみな～れた。⑥私はハンドバッグを車中に～れた。⑦キーのほかに何を～れましたか。⑧この本は誰が置き～れたのか。⑨ご恩はいつまでも～れません。⑩傘を持って行くのを～れないように。

渡-す ①彼に郵送料10元を～しなさい。②王さんが来たら，この芝居のチケットを～してください。③新人

烧 shāo ❶～点儿开水冲 chōng 咖啡。❷多～点儿水，洗个热水澡。

懂 dǒng｜明白 míngbai ❶我～你的意思。❷她懂英语。❸这点儿道理谁都～。❹你这么一说，我才明白了真相 zhēnxiàng。❺你不要不懂装懂。❻我说的话，你听～了吗？❼让你明白明白我的厉害。☞"明白"は動詞と形容詞の両類に属し，"听明白"の"明白"は形容詞。

分 fēn｜分别 fēnbié｜告别 gào//bié ❶一家人分在三处住。❷那个班是从三班分出来的。❸我和妈妈已经分别三年多了。❹七月十六日，我依依不舍地告别了我的几位老师/跟我的几位老师告别了。

分 fēn ❶他在给大家～苹果呢。❷一个人～一个梨。❸谁也没～给我苹果。❹这个苹果你～给他吧。❺人家送我很多苹果，所以我也～了一些给邻居。❻这西瓜你们～着吃了吧。❼这药～三次吃。❽这两个问题应该～开来讨论。❾他们已经把香蕉 xiāngjiāo ～没了/～光了/全～了。❿按大小把橘子～成/为三类。

忘 wàng｜忘记 wàngjì｜落 là ❶我忘/忘记了他的名字。❷他忘了/忘记告诉我了。❸你的生日，我们谁也没忘/忘记。❹他说的话，我从没忘/忘记过。❺他把学过的英语全忘了/全忘记了/都忘光了。❻我把手提包忘/落在车上了。❼你除了钥匙 yàoshi 还落/忘了什么？❽这本书是谁落/忘下的？❾你的恩情 ēnqíng 我永远忘/忘记不了。❿你别忘了/忘记带雨伞！

交 jiāo｜传 chuán｜递 dì｜渡 dù ❶你交他十块钱邮费。❷等王先生来了，请把这张戏票

| 基本動詞 | 用例 |

はボールを～すのがまだ正確さに欠ける。④近くに寄ってください，でないと～すことができません。⑤幸いにして船頭が私を向こう岸に～してくれた。⑥私を船で～してください。

渡-る ①郵便局は橋を～ってすぐです。②大通りを～るには，横断歩道を通らねばならない。③君たちはどのようにして川を～るか。④私は大橋を走って～った。⑤彼ははるばる海を～って中国へ留学にやって来た。⑥私はかつて船で太平洋を～ったことがある。

笑-う ①彼はうれしそうに～った。②我々は1人も～わなかった。③私はこれまで彼の～うのを見たことがない。④彼女は～っておなかが痛くなった。⑤彼が面白いことを言うので，みな～いだした。⑥彼の非常識をみな～っている。

割-る ①ナイフでリンゴを2つに～って，2人で食べた。②ビスケットを手で2つに～る。③彼は1個のパンを手で～って，子どもに渡した。④頭数で～るのがいちばんいい。⑤9～る3は3だ。⑥小数点以下3位まで～る。⑦この数は～り切れない。⑧彼はまたコップを～ってしまった。

割-れる ①ボールが窓に当たって，ガラスが～れた。②瓶が落ちて～れた。③ガラスがいくつにも～れた。④この花瓶は～れやすいから，気を付けなさい。

交给他。❸新队员传球传得还不够准。❹你靠近点儿，否则 fǒuzé 我递不过去。❺多亏船家把我渡到对岸。❻请您用船把我渡过河去。

过 guò(-// ·guò) | 渡 dù ❶过了桥，不远就是邮局。❷过马路应该走人行横道 / 要沿着人行横道过马路。❸你们怎么～河？❹我跑过了大桥。❺他远渡重洋 chóngyáng，来中国留学。❻我曾坐船渡过太平洋。

笑 xiào ❶他高兴地～了。❷我们一个也没笑。❸我从来没有看见 / 从没见他～过。❹她～疼了肚子。❺他说了件很有趣 yǒuqù 的事，大家都～了起来。❻大家都～他不懂规矩 guīju。

切 qiē | 分 fēn | 掰 bāi | 除 chú | 打碎 dǎ//suì ❶用小刀把苹果切 / 分成两半儿，两个人吃了。❷把饼干儿掰成两半儿。❸他掰了一块面包，递给了孩子。❹最好按人数分。❺九除以三 / 用三除九得 dé 三。❻除到小数点后三位。❼这个数儿除不开。❽他又打碎了一个杯子。

碎 suì ❶球碰到窗上，玻璃～了。❷瓶子摔 shuāi ～了。❸玻璃～成了好几块。❹这个花瓶易～，你要小心 / 注意。

（みやた・いちろう 元大阪市立大学）

IV

中国語スポーツ用語集
オリンピック種目を含む600語

星　健一

競技・種目
その他の運動・エクササイズ
試合・競技大会
スポーツに関わる人々
表彰・記録
その他

---

1. 競技・種目については，【　】内：競技名，その下位項目として［　］内：種目，〈　〉内：その競技に関わる用語等を収録。例：【サッカー】→［フットサル］→〈ゴールキーパー〉

2. 配列：競技名は50音順，各競技の下位項目の〔　〕はおおむね関係の深い順，〈　〉はその競技に関する人の呼称→施設・用具の呼称→技術・ルールに関する用語の順。

3.〈　〉の語句について；

3.1 特定の種目に強い連想が働くものを取り入れた。

3.2 いくつかの種目に用いられる用語では代表的な種目もしくは50音順で先に来る種目の下位項目に記載。例えば，"ゴロ"はソフトボールでも野球でも使われる用語だが，野球の欄に記載。武道の"段""級"は武道のうち50音順の記載で最初に来る合気道の欄に記載。

3.3 "反則""監督"などかなり多くの競技に用いられる用語は"試合・競技大会""スポーツに関わる人々""その他"などに記載。

なお，体操競技では，種目名と用具の名称が日本語で全く同じだけでなく，中国語でも全く同じものが多くあります（あん馬は競技名でも用具名でも日本語で"あん馬"，中国語で"鞍马"など）。そのため，用具名にはこれらは記載してありません。

競技・種目

【アーチェリー】射箭 shèjiàn
〈射場〉射箭场 shèjiànchǎng
〈弓〉弓 gōng
〈矢〉箭 jiàn
〈的〉靶子 bǎzi
【合気道】合气道 héqìdào
〈帯〉腰带 yāodài
〈胴着〉道服 dàofú
〈袴〉裤裙 kùqún
〈段〉段 duàn
〈級〉级 jí
【アイスホッケー】冰球 bīngqiú
〈スティック〉冰球杆 bīngqiúgān
〈パック〉冰球 bīngqiú
【アメリカンフットボール】美式橄榄球 Měishì gǎnlǎnqiú
【ウェイトリフティング】举重 jǔzhòng 
[ジャーク] 挺举 tǐngjǔ
[スナッチ] 抓举 zhuājǔ
〈バーベル〉杠铃 gànglíng
〈バーベルのプレート〉杠铃片 gànglíngpiàn
【エアロビクス】健美舞 jiànměiwǔ
〈レオタード〉紧身衣 jǐnshēnyī
【カーリング】冰壶 bīnghú;溜石饼 liūshíbǐng
【カヌー／カヤック】皮划艇 píhuátǐng
【カバディ】卡巴迪 kǎbādí
【空手道】空手道 kōngshǒudào
[型] 型 xíng
[組手] 组手 zǔshǒu
〈追い突き〉追击 zhuījī
〈逆突き〉逆击 nìjī
〈裏拳打ち〉拳背打 quánbèidǎ
〈手刀打ち〉手刀打 shǒudāodǎ
〈前蹴り〉前踢 qiántī
〈横蹴り〉侧踢 cètī
〈後ろ蹴り〉后踢 hòutī
〈回し蹴り〉回旋踢 huíxuántī
〈試割り〉试割 shìgē 
〈板を割る〉劈木板 pī mùbǎn
【弓道】射箭 shèjiàn
【競技ダンス】体育舞蹈 tǐyù wǔdǎo;国际标准交谊舞 guójì biāozhǔn jiāoyìwǔ
[モダン] 摩登舞 módēngwǔ;现代舞 xiàndàiwǔ
[ワルツ] 华尔兹舞 huá'ěrzīwǔ
[タンゴ] 探戈舞 tàngēwǔ
[ラテン] 拉丁舞 lādīngwǔ
[ルンバ] 伦巴舞 lúnbāwǔ
[サンバ] 桑巴舞 sāngbāwǔ
[チャチャチャ] 恰恰舞 qiàqiàwǔ
[パソドブレ] 斗牛舞 dòuniúwǔ
[ジャイブ] 牛仔舞 niúzǎiwǔ
【近代五種】现代五项 xiàndài wǔxiàng
【クロスカントリー】越野赛跑 yuèyě sàipǎo
【ゲートボール】门球 ménqiú
【剣道】剑道 jiàndào
〈竹刀〉竹刀 zhúdāo
〈つば〉护手 hùshǒu
〈面〉面罩 miànzhào
〈突き垂れ〉护咽喉 hùyānhóu
〈胴〉护胸 hùxiōng
〈小手〉护手 hùshǒu
〈垂れ〉护腰 hùyāo
〈面打ち〉击面 jīmiàn
〈胴打ち〉击胸 jīxiōng
〈小手打ち〉击手臂 jī shǒubì
〈突き〉刺咽喉 cì yānhóu
【ゴルフ】高尔夫球 gāo'ěrfūqiú
〈ゴルフ場〉高尔夫球场 gāo'ěrfūqiúchǎng
〈ゴルフボール〉高尔夫球 gāo'ěrfūqiú
〈バンカー〉沙坑 shākēng
〈グリーン〉果岭 guǒlǐng
〈ラフ〉粗草区 cūcǎoqū
〈ホール〉洞 dòng
〈ティー〉球座 qiúzuò
〈フェアウェー〉球道 qiúdào

〈クラブ〉球棒 qiúbàng
〈アイアン〉铁杆 tiěgān
〈ウッド〉木杆 mùgān
〈パター〉推杆 tuīgān
〈イーグル〉鹰 yīng
〈バーディー〉小鸟球 xiǎoniǎoqiú
〈パー〉标准打数 biāozhǔn dǎshù
〈ボギー〉超一击 chāo yī jī
〈ホールインワン〉一杆进洞 yī gǎnjìn dòng
〈キャディー〉球童 qiútóng

【サーフィン】冲浪运动 chōnglàng yùndòng
〈サーフボード〉冲浪板 chōnglàngbǎn

【サッカー】
足球 zúqiú
[フットサル] 迷你足球 mínǐ zúqiú
〈フーリガン〉足球流氓 zúqiú liúmáng
〈ゴール〉球门 qiúmén
〈サッカーボール〉足球 zúqiú
〈サッカーシューズ〉足球鞋 zúqiúxié
〈ヘディング〉顶球 dǐngqiú
〈パス〉传球 chuánqiú
〈シュート〉射门 shèmén
〈コーナーキック〉角球 jiǎoqiú
〈フリーキック〉任意球 rènyìqiú

〈ペナルティーキック〉罚点球 fádiǎnqiú
〈スローイン〉掷界外球 zhì jièwàiqiú
〈センタリング〉传中 chuánzhōng
〈フォワード〉前锋 qiánfēng
〈ミッドフィルダー〉中场 zhōngchǎng
〈ディフェンダー〉守卫 shǒuwèi
〈ゴールキーパー〉守门员 shǒuményuán
〈オフサイド〉越位 yuèwèi
〈ハンド〉手球 shǒuqiú
〈イエローカード〉黄牌 huángpái
〈レッドカード〉红牌 hóngpái

【自転車競技】自行车比赛 zìxíngchē bǐsài
[スプリント] 争先赛 zhēngxiānsài
[タイムトライアル] 计时赛 jìshísài
[追い抜き] 追逐赛 zhuīzhúsài
[マディソン] 麦迪孙赛 Màidísūnsài
[ポイントレース] 记分赛 jìfēnsài
[ロードレース] 公路赛 gōnglùsài
[マウンテンバイククロスカントリー] 越野赛 yuèyěsài
[ケイリン] 凯林赛 kǎilínsài
〈自転車〉自行车 zìxíngchē

●中国語で応援してみよう！
　一般的な応援のことば

★ "中国队，加油 加油 加油！" Zhōngguó Duì, jiāyóu jiāyóu jiāyóu!
「中国，がんばれ，～，～！」

★ "加油！加油！坚持！坚持！" Jiāyóu! Jiāyóu! Jiānchí! Jiānchí!（くり返していうことが多い）
「がんばれ！ファイト！」

★ "坚持住！加油！" Jiānchízhù! Jiāyóu!
「ファイト！がんばれ！」

★ "中国队，别着急！" Zhōngguó Duì, bié zháojí!
「中国，落ち着いていけ！」

★ "姚成，好样儿的！" Yáo Chéng, hǎoyàngrde!
「姚成（人名），かっこいいぞ！」

★ "别慌！稳住！" Bié huāng! Wěnzhù!
「あせるな！落ち着いていけ！」

★ "别乱！稳住！" Bié luàn! Wěnzhù!
「大丈夫だ！落ちつけ！」

★ "顶住！" Dǐngzhù!
「我慢だ！」;「こらえろ！」（ウエイトリフティング，体操など）[呉仲密／中国語友の会編]

【射撃】射击 shèjī
[クレー射撃] 飞碟射击 fēidié shèjī
[トラップ] 多向飞碟 duōxiàng fēidié
[ダブルトラップ] 双多向飞碟 shuāngduōxiàng fēidié
[スキート] 双向飞碟 shuāngxiàng fēidié
[ランニングターゲット] 移动靶 yídòngbǎ
[ライフル射撃] 步枪射击 bùqiāng shèjī
[ライフル] 步枪 bùqiāng
[エアライフル] 气步枪 qìbùqiāng
[ピストル] 手枪 shǒuqiāng
[エアピストル] 气手枪 qìshǒuqiāng
[ラピッドファイアーピストル] 手枪速射 shǒuqiāng sùshè

【柔道】柔道 róudào
〈柔道着〉柔道服 róudàofú
〈柔道用の畳〉柔道垫 róudàodiàn
〈受身〉防身倒法 fángshēn dǎofǎ
〈立ち技〉立技 lìjì
〈背負い投げ〉背负投 bèifùtóu
〈体落とし〉体落 tǐluò
〈内股〉内股 nèigǔ
〈払い腰〉扫腰 sǎoyāo
〈大内刈り〉大内刈 dànèiyì
〈大外刈り〉大外刈 dàwàiyì
〈巴投げ〉巴投 bātóu
〈寝技〉寝技 qǐnjì
〈押さえ込み〉压住 yāzhù
〈締め技〉绞技 jiǎojì
〈関節技〉关节技 guānjiéjì
〈十字固め〉十字固 shízìgù
〈一本〉一本 yìběn
〈技あり〉有技 yǒujì
〈有効〉有效 yǒuxiào
〈効果〉效果 xiàoguǒ

【水泳】游泳 yóuyǒng
[自由形] 自由泳 zìyóuyǒng

[シンクロナイズド・スイミング] 花样游泳 huāyàng yóuyǒng
[水球] 水球 shuǐqiú
[背泳ぎ] 仰泳 yǎngyǒng
[ダイビング] 跳水 tiàoshuǐ
[高飛込み] 跳台跳水 tiàotái tiàoshuǐ
[飛び板飛込み] 跳板跳水 tiàobǎn tiàoshuǐ
[バタフライ] 蝶泳 diéyǒng
[平泳ぎ] 蛙泳 wāyǒng
[メドレー] 混合泳 hùnhéyǒng
〈プール〉游泳池 yóuyǒngchí
〈室内プール〉室内游泳池 shìnèi yóuyǒngchí
〈屋外プール〉室外游泳池 shìwài yóuyǒngchí
〈スタート台〉起跳台 qǐtiàotái
〈コース〉泳道 yǒngdào
〈飛込み用プール〉跳水游泳池 tiàoshuǐ yóuyǒngchí；跳水池 tiàoshuǐchí
〈飛込み台〉跳台 tiàotái
〈飛び板〉跳板 tiàobǎn
〈水泳パンツ〉游泳裤 yóuyǒngkù
〈水着〉游泳衣 yóuyǒngyī
〈スイムキャップ〉游泳帽 yóuyǒngmào
〈ゴーグル〉游泳眼镜 yóuyǒng yǎnjìng
〈ビート板〉打水板 dǎshuǐbǎn
〈ノーズクリップ〉鼻夹 bíjiā
〈水球のボール〉水球 shuǐqiú
〈スタート〉起跳 qǐtiào
〈ターン〉转身 zhuǎnshēn
〈クイックターン〉滚翻转身 gǔnfān zhuǎnshēn
〈フライング〉抢跳 qiǎngtiào

【スカッシュ】墙网球 qiángwǎngqiú；壁球 bìqiú
【スキー】滑雪 huáxuě
[アルペン] 高山滑雪 gāoshān huáxuě
[滑降] 滑降 huájiàng

［複合滑降］滑降全能 huájiàng quánnéng
［複合回転］回转全能 huízhuǎn quánnéng
［大回転］大回转 dàhuízhuǎn
［スーパー大回転］超级大回转 chāojí dàhuízhuǎn
［クロスカントリー］越野滑雪 yuèyě huáxuě
［ジャンプ］跳台滑雪 tiàotái huáxuě
［ノーマルヒル］90 米级 jiǔshí mǐ jí
［ラージヒル］120 米级 yìbǎi èrshí mǐ jí
［ノルディック複合］北欧两项 Běi'ōu liǎngxiàng
［フリースタイル］自由式滑雪 zìyóushì huáxuě
［モーグル］雪上技巧 xuěshàng jìqiǎo
［エアリアル］空中技巧 kōngzhōng jìqiǎo
［スノーボード］单板滑雪 dānbǎn huáxuě
［ハーフパイプ］U型场地雪上技巧 U xíng chǎngdì xuěshàng jìqiǎo
［クロス］四人追逐 sìrén zhuīzhú
［パラレル大回転］双人平行大回转 shuāngrén píngxíng dàhuízhuǎn
〈ゲレンデ〉滑雪场 huáxuěchǎng
〈スキーリフト〉滑雪吊椅 huáxuě diàoyǐ
〈ジャンプ台〉跳台 tiàotái
〈ゴーグル〉护目镜 hùmùjìng
〈スキーウェア〉滑雪服 huáxuěfú
〈スキー板〉滑雪板 huáxuěbǎn
〈ストック〉滑雪杖 huáxuězhàng
【スケート】滑冰 huábīng
［スピードスケート］速度滑冰 sùdù huábīng
［フィギュアスケート］花样滑冰 huāyàng huábīng
［ショートプログラム］短节目 duǎnjiémù
［フリープログラム］自由滑 zìyóuhuá
［アイスダンス］冰舞 bīngwǔ
［シングル］单人滑 dānrénhuá
［ペア］双人滑 shuāngrénhuá
［ショートトラック］短道速滑 duǎndào sùhuá
〈スケート靴〉冰鞋 bīngxié
〈ブレード〉冰刀 bīngdāo
〈トリプルアクセル〉三周半跳 sānzhōubàntiào
〈三回転ジャンプ〉三周跳 sānzhōutiào
〈スピン〉旋转 xuánzhuǎn
〈ビールマンスピン〉贝尔曼旋转 Bèi'ěrmàn xuánzhuǎn
【相撲】相扑 xiāngpū
〈力士〉力士 lìshì；相扑运动员 xiāngpū yùndòngyuán
〈行司〉行司 xíngsī；裁判 cáipàn
〈親方〉亲方 qīnfāng
〈土俵〉相扑台 xiāngpūtái
〈まわし〉护身带 hùshēndài
【セパタクロー】藤球 téngqiú
【ソフトボール】垒球 lěiqiú
〈ソフトボール用のボール〉垒球 lěiqiú
【体操】体操 tǐcāo
［あん馬］鞍马 ānmǎ
［新体操］艺术体操 yìshù tǐcāo
［リボン］带操 dàicāo
［ボール］球操 qiúcāo
［クラブ］棒操 bàngcāo
［ロープ］绳操 shéngcāo
［フープ］圈操 quāncāo
［段違い平行棒］高低杠 gāodīgàng
［跳馬］跳马 tiàomǎ
［吊り輪］吊环 diàohuán
［鉄棒］单杠 dāngàng
［トランポリン］蹦床 bèngchuáng
［平均台］平衡木 pínghéngmù
［平行棒］双杠 shuānggàng

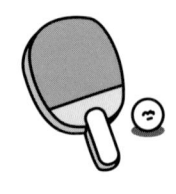

［床運動］自由体操 zìyóu tǐcāo
〈マット〉垫子 diànzi

【卓球】乒乓球 pīngpāngqiú
［シングルス］单打 dāndǎ
［ダブルス］双打 shuāngdǎ
〈卓球台〉乒乓球台 pīngpāngqiútái
〈卓球のボール〉乒乓球 pīngpāngqiú
〈ラケット〉球拍 qiúpāi
〈ペンホルダーグリップ〉直拍 zhípāi
〈シェイクハンドグリップ〉横拍 héngpāi
〈サービス〉发球 fāqiú
〈エッジ〉擦边球 cābiānqiú
〈ネットイン〉擦网好球 cāwǎng hǎoqiú
〈スマッシュ〉扣球 kòuqiú
〈前陣速攻〉近台快攻 jìntái kuàigōng

【チェス】国际象棋 guójì xiàngqí
〈チェス盤〉国际象棋棋盘 guójì xiàngqí qípán
〈白枡〉白格 báigé
〈黒枡〉黑格 hēigé
〈チェスの駒〉国际象棋棋子 guójì xiàngqí qízǐ；国际象棋棋子儿 guójì xiàngqí qízǐr
〈白軍の駒〉白棋 báiqí
〈黒軍の駒〉黑棋 hēiqí
〈キング〉王 wáng
〈クイーン〉后 hòu
〈ビショップ〉相 xiàng
〈ナイト〉马 mǎ
〈ルーク〉车 jū
〈ポーン〉兵 bīng

【綱引き】拔河 báhé

［テコンドー］跆拳道 táiquándào
〈カカト落とし（ネリチャギ）〉下压 xiàyā

【テニス】网球 wǎngqiú
［ソフトテニス］软式网球 ruǎnshì wǎngqiú

〈テニスコート〉网球场 wǎngqiúchǎng
〈サービスコート〉发球区 fāqiúqū
〈サービスライン〉发球线 fāqiúxiàn
〈テニスボール〉网球 wǎngqiú
〈ラケット〉球拍 qiúpāi
〈ラケットのフレーム〉球拍框子 qiúpāi kuàngzi
〈ラケットのグリップ〉球拍柄 qiúpāibǐng
〈ガット〉拍面 pāimiàn
〈フォアハンド〉正手 zhèngshǒu
〈バックハンド〉反手 fǎnshǒu

【トライアスロン】铁人三项 tiěrén sānxiàng；铁人马拉松 tiěrén mǎlāsōng

【バイアスロン】冬季两项 dōngjì liǎngxiàng；现代冬季两项 xiàndài dōngjì liǎngxiàng

【馬術】马术 mǎshù
［障碍飛越］障碍赛 zhàng'àisài
［馬場馬術］盛装舞步赛 shèngzhuāng wǔbùsài
［総合馬術］三日赛 sānrìsài

【バスケットボール】篮球 lánqiú
〈バスケットボールコート〉篮球场 lánqiúchǎng
〈センターサークル〉中圈 zhōngquān
〈センターライン〉中线 zhōngxiàn
〈フリースローライン〉罚球线 fáqiúxiàn
〈ゴール〉球篮 qiúlán
〈バスケットボール用のボール〉篮球 lánqiú
〈ドリブル〉运球 yùnqiú；带球 dàiqiú
〈シュート〉投篮 tóulán
〈スリーポイントシュート〉三分投篮 sānfēn tóulán
〈ダンクシュート〉灌篮 guànlán；扣篮 kòulán
〈トラベリング〉带球走步 dàiqiú

zǒubù
【バドミントン】羽毛球 yǔmáoqiú
〈バドミントンコート〉羽毛球场 yǔmáoqiúchǎng
〈シャトル〉羽毛球 yǔmáoqiú

【バレーボール】 排球 páiqiú
[ビーチバレー] 沙滩排球 shātān páiqiú
〈リベロプレイヤー〉自由人 zìyóurén
〈バレーボールコート〉排球场 páiqiúchǎng
〈ネット〉排球网 páiqiúwǎng
〈センターライン〉中线 zhōngxiàn
〈サイドライン〉边线 biānxiàn
〈アタックライン〉限制线 xiànzhìxiàn
〈エンドライン〉端线 duānxiàn
〈バレーボール用のボール〉排球 páiqiú
〈サーブする〉发球 fāqiú
〈レシーブする〉接球 jiēqiú
〈スパイクする〉扣球 kòuqiú
〈トスする〉传球 chuánqiú
〈ブロックする〉拦网 lánwǎng
〈オーバーネット〉过网 guòwǎng
〈タッチネット〉触网 chùwǎng
〈ホールディング〉持球 chíqiú

【ハンドボール】 手球 shǒuqiú

【ビリヤード】 台球 táiqiú
〈ビリヤードテーブル〉球台 qiútái
〈キュー〉台球棒 táiqiúbàng
〈手玉〉母球 mǔqiú
〈的玉〉目的球 mùdìqiú
〈ポケット〉球网袋 qiúwǎngdài

【フェンシング】 击剑 jījiàn
[エペ] 重剑 zhòngjiàn
[サーブル] 佩剑 pèijiàn
[フルーレ] 花剑 huājiàn
〈ピスト〉击剑场 jījiànchǎng
〈マスク〉护面 hùmiàn
〈電気審判器〉电动裁判器 diàndòng cáipànqì

【武術太極拳】 武术 wǔshù
[太極拳] 太极拳 tàijíquán
[長拳] 长拳 chángquán

●中国語で応援してみよう！
　球技の応援

★ "胜不骄，败不馁，继续进攻！" Shèng bu jiāo, bài bù něi, jìxù jìngōng!
「勝ってもおごらず，負けてもめげずに，攻め抜こう！」（スローガン）

★ "中国队，打得好！" Zhōngguó Duì, dǎde hǎo!
「中国，いいぞ！」

★ "(压) 上！上！" (Yā) Shàng! Shàng!
「行け！行け！」（選手に攻撃をあおるときに）

★ "守住！守住！" Shǒuzhù! Shǒuzhù!
「止めろ！」（ディフェンスに向けて）

★ "盯住5号！" Dīngzhù wǔ hào!
「5番をマーク！」（敵の中心選手を押さえ込め，と叫ぶ）

★ "投！投！" Tóu! Tóu!
「シュート！シュート！」（バスケットボール・ハンドボールなどのシュートやスマッシュのチャンスに）

★ "射！射！" Shè! Shè!；"打！打！" Dǎ! Dǎ!
「シュート！シュート！」（サッカーのシュートチャンスに）

★ "扣！扣！" Kòu! Kòu!
「打て！打て！」（バレーボールのスパイクを促すときに）

★ "杀！杀！" Shā! Shā!
「やれ！やっつけろ！」；「打て！打て！」（卓球・バドミントン・テニスなどでスマッシュを促すときに）

★ "进了！Jìn le!；球进了！Qiú jìn le!；进球了！Jìn qiú le!"
「やった！」「とったぞ！」（サッカー・ハンドボール・バスケットボールなどの得点時に）

★ "得分了！" Défēn le!
「やった！」「とったぞ！」（卓球・バドミントン・テニスなどの得点時に）

[呉仲密／中国語友の会編]

[南拳] 南拳 nánquán
【ボクシング】拳击 quánjī
〈ボクサー〉拳击运动员 quánjī yùndòngyuán
〈セコンド〉助手 zhùshǒu
〈リング〉拳击台 quánjītái
〈赤コーナー〉红角 hóngjiǎo
〈青コーナー〉蓝角 lánjiǎo
〈グローブ〉拳击手套 quánjī shǒutào
〈ゴング〉钟 zhōng
〈サンドバッグ〉沙袋 shādài
〈パンチングボール〉吊球 diàoqiú
〈ヘッドギア〉保护帽 bǎohùmào
〈マウスピース〉护齿 hùchǐ
〈ラウンド〉回合 huíhé
〈ジャブ〉刺拳 cìquán
〈ストレート〉直拳 zhíquán
〈フック〉钩拳 gōuquán
〈カウンター〉还击 huánjī
〈ノックアウトする〉击倒 jīdǎo
〈テクニカルノックアウト〉技术击倒 jìshù jīdǎo
【ボート】赛艇 sàitǐng
【ボーリング】保龄球 bǎolíngqiú
〈ボーリング用のボール〉保龄球 bǎolíngqiú
〈レーン〉球道 qiúdào
〈ガター〉沟 gōu
〈ピン〉木柱 mùzhù
〈ストライク〉全中 quánzhòng
〈スペア〉补中 bǔzhòng
〈ターキー〉火鸡 huǒjī
【ホッケー】曲棍球 qūgùnqiú
〈ホッケーのボール〉曲棍球 qūgùnqiú
【ボディビル】健美 jiànměi; 健美运动 jiànměi yùndòng
【ボブスレー】有舵雪橇 yǒuduò xuěqiāo
[スケルトン] 俯式冰橇 fǔshì bīngqiāo; 钢架雪车 gāngjià xuěchē
【ムエタイ】泰拳 Tàiquán

【野球】棒球 bàngqiú
〈野球場〉棒球场 bàngqiúchǎng
〈ベース〉垒 lěi
〈本塁〉本垒 běnlěi
〈一塁〉一垒 yīlěi
〈二塁〉二垒 èrlěi
〈三塁〉三垒 sānlěi
〈マウンド〉投手岗 tóushǒugǎng
〈バッターボックス〉击球员区 jīqiúyuán qū
〈キャッチャーズボックス〉接手区 jiēshǒu qū
〈ベンチ〉球员席 qiúyuánxí
〈バックネット〉挡球网 dǎngqiúwǎng
〈ピッチャー〉投手 tóushǒu
〈キャッチャー〉接手 jiēshǒu
〈一塁手〉一垒手 yīlěishǒu
〈二塁手〉二垒手 èrlěishǒu
〈三塁手〉三垒手 sānlěishǒu
〈ショート〉游击手 yóujīshǒu
〈ライト〉右外场手 yòuwàichǎngshǒu
〈センター〉中外场手 zhōngwàichǎngshǒu
〈レフト〉左外场手 zuǒwàichǎngshǒu
〈バッター〉击球员 jīqiúyuán
〈ランナー〉跑垒员 pǎolěiyuán
〈野球のボール〉棒球 bàngqiú
〈バット〉球棒 qiúbàng
〈グローブ〉手套 shǒutào
〈ミット〉连指手套 liánzhǐ shǒutào
〈キャッチャーマスク〉面罩 miànzhào
〈プロテクター〉护胸 hùxiōng
〈レガース〉护腿 hùtuǐ
〈ヘルメット〉护帽 hùmào; 头盔 tóukuī
〈スパイク〉球鞋 qiúxié
〈ストライク〉好球 hǎoqiú
〈(投球判定の)ボール〉坏球 huài-

qiú
〈変化球〉曲线球 qūxiànqiú
〈ストレート〉直线球 zhíxiànqiú
〈カーブ〉曲线球 qūxiànqiú
〈シュート〉自然曲线球 zìrán qūxiànqiú
〈スライダー〉水平外曲球 shuǐpíngwài qūqiú
〈ドロップ〉下曲球 xiàqūqiú
〈フォーク〉分指球 fēnzhǐqiú
〈ナックル〉不转球 bùzhuànqiú
〈三振〉三击不中 sānjībùzhòng
〈フォアボール〉四次坏球 sìcì huàiqiú
〈デッドボール〉死球 sǐqiú
〈ファウル〉线外球 xiànwàiqiú; 界外球 jièwàiqiú
〈ヒット〉安全打 ānquándǎ
〈ホームラン〉本垒打 běnlěidǎ
〈ゴロ〉滚球 gǔnqiú
〈フライ〉腾空球 téngkōngqiú
〈バント〉触击 chùjī
〈盗塁〉偷垒 tōulěi
〈スライディング〉滑垒 huálěi
〈アウト〉死局 sǐjú
〈タッチアウト〉触杀 chùshā
〈セーフ〉安全上垒 ānquán shànglěi
〈ボーク〉投手犯规 tóushǒu fànguī
〈セントラルリーグ〉中央棒球联盟 Zhōngyāng bàngqiú liánméng
〈パシフィックリーグ〉太平洋棒球联盟 Tàipíngyáng bàngqiú liánméng
〈メジャーリーグ〉美国职业棒球大联盟 Měiguó zhíyè bàngqiú dàliánméng
〈マイナーリーグ〉美国职业棒球小联盟 Měiguó zhíyè bàngqiú xiǎoliánméng
【ヨット】帆船 fānchuán
【ラグビー】橄榄球 gǎnlǎnqiú
〈ラグビーボール〉橄榄球 gǎnlǎnqiú
〈スクラム〉扭夺 niǔduó
〈トライ〉带球触地 dàiqiú chùdì
〈ドロップゴール〉碰球入门 pèngqiú rùmén
〈ノックオン〉前拍 qiánpāi
〈モール〉冒尔 mào'ěr
〈ラック〉拉克 lākè
〈ゴールキック〉球门发球 qiúmén fāqiú
〈タックル〉擒抱 qínbào; 阻挡 zǔdǎng
【ラクロス】兜网球 dōuwǎngqiú
【陸上】田径 tiánjìng
[短距離走] 短跑 duǎnpǎo
[中距離走] 中跑 zhōngpǎo
[長距離走] 长跑 chángpǎo
[円盤投げ] 铁饼 tiěbǐng
[競歩] 竞走 jìngzǒu
[三段跳び] 三级跳远 sānjí tiàoyuǎn
[障害物競走] 障碍赛跑 zhàng'ài

●中国語で応援してみよう！
陸上競技・水泳・スピードスケートなどの競技の応援

★ "加速！加速！" Jiāsù! Jiāsù!
「それいけ！それー！」(助走する選手に向けて)

★ "咬住！咬住！" Yǎozhù! Yǎozhù!
「食らいつけ！離されるな！」(両サイド・コースの選手が速く，引き離されそうなときに)

★ "加速！加速！冲刺！冲刺！" Jiāsù! Jiāsù! Chōngcì! Chōngcì!
「もう少しだ！スパート！スパート！」(選手がもうすぐゴールのときに)

★ "快到了！冲！冲！" Kuài dào le! Chōng! Chōng!
「ゴールだ！スパート！スパート！」(選手のラストスパートを促すときに)

［呉仲密／中国語友の会編］

sàipǎo
[ハードル走] 跨栏跑 kuàlánpǎo
[走り高跳び] 跳高 tiàogāo
[走り幅跳び] 跳远 tiàoyuǎn
[ハンマー投げ] 掷链球 zhìliànqiú
[棒高跳び] 撑竿跳高 chēnggān tiàogāo
[砲丸投げ] 铅球 qiānqiú
[マラソン] 马拉松 mǎlāsōng
[やり投げ] 标枪 biāoqiāng
[リレー] 接力跑 jiēlìpǎo
〈ペースメーカー〉领跑员 lǐngpǎoyuán
〈コースライン〉分道线 fēndàoxiàn
〈スターティングブロック〉起跑器 qǐpǎoqì
〈スタート用のピストル〉发令枪 fālìngqiāng
〈ゴールライン〉终点线 zhōngdiǎnxiàn
〈フィニッシュテープ〉终点带 zhōngdiǎndài
〈給水ドリンク〉途中饮料 túzhōng yǐnliào
〈スプリットタイム〉分段时间 fēnduàn shíjiān
〈踏み切り板〉起跳板 qǐtiàobǎn
〈ピット〉沙坑 shākēng
〈障害物〉横竿 hénggān
〈ハードル〉跨栏 kuàlán
〈バー〉横竿 hénggān
〈棒高跳びのポール〉撑竿 chēnggān
〈ランニングシューズ〉跑鞋 pǎoxié
〈スパイク〉钉鞋 dīngxié
〈リレーバトン〉接力棒 jiēlìbàng
〈クラウチングスタート〉蹲踞式起跑 dūnjùshì qǐpǎo
〈スタンディングスタート〉站立式起跑 zhànlìshì qǐpǎo
〈フライング〉抢跑 qiǎngpǎo

〈ゴールする〉冲线 chōngxiàn
〈助走する〉助跑 zhùpǎo
〈ホップ〉单脚跳 dānjiǎotiào
〈ステップ〉跨步跳 kuàbùtiào
〈ジャンプ〉双脚跳 shuāngjiǎotiào
〈着地〉着地 zhuódì
〈踏み切り〉起跳 qǐtiào
〈背面跳び〉背越式跳高 bèiyuèshì tiàogāo
〈はさみ跳び〉剪式跳高 jiǎnshì tiàogāo
〈ベリーロール〉俯卧式跳高 fǔwòshì tiàogāo
〈スターター〉发令员 fālìngyuán
【リュージュ】无舵雪橇 wúduò xuěqiāo
【レスリング】摔跤 shuāijiāo
[グレコローマン] 古典式摔跤 gǔdiǎnshì shuāijiāo
[フリースタイル] 自由式摔跤 zìyóushì shuāijiāo
〈シングレット〉摔跤服 shuāijiāofú
〈フォール〉两肩着地 liǎngjiān zhuódì
【ロッククライミング】攀岩 pānyán

その他の運動・エクササイズ

【立ち幅跳び】立定跳远 lìdìng tiàoyuǎn
【腕立て伏せ】俯卧撑 fǔwòchēng
【逆立ち】倒立 dàolì
【深呼吸】深呼吸 shēnhūxī
【柔軟体操】柔软体操 róuruǎn tǐcāo
【ストレッチ体操】伸展操 shēnzhǎncāo
【縄跳び】跳绳 tiàoshéng
【ラジオ体操】广播体操 guǎngbō tǐcāo
【ウォームアップする】做准备活动 zuò zhǔnbèi huódòng

【クールダウンする】做缓和运动 zuò huǎnhé yùndòng
【登山】登山运动 dēngshān yùndòng
【フェイント】假动作 jiǎ dòngzuò
【マスゲーム】团体操 tuántǐcāo
【ヨガ】瑜伽 yújiā
【ジョギング】跑步 pǎobù
【筋力トレーニング】力量训练 lìliàng xùnliàn
【イメージトレーニング】表象训练 biǎoxiàng xùnliàn

試合・競技大会

【試合】比赛 bǐsài
【選手権大会】锦标赛 jǐnbiāosài
【予選】预赛 yùsài
【準々決勝】四分之一决赛 sì fēn zhī yī juésài
【準決勝】半决赛 bànjuésài
【決勝】决赛 juésài
【敗者復活戦】安慰赛 ānwèisài; 双淘汰赛 shuāng táotàisài
【リーグ戦】联赛 liánsài; 循环赛 xúnhuánsài
【トーナメント】淘汰赛 táotàisài
【招待試合】邀请赛 yāoqǐngsài
【エキシビションゲーム】表演赛 biǎoyǎnsài
【選考会】选拔赛 xuǎnbásài
【アジア選手権】亚洲锦标赛 Yàzhōu jǐnbiāosài
【世界選手権】世界锦标赛 shìjiè jǐnbiāosài
【オリンピック】奥林匹克运动会 Àolínpǐkè yùndònghuì; 奥运会 Àoyùnhuì
【冬季オリンピック】冬奥会 Dōng'àohuì
【パラリンピック】残奥会 cán'àohuì
【アジア競技大会】亚洲运动会 Yàzhōu yùndònghuì; 亚运会 Yàyùnhuì

【東アジア競技大会】东亚运动会 Dōngyà yùndònghuì
【ユニバーシアード】世界大学生运动会 shìjiè dàxuéshēng yùndònghuì
【ワールドカップ】世界杯赛 shìjièbēisài
【開会式】开幕仪式 kāimù yíshì
【閉会式】闭幕仪式 bìmù yíshì
【聖火】圣火 shènghuǒ
【聖火台】火炬塔 huǒjùtǎ
【選手宣誓】宣誓仪式 xuānshì yíshì
【勝つ】赢 yíng; 获胜 huòshèng
【負ける】输 shū
【不戦勝となる】轮空 lúnkōng
【ベスト8入りする】进入前八名 jìnrù qián bā míng
【引き分け】和局 héjú
【シーソーゲーム】拉锯战 lājùzhàn
【ワンサイドゲーム】一边倒的比赛 yìbiāndǎo de bǐsài
【試合を放棄する】罢赛 bàsài
【競技規則】比赛规则 bǐsài guīzé
【反則する】犯规 fànguī
【地元有利の判定をする】裁判偏袒东道 cáipàn piāntǎn dōngdào

スポーツに関わる人々

【選手】选手 xuǎnshǒu; 运动员 yùndòngyuán
【シード選手】种子选手 zhǒngzi xuǎnshǒu
【補欠選手】候补选手 hòubǔ xuǎnshǒu
【キャプテン】队长 duìzhǎng
【監督】领队 lǐngduì
【コーチ】教练 jiàoliàn
【ヘッドコーチ】总教练 zǒngjiàoliàn
【審判員】裁判 cáipàn; 裁判员 cáipànyuán
【主審】主裁判 zhǔcáipàn; 主裁判员 zhǔcáipànyuán

【副審】副裁判 fùcáipàn；副裁判员 fùcáipànyuán
【タイムキーパー】计时员 jìshíyuán
【応援団】拉拉队 lālāduì
【チャンピオン】冠军 guànjūn
【準優勝者】亚军 yàjūn

表彰・記録

【メダル】奖牌 jiǎngpái；奖章 jiǎngzhāng
【メダルを剥奪される】被剥夺奖牌 bèi bōduó jiǎngpái
【金メダル】金牌 jīnpái；金质奖章 jīnzhì jiǎngzhāng
【銀メダル】银牌 yínpái；银质奖章 yínzhì jiǎngzhāng
【銅メダル】铜牌 tóngpái；铜质奖章 tóngzhì jiǎngzhāng
【表彰状】奖状 jiǎngzhuàng
【トロフィー】奖杯 jiǎngbēi
【表彰式】授奖仪式 shòujiǎng yíshì
【表彰台】领奖台 lǐngjiǎngtái；受奖台 shòujiǎngtái
【タイ記録】平记录 píng jìlù
【記録を更新する】刷新记录 shuāxīn jìlù

その他

【オリンピック選手村】奥运村 àoyùncūn
【五輪旗】五环旗 wǔhuánqí；奥运会旗 Àoyùnhuìqí
【マスコット】吉祥物 jíxiángwù
【オリンピックをボイコットする】抵制奥运会 dǐzhì Àoyùnhuì
【より速く，より高く，より強く】更快，更高，更强 gèng kuài, gèng gāo, gèng qiáng
【スポーツ飲料】运动饮料 yùndòng yǐnliào
【ストップウォッチ】马表 mǎbiǎo；停表 tíngbiǎo；跑表 pǎobiǎo
【ホイッスル】哨子 shàozi
【ゼッケン】号码布 hàomǎbù
【トレーニングルーム】健身室 jiànshēnshì
【エキスパンダー】拉力器 lālìqì；扩胸器 kuòxiōngqì
【エルゴメーター】健身车 jiànshēnchē
【ダンベル】哑铃 yǎlíng
【トレッドミル】跑步器 pǎobùqì
【登り縄】爬绳 páshéng
【肋木】肋木 lèimù
【体育館】体育馆 tǐyùguǎn
【ロッカー】衣柜 yīguì；放衣柜 fàngyīguì
【更衣室】更衣室 gēngyīshì
【シャワー】淋浴喷头 línyù pēntóu
【グラウンド】操场 cāochǎng
【観客席】看台 kàntái
【スコアボード】记分牌 jìfēnpái
【とんぼ】平耙 píngpá；整平器 zhěngpíngqì
【合宿】集训 jíxùn
【ブーイング】嘘声 xūshēng
【ウェーブ】墨西哥人浪 Mòxīgē rénlàng
【スポーツマンシップ】运动员精神 yùndòngyuán jīngshén
【ガッツ】毅力 yìlì
【ドーピングチェック】兴奋剂检查 xīngfènjì jiǎnchá
【計量する】量体重 liáng tǐzhòng
【試合中に相手にプレッシャーをかける】比赛中给对手压力 bǐsàizhōng gěi duìshǒu yālì
【位置について，用意，ドン！】各就各位，预备，跑！ Gè jiù gè wèi, yùbèi, pǎo!
【潜水スポーツ】潜水运动 qiánshuǐ yùndòng
〈フィン〉脚蹼 jiǎopǔ

(ほし・けんいち　中央大学)

V
中国語学習情報

中国語パソコン情報 126 加藤晴子
    中国語入力システムと入力方法
    中国語とインターネット
    パソコンを利用した中国語学習

中国語電子辞書利用法 136 町田　茂
    主な機能と使用法
    紙の辞書との違い
    学習上の留意点

役立つ辞書・事典（「工具書」）32種紹介 140 中国語友の会
中国語学習書情報 147 中国語友の会

中国語パソコン情報

加藤晴子

　Windowsパソコンでの中国語の入力，中国・台湾・香港のWebページの閲覧，中国語のメールの送受信，パソコンを利用した中国語学習の各項目について以下にまとめました。

中国語入力システムと入力方法
◆Windows付属の入力システム
　Microsoft社のWindowsでは，Windows 2000から多言語に対応しました。ただしこの時点ではまだ不完全な対応で不備も多く，Windows XPとOffice 2003の組み合わせになってやっと安定してきた感があります。
　2000以上のバージョンでは，Windowsに各言語のIMEが付属するようになりました。これをコントロールパネルから設定するだけで使えるようになります。
　以下，XPおよび2000での設定方法を説明します。

Windows XPの場合
①「スタート」→「設定」→「コントロールパネル」を開く。
②「地域と言語のオプション」→「言語」タブ→「テキストサービスと入力言語」の「詳細」【図1】→「インストールされているサービス」→「追加」【図2】の順に進む。

　設定によっては「日付，時刻，地域と言語のオプション」→「ほかの言語を追加する」で【図1】が表示されます。

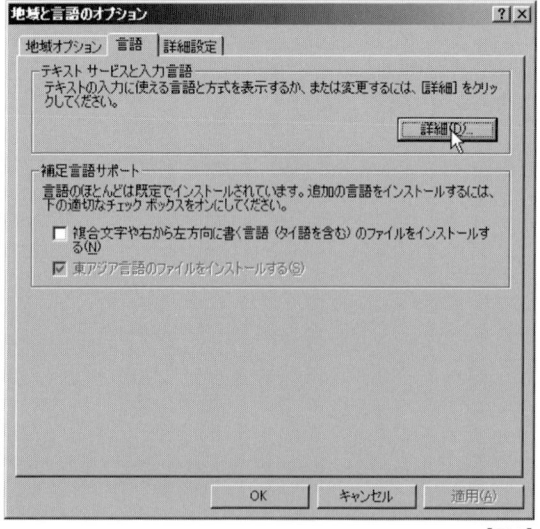

【図1】　【図2】

③「入力言語」一覧から「中国語（中国）」を選択。【図3】
④「キーボードレイアウト／入力システム」にチェックを入れ，適宜選択して「OK」する。【図4】
⑤繁体字についても同様の方法で「中国語（台湾）」や「中国語（香港）」を追加する。

「キーボードレイアウト／入力システム」はいくつか試してみて，使いやすいものをさがすとよいでしょう。

①～⑤の作業はAdministrator（管理者）権限を持つユーザのみが可能です。

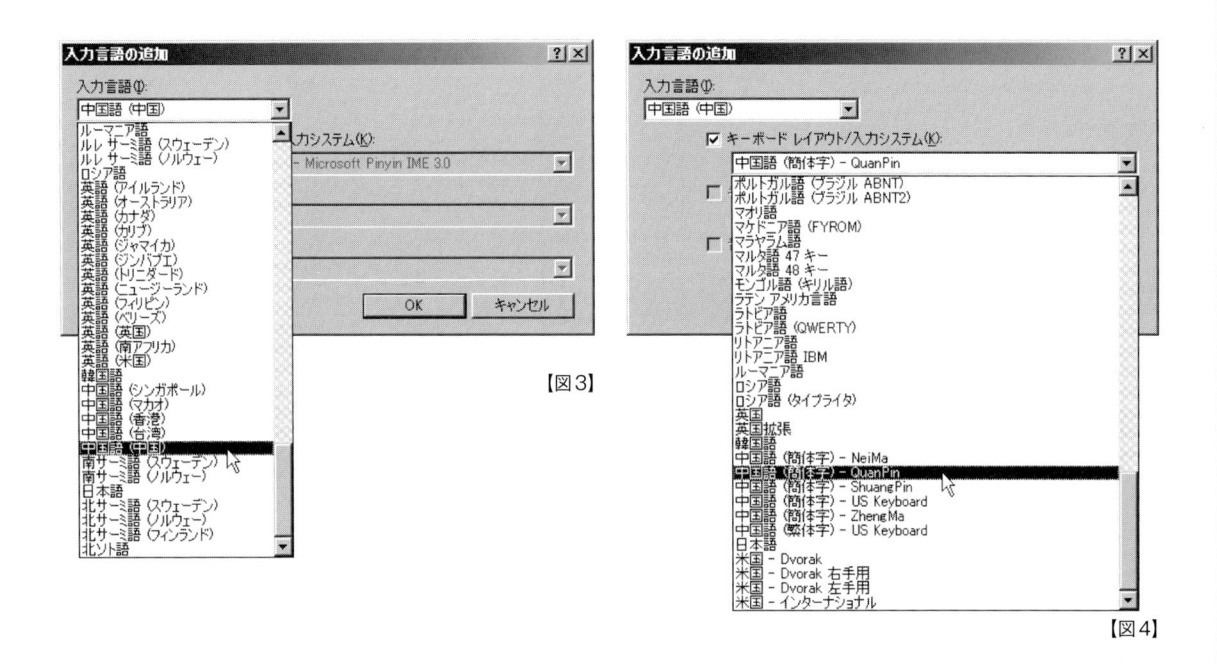

【図3】

【図4】

Windows 2000の場合

①「スタート」→「設定」→「コントロールパネル」→「地域のオプション」→「全般」を開く。
②「システムの言語設定」の一覧から追加する言語，ここでは簡体字中国語および繁体字中国語をチェックし，「OK」する。指示に従い，Windows 2000のCD-ROMをセットしインストールを続行，終了後再起動。
一般的にはこの作業で，簡体字（GBコード）用フォント，SimSunとSimHei，繁体字（Big5コード）用フォント，MingLiUがインストールされます。
③「スタート」→「設定」→「コントロールパネル」→「地域のオプション」→「入力ロケール」を開く。
④「追加」をクリックし，「入力ロケールの追加」で「入力ロケール」と「キーボードレイアウト／入力システム」をそれぞれ選択する。

「キーボードレイアウト／入力システム」はいくつか試してみて，使いやすいものをさがすとよいでしょう。

①～④の作業はAdministrator権限を持つユーザのみが可能です。

　Windows 98やWindows Me，またはそれ以前のバージョンではMicrosoft社のサイトからGlobal IMEをダウンロードしてインストールするか，Office 2000またはOffice 2003に付属の「インターナショナルサポート」を追加インストールしなければなりません。以下にOffice 2003に付属の「インターナショナルサポート」のインストール手順を説明します。

①Office 2003のCD-ROMをパソコンにセットする。自動的に起動されなければ，CD-ROM内のSETUP.EXEを起動する。
②「機能の追加／削除」を選択して「次へ」をクリックする。
③「アプリケーションごとにオプションを指定してインストール」をチェックして「次へ」をクリックする。
④「Officeの共有機能」の中にある「インターナショナルサポート」をクリックして，「マイコンピュータからすべて実行」を選択し，「更新」をクリックする。【図5】

【図5】

◆専用入力用ソフト

　Windows付属のIMEでも中国語は入力できますが，変換能力が高くなく，単漢字または単語ごとの変換になります。もっと効率のいい中国語入力をするには，やはり市販の中国語入力ソフトのいずれかを購入することになります。入力方法もいくつか用意されています。また，市販のソフトには入力システムだけではなく，辞書検索機能，翻訳機能，音声読み上げ機能等，各社工夫を凝らした機能がついています。声調符号つきピンインを入力するにもいずれかが必要です。主な中国語入力ソフトには以下のものがあります。

　楽々中国語〔オムロンソフトウェア〕
　Chinese Writer〔高電社〕
　Nihao Win〔株式会社IPM（旧クリエイト大阪）〕

　Windows 2000では，上記のソフトをインストール後，コントロールパネルからの設定が必要になる場合があります。詳しくは各入力ソフトのマニュアルを参照してください。

　入力ソフトによっては，日本国内でのみ通用する独自の入力システムを提供するものもあります。例えばChinese Writerの提供する「CW」という入力システムがこれです。中国大陸のGBコード，台湾・香港のBig5コードのいずれにも対応していません。1台のパソコンで文書を作成し印刷するのであれば何の支障も

ありませんが，他のパソコンでも利用する可能性のある場合にはこの入力システムの使用は避けるべきでしょう。

複数の中国語入力システムをインストールすると動作が不安定になることがあるので要注意です。Microsoft 社の Global IME とは共存できないものもあります。

◆中国語入力方法
漢字を入力する場合

以下では Windows XP に Office 2003 を組み合わせ，ピンインを使って入力する場合の方法を説明します。他のバージョンでは細部が異なりますが，基本は同じです。

①【図6】のように「言語インジケータ」の[JP]をクリックし，入力しようとする言語を選択する。簡体字を入力するならば「中国語（中国）」，繁体字を入力するならば「中国語（台湾）」または「中国語（香港）」を選択する。

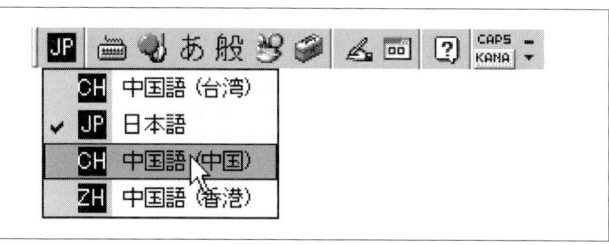

【図6】

②必要に応じて【図7】のように，入力システムを選択する。1つの言語に対して1つの入力システムしか設定していない場合や，前回その言語で使用した入力システムを使う場合にはこの手順は必要ない。

【図7】

③入力しようとする漢字をピンインで入力する。例えば"汉语"と入力する場合は"hanyu"と入力する。【図8】声調はいれなくともよい。"ü"は"v"を替わりに入力する。

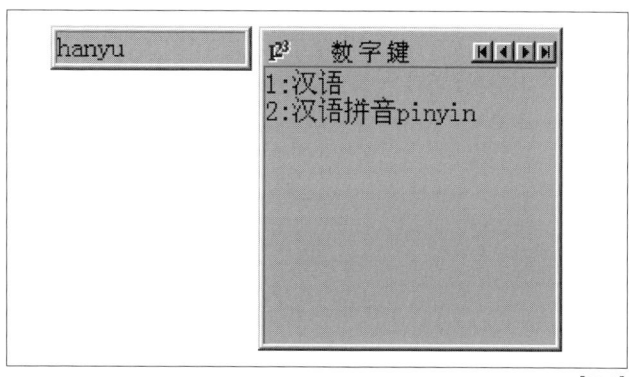

【図8】

ここから先は各入力システムにより異なります。ピンインを1文字打つたびに候補が現れるもの，スペースバーで候補を表示させるもの，数字で確定するもの，[Enter]キーで確定するもの，等様々です。いくつか試し，自分で使いやすいものをみつけるのがよいでしょう。

声調符号付きピンインを入力する場合

声調符号付きピンインは，Word の記号と特殊文字の挿入によっても入力できますが，市販のソフトを使うのが簡単です。以下 Chinese Writer を例に入力方法を説明します。

①「Chinese Writer（GB）」に切り替え，言語バーの[全]をクリックし，「声調付

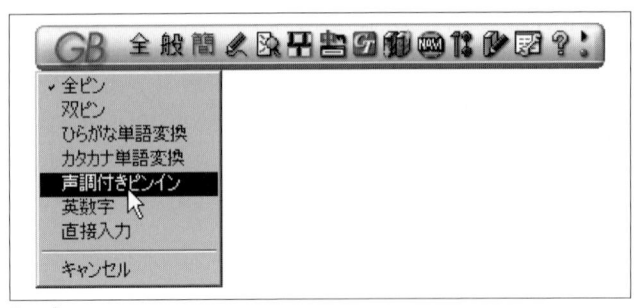

きピンイン」入力モードに切り替える。
【図9】
②ピンインを入力，声調を1～4の数字で各音節の後ろにつけると声調付きピンインに変換される。軽声には何もつけない。
③または，[全]の状態で②と同様にピンインを入力，数字をつけた後，[F5]キーを押す。2回続けて押すと語頭が大文字になる。

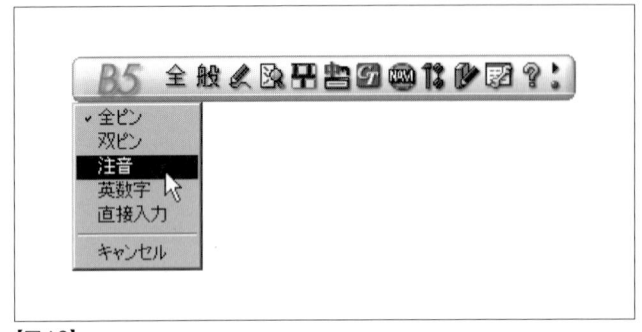

【図9】

【図10】

注音符号を入力する場合

注音符号を入力するにも，市販のソフトを使うのが簡単です。以下Chinese Writerを例に入力方法を説明します。
①「Chinese Writer（BIG5）」に切り替え，言語バーの[全]をクリックし，「注音」入力モードに切り替える。【図10】
②仮想キーボードを表示し，クリックして入力する。【図11】

【図11】

中国語とインターネット

◆中国語のWebページの閲覧

コントロールパネルでの入力システムの設定が済んでいれば，何もすることはありません。普段使っているInternet Explorerなどのブラウザを起動し，閲覧したいWebページを読み込むだけです。この時もしも文字化けが起きたならば，「表示」→「エンコード」から「簡体字中国語」または「繁体字中国語」を選択します。【図12】

ページによっては「Unicode」を選択するとよい場合もあります。

検索欄などに中国語を入力したい場合は，先に説明したOfficeでの入力と同様に入力します。【図13】

【図12】

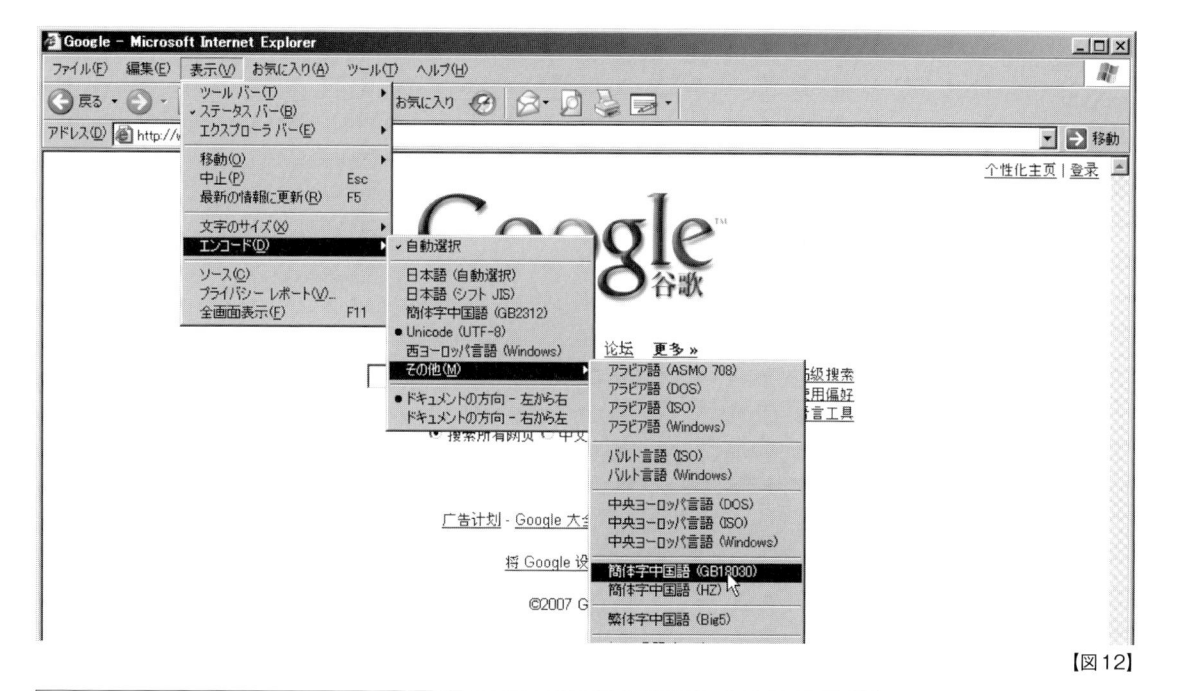

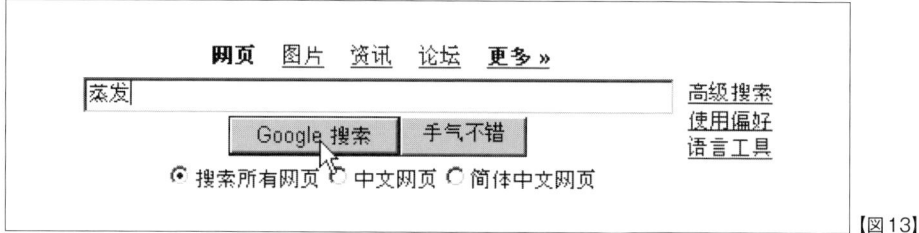

【図13】

◆中国語のメールの送受信

　現在主なメールソフトは多言語に対応しており，エンコードを指定することで，簡体字，繁体字のメールを作成・送信したり，受信したりすることができます。例えばOutlook Expressの場合は，「書式」→「エンコード」から「簡体字中国語」または「繁体字中国語」を選択します。受信したメールによっては「Unicode」を選択するとよい場合もあります。

　メールの場合は，送り先のパソコンの設定の問題もありますから，件名だけはピンイン表記等のローマ字で打つ，送り先でどうしても文字化けする場合はWordで文書を作成して添付ファイルとして送る，等の配慮が必要です。

パソコンを利用した中国語学習
◆中国語学習ソフト・学習支援サイト

　パソコンにインストールして中国語を学習するためのソフトが各社から発売されています。また，インターネット上には無料で中国語の学習ができるサイトがいくつかあります。以下に述べる検索によってこれらのサイトをみつけだすことができます。

◆語の検索

　Googleなどの検索サイトでは，様々な言語を選択して検索することができます。【図14】はGoogleの言語選択の画面です。「中国語（簡体）」を選んで語を検索すると，その語の意味の広がりや使い方を知ることができます。

　例えば，"蒸発"を検索すると，もともとの水分の蒸発という意味から，香港のテレビドラマのヒットを通じて，日本語と同様「人や物が突然行方不明になること」という意味に広がってきたことがわかります。【図15】

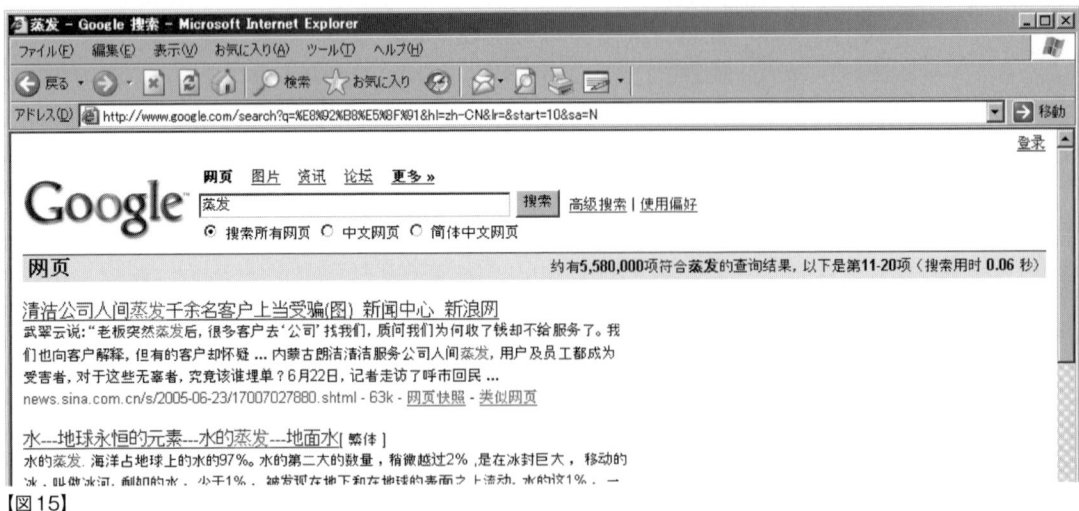

【図14】

【図15】

Googleでは，不特定の語句を含むフレーズや文型も検索することができます。例えば，"越～越～"を検索した結果が【図16】です。「*」を使って「越*越」を検索語に指定しています。

　また，Googleの「イメージ検索」やYahoo!の「画像検索」を利用すれば，中国独特のものを視覚的に理解することもできます。【図17】は「四合院」のイメージを検索したものです。

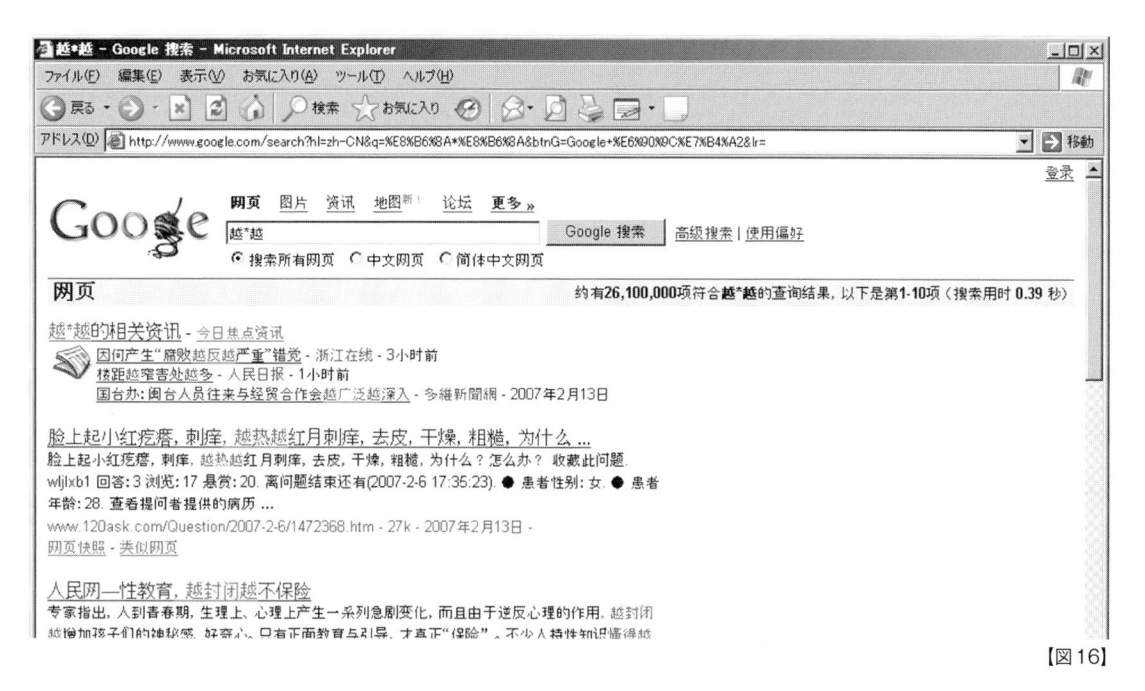

【図16】

【図17】

その他インターネットは，中国の新聞記事や小説を読む，ニュースや音楽を聞く，翻訳サービスを受ける，各種検定・能力試験の情報を集める，地図を見る，旅行情報を集めホテルの予約をする，……等，様々に利用することができます。中国図書の輸入販売をてがける書店や中国語関連の書籍・雑誌を発行する出版社の多くが，リンク集という形でこれらサービスへの入口を提供しています。

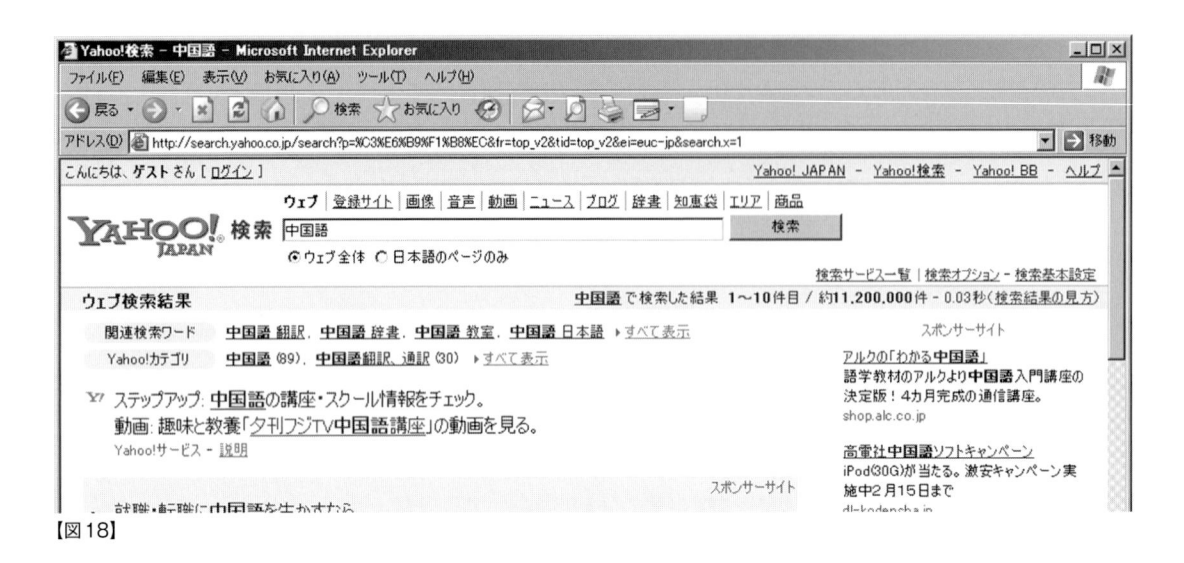

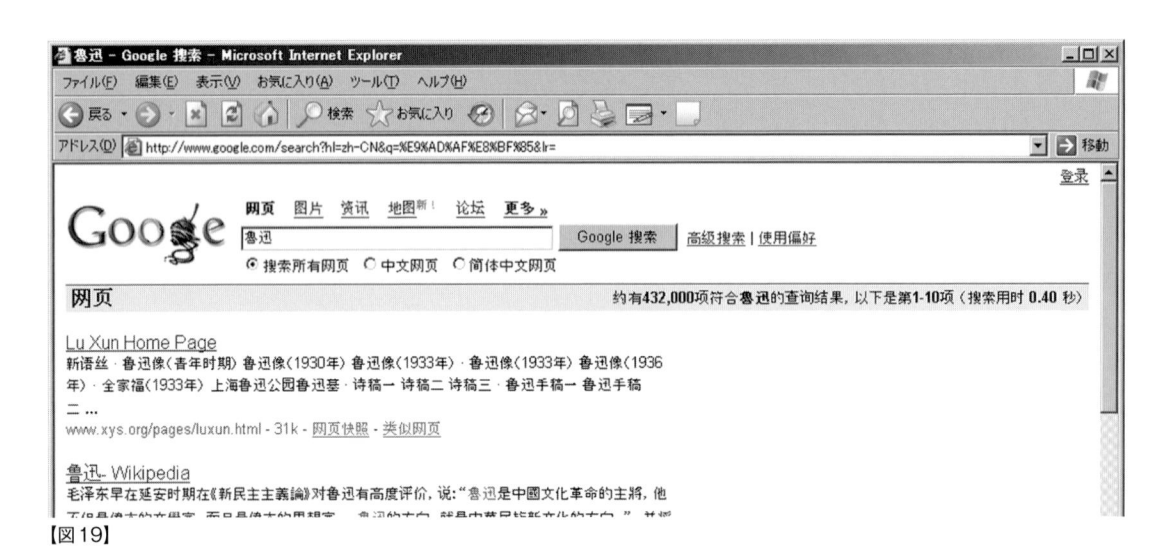

【図18】

【図19】

◆情報の検索

　以上のような様々な情報を検索で探し当てようとする場合，現在は各検索エンジンの性能があがっているので，とりあえず思いついたキーワードで検索するといったやり方でも目的の情報にたどりつく可能性は高まっています。例えば，Yahoo!で「中国語」を検索語にして検索すると，【図18】のように1千万件以上のWebページがヒットしてしまいますが，トップに表示される「関連検索ワード」や「Yahoo!カテゴリ」を利用して絞り込んでいくことができます。ただし，ネット上にある魯迅の小説の原文を読みたいというような場合には，中国語の検索サイトに移動してから「魯迅」などの検索語で検索するほうがよいようです。【図19】この時の検索語欄には日本語入力で入力してもヒットします。

　以上，ご紹介した機能は，ごく一部です。パソコンを上手に活用して楽しく中国語を勉強しましょう。

さらに詳しく知りたい時は……
漢字文献情報処理研究会編『電脳中国学』/『電脳中国学Ⅱ』好文出版，1998年／2001年
王占華ほか著『中国語学概論』駿河台出版社，2004年

　　　　　　　　　　　　　　　　　　　　（かとう・はるこ　明海大学）

中国語電子辞書利用法

町田　茂

　電子辞書には中国語辞典を収録したものがあり，他の国語，英語，百科事典などと合わせると，単体の電子辞書で多数の辞書を一括検索することができ，お買い得感があります。現行の電子辞書に収録されている中国語関係の辞典には，小学館『中日辞典』，同『日中辞典』（2007年モデルからは中日・日中共に第2版を収録），講談社『中日辞典第2版』，同『日中辞典』，大修館書店『中日大辞典増訂第2版』，商務印書館『現代漢語詞典第4版』などがあります。このうち『現代漢語詞典』は2005年に第5版が刊行され，単語に品詞分類が付され，一部の語の発音表記にも変更が施されましたが，残念ながら現行の電子辞書には旧版しか収録されていません。

　以下では，電子辞書の主な機能と使用法，紙の辞書との違い，学習上の注意点について解説していきます。

1．主な機能と使用法
(1) 中国語の入力法

　中国語学習者にとって最も馴染み深い入力法はピンインです。2音節以上の単語でもピンインを入力すれば短時間で引き当てることができます。ただ，声調記号を入力する場合，機種によってはao，angなどの韻母を「a＋声調記号＋o」「a＋声調記号＋ng」のような順で入力しなければならないため，慣れるまでは戸惑うかもしれません。どんな韻母でも最後に声調記号を入力する方式に統一した方が使いやすいのではないかと思います。

　聞いた中国語を書き取るとき，漢字がわからなくてもピンインで検索できることは電子辞書の強みですが，その反面，綴りが辞書の記述と異なると全く引き当てられないという落とし穴があります。例えば"把儿"（取っ手）は小学館『中日辞典』では［bàr］で引き当てることができますが，講談社『中日辞典』では［bà］と入力しなければ引き当てることができません。

　漢字の発音が不明なとき，画数によって検索することもできます。ただ，部首や総画数によって検索すると同一画数の候補が多く，画面にその全てを表示できない場合がありますから，紙の辞書に比べてかえって不便かもしれません。また機種によってはスタイラスというペンを使って手書き入力が可能な場合があります。"日"と"曰"の区別までは難しいようですが，発音も部首もわからない字を検索する最後の手段としては役立ちそうです。

　このほか音訓入力によって漢字を検索する方法もありますが，中国語学習者に

はお勧めできません。たとえ日本語の漢字音を知っていたとしても，中国語の発音で検索する習慣を身につけたいものです。

(2) 単語や用例の検索機能

電子辞書による検索では単音節語に加え多音節語も即座に候補を引き当てることができます。その一方で，"透不过气来"（息が詰まる）のような表現の検索には工夫が必要です。単語検索のつもりで"透不过气来"と入力した場合，何も引き当てることができません。文法知識から"透气"を検索すれば用例として"透不过气来"を引き当てることが可能ですが，これ以外では後に述べる例文検索機能を使うしかありません。

電子辞書の魅力は，何といってもその豊富で効率的なジャンプ機能にあります。用例や訳文中の単語を指定して即座に他の辞典にジャンプできるのは，電子辞書で初めて可能になったことです。ただ，辞書のジャンプ機能を活用するとき，それが見出し語単位なのか用例全てを含むのかを確認する必要があります。現行の電子辞書では，ジャンプ機能といっても，それは見出し語単位です。例えばCanon機の『日中辞典』で「坊さん」を引くと"和尚"という中国語訳が出てきます。今度はこの"和尚"を指定してジャンプすると中日辞典の"和尚"，『大辞林』の「和尚」などが候補として出てきますが，"和尚打伞"（無法をはたらく）という"歇后语"にたどり着くことはできません。これは，"和尚打伞"が"和尚"とは別の見出し語として収録されているためで，ジャンプ機能は他の見出し語の検索まで保証しているわけではありません。

一方，一部の電子辞書が搭載した例文検索機能は活用価値が高いと言えます。ある単語を指定すると，その語を含む辞書の用例を一発検索することができます。ただし，例文検索は文字列を基にしているようで，Canon機『中日辞典』で"上好"と入力し例文検索を行うと，"用上好的酒菜待承客人"（ご馳走で客をもてなす）の他に，"你这么用功，一定考得上好大学"（君はこんなに一生懸命に勉強しているから，きっといい大学に入れるだろう）も出てきてしまいます。

なお，Canon機の例文検索の発音表記には，さらなる改良が必要だと感じます。"赏，晌，上"のピンインが「sháng」と表示されたり，「mén」の候補に"瞒"が，「jǐng」の候補に「井」が表示されるのには首を傾げたくなります。

もう一つ，電子辞書の検索機能で有用なのが「？」「＊」「＆」を使った検索です。例えばCanon機で［？花］と入力し検索すると，「白花，冰花，菜花，草花」など，2字目が「花」である見出し語を引き当てることができます。ただこれも文字列からの検索のため，"爆米花"は［？？花］と入力しないと引き当てることができません。同じ理由で，ピンインの"? un"と"? ün"はいずれも［? un］で検索することになります。最後が「花」となる見出し語を一括検索したい場合は［＊花］と入力すれば，「菜花，蝴蝶花，锦上添花」など多数の見出し語が出てきます。また例文検索で［连＆带］と入力し，「连说带笑」「连去带回」などの用例を検索する，といった活用法も学習上有用です。

このほか，講談社『日中辞典』では用例から付録の「翻訳ルール」にジャンプすることができ，作文で悩んだとき，そこからヒントを得ることができます。

(3) 簡体字の筆順

Canon機では簡体字の筆順を確認することができます。特に，"着""乐""象""晚""专""车"など日本人学習者がうっかりしそうな字形を確認するのに非常に便利だと思います。

(4) 履歴の検索や単語カード

電子辞書では検索した語の履歴を見たり，必要な語を単語カードとして登録することができます。自由に注意書きができる紙のカードとどちらがよいかは使用者の趣味によるのではないでしょうか。

(5) 発音・録音

機種によっては中日辞典に収録された単語や例文の発音を聞けるものがあります。学習者が自分の発音を録音できる機種もありますが，どこをどう矯正すればよいかといった発音指導の機能はありません。

2．紙の辞書との違い

電子辞書は何といっても小型・軽量で持ち歩きに便利ですが，紙の辞書より不便な面もあることを確認しておく必要があります。

(1) 収録情報

紙の辞書には挿絵，図表や巻末資料などが付加されていますが，電子辞書ではその多くが省かれています。挿絵を見るとわかりやすい事項でも，電子辞書では文字情報しか得ることができません。

(2) 可視範囲

初級学習者が紙の辞書を使って困惑するのは，基礎単語に関する語釈が非常に多いことです。これは何も中国語に限ったことではなく，日本語でも，英語でも基礎単語は用法が多様で，辞書の語釈にかなりのスペースが必要になります。紙の辞書では最初に語釈の多さを確認し，その上で当面の学習にとって必要な情報を選択していくことになるのですが，電子辞書では画面に表示できる情報が限られているため，スクロールしていくうちに最初に出ていた情報を忘れてしまいそうです。また，例文を表示するのに再度キー操作が必要な機種では，例文をきちんと見てからどの語釈が最適か考える習慣をつける必要がありそうです。

3．学習上の留意点

最後に，電子辞書の特徴を踏まえた上で，学習上留意したいと思われる点をまとめておきます。

(1) ピンイン入力に慣れる

入力の際日本語の音訓入力やスタイラスによる手書き入力に慣れてしまうと，辞書を引くたびに中国語の発音を思い出すという習慣が身に付かず，漢字から意

味を考えるという学習に陥りがちです。電子辞書もピンイン入力を主体として活用すべきだと思います。

(2) 電子辞書に収録されていない辞書も活用する

中国語の学習を進めていくうちに，1冊の辞書では満足できず，複数の辞書を引き比べたくなってきます。中日辞典でも各社の辞典で収録語彙や語釈に違いがありますし，特に日中辞典は，訳したい日本語にぴったりの中国語が見つからない場合，何冊も引き比べたくなります。さらに学習を進めると，中国で刊行された用例辞典も必要だと感じるようになるのではないでしょうか。電子辞書は1つの本体に多数の辞書が収められているため割安感がありますが，中国語関係の辞典を複数引き比べようとするとき，やはり紙の辞書を買い増す必要が出てきます。電子辞書に多額の投資をしてしまい紙の辞書が買えなくなると，かえって学習にとってマイナスになりそうです。

(3) 紙の辞書と異なる面を知っておく

学習者は初めて辞書を手にしたときのその厚さや重さを通して学習すべき内容を感じ取ることができますが，電子辞書ではそれができません。いったい自分が辞書全体のどれだけを学習したかを感覚的に知ることができないのです。また，紙の辞書に書き込みをする習慣のある人は，かつて学習したことのある語に付された印を見て自分の学習歴を振り返ることができますが，電子辞書を使い始めると，こういった経験ができなくなってしまいます。

電子辞書が私たちに新たな学習法を提供していることは間違いありません。しかし，どんな物にも長所と短所がありますから，それらをよく理解した上で，長所を生かした活用法を考えたいものです。紙の辞書にも捨てがたい魅力があることは言うまでもありません。なお，本稿のテーマは中国語学習における電子辞書利用法ですから，実際に製品を選ぶ際の他の要素，例えば液晶の見易さ，起動に要する時間，ボディの堅牢さ，追加コンテンツの種類，等に関する情報は省略させていただきました。

(まちだ・しげる　山梨大学)

役立つ辞書・事典（「工具書」）32種紹介　　中国語友の会

(＊表示価格はすべて本体価格)

『基礎中国語辞典』

入門・初級・中級者を対象とした学習辞典。見出し漢字（親字）4,600余字，見出し語（熟語）16,000余語，派生語・関連語句9,600を収録。基礎段階での必要事項を凝縮。見出し語にはすべて対応する品詞名を附す。例文にはすべてピンインがつけられる。引く辞典としても，また少し大き目の単語帳・作文練習学習書として，単語・用例暗記用としても活用できる。

〔上野恵司著／NHK出版／2002年初版／B6判／1,038p／3,500円〕

『はじめての中国語学習辞典』

入門から中級者が習得すべきとされる約11,000語を精選収録。親字―熟語形式をとらず，すべてピンイン表記のアルファベット順に配列。中国の「語彙等級大綱」を基礎に，最重要語・重要語・次重要語の3ランク表示。すべての語に品詞分類表示。用例にはすべてピンインを附す。類義語の弁別，中国の文化・風俗習慣理解の助けとなる「百科知識」，単語の用法理解のための「語法」，表現を豊かにするための「表現Chips」などの多くの囲み，豊富なイラスト・写真が特徴。楽しみながら学習できる工夫が随所に見られる。

〔相原茂編著／朝日出版社／2002年初版／B6変型判／1,696p／2,800円〕

『クラウン中日辞典』

入門から中級者を対象とした学習辞典。見出し漢字（親字）―見出し語（熟語）形式採用。簡体字・繁体字・異体字あわせて約11,500字を収録。見出し語（熟語）は53,500語。親字には，常用字・次常用字・通用字の区別を表示。見出し語には甲級約570語，乙級約1,400語の3ランクを明示。各語にはすべて品詞表示。「表現」「用法」「比較」「由来」「参考」など，随所で学習参考情報を提供。中国社会を理解するために役立つ百科項目も多数立項。親字には所属部首，画数を表示，書き順のむずかしい親字には筆順が示される。

〔松岡榮志主幹／三省堂／2001年初版／B6変型判／1,696p／4,000円〕

『プログレッシブ中国語辞典』

入門・初級・中級者を対象とした学習辞典。見出し漢字（親字）―見出し語（熟語）形式採用。見出し漢字（親字）6,800字，見出し語（熟語）65,000語。語義・語釈は，常用・準常用の順に配列される。「注意」「参考」「語法」「比較」など数多くの欄が設定され，初級段階の学習者の立場にたったきめ細かな情報を提供。

〔武信彰他編／小学館／1998年初版／B6変型判／1,186p／3,500円〕
＊『プログレッシブ中国語辞典　コンパクト版』（2004年初版／2,600円）

『標準 中国語辞典（第2版）』

入門・初級者対象の学習辞典。漢和辞典の親字―熟語方式をとらず，すべての語を中国語ピンインのアルファベット順に配列。見出し語10,000語。入門段階に必要な基本的事項を随所に盛り込む。最重要語・重要語のランクもマーク表示。

プログレッシブ中国語辞典　コンパクト版

クラウン中日辞典

すべての語に品詞表示。用例は，ピンイン表記を先に，漢字表記をそれに続けるという配慮。附録の4,000語分類語彙表も必須単語一覧として便利。
〔上野恵司著／白帝社／1996年初版／B6判／484P／2,300円〕

『中国語基本語辞典』

入門から中級の学習者対象。厳選された常用語。基本語約2,300語の意味・用法を懇切に解説。類義表現・日本語との比較など，使用者が日本人学習者であることが十分に配慮された解説。とくに，日本人が間違えやすいところを〈注〉を附けて注意を喚起して説明。日中両国語ともに使われている同形単語のニュアンスの異なりの注記はありがたい。初級・中級段階を終えた既習者にとっても，常用語の用法確認，とりわけ中国語らしい表現を学習するための力強い味方となる。
〔輿水優監修／康玉華等編著／東方書店／2000年初版／B6判／540p／3,800円〕

『50音引き基礎中国語辞典』

見出し漢字（親字）5,000字，見出し語（熟語）17,600語。初級者対象。漢和辞典形式の辞典だが，親字すべてが日本漢字音の50音順に配列されたユニークな辞典。ピンインが苦手な向きには有用だが……。すべての見出し語にピンインとともにその片仮名表記が附される。例文にはすべてピンインがつく。
〔北浦藤郎他編著／講談社／2000年初版／B6判／1,182p／3,500円〕

『中日辞典（第2版）』

中級から上級者・研究者むけの本格的辞典。漢和辞典と同じ，親字―熟語形式。見出し漢字（親字）約13,500字，見出し語（熟語）約100,000語，用例90,000。見出し語は，表音表記（ピンイン）を前に出し，漢字表記をその後ろにしてあるのも本辞典の特徴。虚詞については品詞表示。中国の最新事情を知るための新語・キーワードを多数収録。学習者の理解の助けとなる「語法」「参考」「注意」「比較」「発音」などの補充説明は日本人学習者が錯覚しがちな点も十分配慮されていて有用。イラスト・写真も530点で，視覚的な説明も豊富。間違えやすいよく似た動作動詞の使い分けもイラストで図解。
〔北京商務印書館・小学館共同編集／小学館／2003年初版／B6変型判／2,254p／6,300円〕

『講談社 中日辞典（第二版）』

1998年11月に刊行され，本格的辞典として歓迎された辞典の改訂第二版。中級から上級・研究者対象。見出し漢字（親字）13,000字，見出し語（熟語）74,000語，用例85,000。中国語理解のためにさまざまな工夫がなされ，どのページを開いても読みごたえがある。490点におよぶイラスト・写真はいうにおよばず，語義の派生関係を示す「派生ツリー」，「逆引き単語帳」，類義語解説，「文化の森」，「明解文法」など，多彩なコラムは1,100にものぼる。用例にはすべてピンインが附され，発音も同時に確認でき，あわせて文の構造理解の一助にもなる。品詞表示はすべての語につく。
〔相原茂編／講談社／2002年初版／B6判／2,304p／6,500円〕

中国語基本語辞典

講談社
中日辞典（第二版）

中日辞典（第2版）

役立つ辞書・事典

『東方中国語辞典』

本辞典は，もともと2000年に北京商務印書館から発行された『応用漢語詞典』の編集開始時――1986年に，『現代漢語詞典』とは異なった「言語そのものの情報と知識とが融合した」タイプの辞典を目指して日中共同出版として企画されたもの。同辞典が先行出版されたあとに，日本人読者向けに再編集作業を続け，2004年に出版。見出し漢字(親字)11,000字，見出し語(熟語)42,000語の本格的辞典。親文字には，「現代漢語通用字表」にもとづき，常用字約2,500字，次常用字約1,000字，それ以外の通用字約3,500字を，HSKの語彙大綱を基準として「最重要語」約1,000語，「重要語」約2,000語，「次重要語」約5,000語をそれぞれ明示。類義語がついて多項目にわたること，百科項目が多数採録されているるることも特徴。
〔相原茂他主編／東方書店／2004年／B6判／2,120p／5,000円〕

『白水社 中国語辞典』

中級から上級・研究者対象。見出し漢字(親字)11,000字，見出し語(熟語)65,000語，用例110,000の本格的辞典。文脈ごとの詳細な意味分類，豊富な用例，精緻な文法的機能の解説は本辞典の大きな特徴。親字・見出し語にはすべて品詞分類表示。重要な例文には「文型表示」がなされ，構造が理解できるように工夫される。「動補フレーズ」は数多く立項され，意味用法を詳説する。語の微妙なニュアンスの異なりにもこだわり，外国人には分かりにくい差異についても十分配慮がなされている。中国理解のための百科項目も多く立項される。

〔伊地智善継編／白水社／2002年初版／B6判／2,400p／7,800円〕

『現代中国語辞典』

見出し漢字(親字)約12,000字，収録語彙は派生語・関連語ふくめて約130,000語。字義・語義にはすべて品詞分類表示。豊富な用例は有用。初版から大分時間がたち，改訂が待たれる。＊姉妹編として，親字6,600字，見出し語63,000語の『簡約現代中国語辞典』がある。
〔香坂順一編著／光生館／1982年初版／B6変型判／1,845p／6,300円〕

『中日大辞典 増訂第二版』

中級から上級者・研究者対象の本格的辞典。配列は見出し漢字(親字)―見出し語(熟語)の漢和辞典形式。見出し漢字(親字)8,812字，繁体字・異体字あわせて13,166字収録の大型辞典。現代語はもちろんのこと，やや古い，中世・近世の語彙や方言，百科項目的な事項，植物・動物はじめ自然科学用語まで広範囲にわたり豊富に収録。巻末の日本語索引は日中辞典的につかえて便利。
〔愛知大学中日辞典編纂処編／大修館書店／1987年初版／B6判／2,672p／8,600円〕

『岩波 中国語辞典(簡体字版)』

配列は，漢和辞典形式をとらず，すべての語彙を中国語ピンインのアルファベット順に徹した英和辞典方式の辞典。例文もすべてピンインを前面に出している。すべての語には品詞表示がなされる。見出し語など，北京方言にややかたよる。「語のランク」として，「ことばの硬度」を11のランクに分けて表示。文学作品のことば，ラジオ・テレビなどのことば，ややくだけた言い方など，語のニュアンスが

中日大辞典
（増訂第二版）

白水社　中国語辞典

よく分かる。
〔倉石武四郎著／岩波書店／1990年初版／B6判／930p／3,200円〕

『中国語図解辞典』
中国の日常生活に重点をおき，衣食住・家具・生活用品などの身の回りの事物から，交通・通信・娯楽・芸術・政治・天体・気象……少数民族・動植物・色名までの308項目にわたる諸分野の常用語13,300語(同義語・関連語をあわせると16,000語)のすべてを図解する。中国人の生活や文化をあらわすことば─中国語を，絵図を通じて視覚的に理解でき，異文化であるために文字情報だけでは誤解しがちな事物を実感的に把握できる。「中国生活図解百科」としても有用。
〔輿水優他編著／大修館書店／1992年初版／菊判／708p／7,000円＊漢英対照版『朗文中華文化風俗図解辞典』もある〕

『デイリーコンサイス
中日・日中辞典』
随時携帯できる小型で機能的なポケット判の中日・日中辞典。「中日」は小型といっても，簡体字・繁体字・異体字あわせて9,000字を見出し漢字(親字)として立て，語彙熟語項目も40,000語もあり，質量ともに本格的辞典。見出し語すべてに品詞表示。「日中」は見出し語30,000語，用例21,000，すべての訳語・用例にピンインが附される。中国旅行には，心強い味方。
〔杉本達夫他編／三省堂／1999年初版／新書判／1530p／3,200円〕

『ポケットプログレッシブ
中日・日中辞典』
随時携帯できる小型で機能的なポケット判の中日・日中辞典。ポケット判といえども，「中日」は見出し漢字(親字)10,100字，見出し語(語彙熟語項目)78,000語を収録した辞典で，中型辞典に負けない見出し数を誇る。見出し語すべてに品詞表示。見出し語は，表音表記(ピンイン)を前に出し，漢字表記をその後ろにしてあるのも本辞典の特徴。重要語約4,000語を選定し，色版で示される。それら語の見出し漢字(親字)も色版で印刷され，重要度を表示。携帯辞典の最新版。
〔武信彰他編／小学館／2006年初版／新書版／1674p／3,200円〕

『日中辞典(第2版)』
『中日辞典』の姉妹編。本格的な日中辞典。見出し語は現代生活でよく使われる約90,000語と，とにかく豊富な語彙・用例が有用。用法・注意・参考などの学習者向けの補足説明，関連囲み記事，日本文化紹介コラム，場面別会話表現コラムなどにあわせ，イラスト・写真も使った多彩な編集がなされている。使用範囲のひろい「基本語」については，中国語と日本語の対応やコンテクストを十分配慮し，語義区分を設けて適切な訳語を選べるように工夫。
〔北京・対外経済貿易大学・商務印書館・小学館共同編集／小学館／2002年初版／B6判／2,128p／7,000円〕

『講談社 日中辞典』
(CD-ROM附)
『講談社 中日辞典』の姉妹編。本格的な日中辞典。見出し語は，複合語・付録を含めて76,000項目。日本語の発想を中国語の発想に切り替えて「自然な中国語」にするため

の指針が随所に工夫された記事——「翻訳ルール46」＝心得ておくべき文法的・語彙的なルールを示すもの，「シソーラス」欄＝類義関係の語群をグループして豊富に表示，「単語帳」欄＝基本的な語を見出しにして，同一分野の関連語を覚えることができるように工夫，中国語の特徴をコンパクトに解説するコラム（「ルール以前！」）など，新機軸を打ち出した野心的な構成。豊富な用例70,000のすべてにピンインが附される。

〔相原茂著／講談社／2006年初版／B6判／2,214p／7,000円〕

『岩波 日中辞典 第二版』

収録語彙40,000語，用例はフルセンテンスの形で60,000例。日常使用している日本語が表現しようとする日本人の感じ方・考え方を，中国人の感じ方・考え方をあらわす中国語を使ってどう表現するか，どうあらわしうるかに徹底的にこだわって，用例・訳文を厳選。場面のあきらかな文が用例として示され，綿密な語義区分もなされ，用例・訳文で日中双方のことばのニュアンスがわかるように工夫されている。訳語・訳文にはすべてピンインが附される。

〔倉石武四郎・折敷瀬興編／岩波書店／2001年初版／1,342p／5,000円〕

『中国語 新語ビジネス用語辞典』

従来の中日辞典では捜しづらかった最新の中国語，日本語の新語・カタカナ語を中心に収録した辞書。IT，先端技術，金融，経済，医学，環境，貿易，スポーツ，観光，流行語，企業名，ブランド名，サブカルチャーの13ジャンルからピンイン順に約12,500語が収録されている。15,000語収録の日本語索引からも検索可能なので，日中新語辞典としても使える。カタカナ語などには英語・原語表記もついているため，原綴を知りたいときなどにも役立つ。

〔塚本慶一編集主幹／大修館書店／2006年初版／B6判／584p／4,200円〕

『四訂版 中国語新語辞典』

「激動の中国を読み解く」をキャッチフレーズに，シリーズで出版されつづける新語辞典の四訂版。2000年出版の三訂版に新たに250語が追加された。中国の主要な新聞・雑誌から収集された6000余語を収録。すべてに日本語訳がつけられるのが，とくに実態が把握しにくい新語の場合にはいっそうありがたい。例文も豊富かつすべてに訳文がつけられており，理解を深められる。充実した日本語索引も便利。

〔金丸邦三監修，呉侃編／同学社／2006年初版／B6判／340p／4,000円〕

『新華字典（第10版）』

中国出版のもっとも歴史ある基本的な小型の中中字典。「辞典」でなく「字典」であることに注意。もと，1953年に新華辞書社から出版されたのが最初。その後数度にわたり改訂されて現在にいたる。漢字1字(語)1字(語)の正確な意義・書体・発音を知るためにたいへん有効な字典。見出し漢字は，簡体字・繁体字・異体字あわせて10,000余字。収録語彙は約3,500語。第10版は，2001年に公布された「第一批異形詞整理表」によって，文字表記が異なる異形語に修正が加えら

れた。用例についても時代に沿った差し替えが行われた。

〔北京・商務印書館／最新版は2004年の第10版／A6判／＊同字典大字本（附四角号碼検字表），漢英双解本，また，日本で発行された『新華字典（第10版）日本語版』（宮田一郎編訳，光生館，2005年，3,000円）がある〕

『現代漢語詞典 第5版』

現代中国語の字義・字形・語義・発音など，すべての面で規範となる中中辞典。漢和辞典形式。見出し漢字（親字）・見出し語（熟語）あわせて65,000余収録。最新版の第5版は2002年出版の「増補版」から2000余語を削除し，新語を6,000余語増補したもの。アルファベット語を巻末に附す。語義についても，社会の変化に伴う新義が随所におこなわれた。中級以上からは必携の辞典。

〔中国社会科学院語言研究所編／商務印書館／2002年初版／B6判／1962p／＊本辞典1988年本ベースの『倒序現代漢語詞典』（商務印書館）という逆引き辞典もある 2002年同「増補版」には英語訳がすべての解釈に附された「漢英双語」版が北京・外語教学与研究出版社から2002年に発行されている〕

『商務館学漢語詞典』

中国語を学習する外国人，外国人に中国語を教授する教師を対象として編まれた辞典。見出し漢字（親字2,400余），見出し語（熟語）約1万は，「漢語水平詞彙与漢字等級大綱」の甲・乙級の字・語を基礎として，10余の教材をチェックして選定。中級クラスの学習者が必要とする常用の字・語が収録される。字義・語義の記述範囲は外国人学習者を配慮。意味の説明も平易。単独使用のできる字，できない字の区別を明示。熟語は「語素」の意義による分類掲出。語の使用についての「注意」欄は700余，「同義語区別」欄は150余組み。約700の挿絵は動作動詞についても豊富で，有用。

〔魯健驥編／商務印書館／2006年／B6判／1098p〕

『漢語成語小辞典』（1998年修訂本）

一般の中国語辞典にも当然成語は収録されているが，集中的に成語を学習するときに便利なのが本辞典。本辞典は4,076の成語・常用熟語を収録したポケット中中辞典。見出し語・ピンイン・解釈・用例・注意の構成で，ピンインのアルファベット順に掲載。

〔商務印書館／1998年／A6判／522p〕

『漢語拼音詞彙』

現代中国語の常用語，成語，慣用語，文語，国語，方言など60,157語をピンインアルファベット順に配列した詞典。語義。用例はない。ピンインの正しい表記を知るのに便利であるとともに，音だけにたよる，中国語の聞き取りのときなどに使うと便利。

〔本書編写組編／北京・語文出版社／1989年／B6判／828p〕

『新華新詞語詞典』（2003年版）

1990年代以降の新語，あるいは以前に生まれた語でも頻繁に使用される用語を，中国の各言語研究機関，北京大学計算語言学研究所，北京語言大学計算語言学研究所などの資料をもとに約2,200語，関連語約4,000語を採録。情報，経済，環境，医学，スポーツ，軍事，教育，科学技術などあらゆる分野に及ぶ。解釈と，新聞などの用例が示され，急激に経済発展するなか，雨後の筍のように生まれる新語のうち，

現代漢語詞典　第5版

商務館学漢語詞典

役立つ辞書・事典

岩波　現代中国事典

中国語文法用例辞典

定着しつつあるものを調べることができる便利本。付録に，香港・台湾・上海・広東・北京の流行語を掲載。
〔商務印書館辞書研究中心編／商務印書館／2003年／B6判／486p〕

『新華拼写詞典』
1988年に，中国国家教育委員会・国家語言文字工作委員会から公布された「漢語拼音正詞法基本規則」はピンインで漢語を表記する原則的規則がまとめられたものであり，具体的な用例については十分ではない。そこで，その「基本規則」をもとにして，地名・人名・書名・雑誌新聞名・組織名などの固有名詞，名詞・代詞・数詞・量詞・動詞・形容詞などの語・フレーズの2部に分けて，ピンイン表記法を具体的に例示する。ピンイン表記法での混乱が，これですべて統一的に解決できるとはいえないまでも，表記に迷ったときの頼りになる「工具書」として利用できる。
〔商務印書館辞書研究中心編／商務印書館／2002年／B6判／452p〕

『中国語文法用例辞典』
北京・商務印書館発行の『現代漢語八百詞　増訂本』の日本語翻訳版。原書は，漢語を母語としない人々および方言区の人々を対象とした学習書として編纂されたもの。いわゆる「虚詞」（副詞・介詞・接続詞・助詞など）を中心に，用法が複雑な「実詞」（名詞・動詞・形容詞）も多少含み，それらの意味・用法・語構成（他語との組み合わせ）について詳説される。収録語数は1,000項目。見出しにはすべて品詞分類がなされる。初級を終え，さらにステップアップをめざす学習者に

は必携の「用法辞典」といえる。
〔呂叔湘主編・牛島徳次他監訳／東方書店／2003年／B6判／608p／4,800円〕

『岩波　現代中国事典』
1949年の中華人民共和国成立から建国50周年の1999年までの50年の歴史を主な対象とした現代中国事典。当然49年以前の事項も，現代に密接な関わりをもつ事項・人物については立項される。台湾・香港・華僑・華人，民族に関連する項目も収録。総4,300余の項目。普通の事典形式をとるが，中国語学習者にも配慮し，一般の中国語辞典には収録されない多くの百科項目も採録され，すべて中国語訳を附し，日中・中日辞典としての利用も可能としていて便利。
〔天児慧他編／岩波書店／1999年初版／四六判／1466p／6,600円〕

『中華人民共和国行政区画簡冊』（各年版）
辞典ではないが，「工具書」として必要なのが本冊子。今日のように日中往来がはげしくなると，あまり耳慣れない地名も話題にのぼる。スタンダードな地図帳『（分省）中国地図集』（中国地図出版社，B5判，256p）も必備だが，意外と便利なのがこの行政区画の地図帳。中国全国の県クラスの地名録ともいえる。直轄市・省・自治区別の各区・県の位置，「区号」・郵便番号。人口・面積などが示される。地名索引が便利。
〔中華人民共和国民政部編／中国地図出版社／最新版は2006年／A5判／285p〕

中国語学習書情報

中国語友の会

入門・初級・中級段階に学習のよき伴侶になるとおもわれる学習参考書の一部を紹介する。書店の棚は、発音習得用、総合的学習書、文法学習書、会話集、講読本、問題集、ことばのエッセーなど多種多彩で、目移りがしてとまどってしまうとおもわれる。既習者に相談するなどしつつ、自身で書店で手に取り、学習目的にあったものを選んでほしい。（＊価格はすべて本体価格）

【入門・初級段階】

『中国語の学び方』
著者自身の学習体験、豊富な教授経験をふまえ、学習者にやさしく語りかける中国語学習術。小気味よく学習のコツ・心がまえがとかれる。学習まえに読んでおくと効果抜群。
〔相原茂著／東方書店／新書判／208p／1,000円〕

『中国語はじめの一歩』
中国語とはどんな言語か、初心者向けに書かれているとはいえ、相当奥が深く読みごたえがある。入門者にとって難解な部分にぶつかってもくじけずにとにかく読みとおしたい。学習がすすむうちに、「このことだったのか」、と眼からウロコがおちること請け合い。既習者、中級者にとっても読みがいのある1冊。
〔木村英樹著／筑摩書房／ちくま新書／新書判／238p／720円〕

『中国語発音教室 改訂版』
入門者のための格好の発音手引き。発音の説明、発音練習題、中国語発音のしくみの3部構成。
〔中国語友の会・倉石武四郎編著／大修館書店／A5判／32p／400円／テープ1,700円〕

『中国語発音の基礎』（CD附）
NHK中国語講座から生まれた発音をマスターするための手引き。
〔上野恵司著／NHK出版／A5判／70p／2,300円〕

『発音の基礎から学ぶ中国語』（CD2枚附）
中国語は「発音よければ半ばよし」をモットーに、発音の基礎を徹底的に習得し、簡単な表現までを学習。
〔相原茂著／朝日出版社／A5判／192p／2,500円〕

『新版 速修中国語の発音マンツーマン』（CD附）
テープを使って効率的に発音を速修。
〔橋本奈都子他著／白水社／A5判／52p／1,400円〕

『新編LL中国語 入門』
『同 基礎Ⅰ』『同 基礎Ⅱ』
LL方式により、発音・やさしい会話が効果的に学習できる画期的発音入門から、会話場面を設定し、話す力、聞く力を身につける会話の基礎Ⅰ、中国の生活を素材にして、身辺の事柄を反映する言い回しを習得できる会話の基礎Ⅱまでを、効率的に学習できかつ着実に力がつく、学習シリーズ。
〔輿水優著／大修館書店／A5判〕
〔入門〕108p 1,000円 テープ別売(3巻)

新編LL中国語 基礎Ⅰ

6,000円
〔基礎Ⅰ〕130p　1,200円　CD別売7,000円
〔基礎Ⅱ〕126p　1,400円　CD別売7,000円

『NHK CDブックすぐに役立つはじめての中国語』（CD附）

発音編，表現編の構成。発音から中国旅行ですぐ使える基本表現まで。

〔榎本英雄著／NHK出版／A5判／160p／3,107円〕

『初めて学ぶ中国語』

発音練習の徹底，基本文型と文法を骨組みとした懇切な解説。覚えておくべき基本語句，文法項目が学習の流れの中で理解できる。

〔依藤醇著／語研／B6判／256p／1,600円／テープ別売(2巻)4,000円／CD別売(3枚)4,400円〕

『NHK CDブック 気軽に学ぶ中国語』

簡単な会話表現をベースに，応用会話も随所にとりいれ，実践的に学習できる。

〔輿水優著／NHK出版／四六判／256p／1,845円／テープ別売(2巻)2,913円〕

『北京の中国語入門』（CD附）

課文形式をとり，各課は課文，語句，文法と表現，練習，言語の背景の構成。中国語の文法的・文化的特徴が全30課のなかにコンパクトに整理される。

〔杉村博文著／三省堂／A5変型判／248p／2,600円〕

『NEWハンディメモ式 中国語早わかり』

全30課。150句で，中国語の基本的な組み立てが確実に把握できるよう工夫された内容。随所で学習上注意すべき点をメモで喚起。

〔輿水優著／三修社／B6変型判／158p／ミニCD附は1,600円　A5判のMD附は2,800円〕

『チャイニーズ・プライマー』（New Edition）（CD附）

発音編，会話編の2部構成。さまざまな場面の会話をベースに文法体系にそった学習。

〔古川裕著／東方書店／A5判／296p／3,800円〕

『中国語 問題と解答 基礎編』

月刊『中国語』長期連載の「問題と解答・基礎」から精選された問題と解説。段階をおって提起される，急所を突いた問題・解説は初級・中級段階の学習に最適。自己点検しながら学習できる格好の問題集。

〔中国語友の会編／内山書店／A5判／96p／920円〕

『新版 中国語入門　Q&A 101』

月刊『中国語』から生まれたQA集。学習者の素朴かつ基本的な疑問に真正面から答えてくれる。発音，表記，語彙，文法，ことばの背景にある社会・文化の事情まで。

〔相原茂・木村英樹他著／大修館書店／四六判／234p／2,200円〕

『やさしくくわしい 中国語文法の基礎』

初級の学習者を想定して編まれた中国語語法学習書。語法的問題点にぶつかったときに役立つよう配慮される。中国語語法の輪郭を把握できる。

〔守屋宏則著／東方書店／A5判／352p／2,000円〕

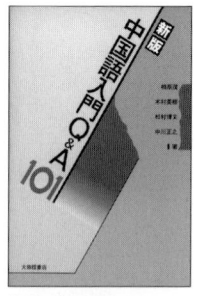

新版 中国語入門 Q&A 101

『Why?にこたえる
はじめての中国語の文法書』
学習中に出会う語法面での疑問にやさしく答えてくれる。文法の「急所」をおさえた解説は学習者の大きな味方。通読もいいが、常に座右において使いたい。
〔相原茂著／同学社／B5判／350p／2,500円〕

『やさしい中国語の作文』
中国語らしい、正しい文章が書けるように、基本語彙・文法・慣用表現などに配慮し、懇切に作文指導。
〔輿水優著／大学書林／B6判／312p／2,800円〕

『中国語基本語ノート』
『続 中国語基本語ノート』
月刊『中国語』に長期にわたり連載された「基本語ノート」を単行本にまとめた2冊。中国語の「基本語」について、その本義と派生義を、的確な用例で、ことばの背景にある生活・文化事象もまじえつつ、平易に解説する。「基本語〈字典〉」としてもつかえる。
〔輿水優著／大修館書店／B6判／330p／2,200円 （続）：B6判／530p／3,600円〕

【中級からの学習書・参考書】

『中国語の語法の話
──中国語文法概論』
本格的な文法解説書。中国語の文法とは何か、からはじまり、中国語の特徴をふまえるとともに、読者対象の日本人学習者を十分配慮した構成と論述。
〔輿水優著／光生館／B6判／476p／3,300円〕

『はじめての人の中国語』
教室での先生対学習者の問答という形式をとる。発音編、文法編からなる。書名に「はじめて」がつくが、文法編では、中国語文法構造の網羅をねらいとしたもので、相当な読みごたえ。
〔中川正之著／くろしお出版／A5判／250p／2,200円〕

『中国語文法教室』
全55課の構成、課文にそって語法事項を解説。日本語との比較、文法的な特徴などさまざまな角度から解説。次のステップの文章読解、中級作文へのステップアップのために。
〔杉村博文著／大修館書店／A5判／306p／2,600円〕

『簡明中国語文法 ポイント100』
初級を終えた学習者対象の文法書。重要な文法ポイントと常用の虚詞を100選び、順序よく、簡潔に説明する。基本をおさえながら、文法の全貌が見えてくるよう工夫されている。
〔馬真・郭春貴著／白帝社／A5判／218p／2,200円〕

『現代中国語総説』
もともと北京大学中国語言語文学系の漢語専攻の学生を対象として編まれた概説テキスト。現代中国語の全体像を把握できる本格的な解説書。
〔北京大学現代漢語教研室編／松岡榮志・古川裕監訳／三省堂／A5判／455p／4,500円〕

『一歩すすんだ中国語文法』
入門段階を終えた「さまよえる中級者」を意識した、文法解説書。概説的なものでなく、著者が長年の研究・教学経験のなかで得た、動詞を主な対象とする中国語のポイン

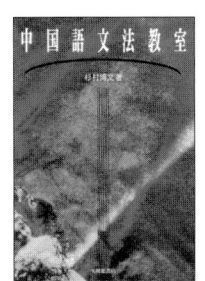

中国語文法教室

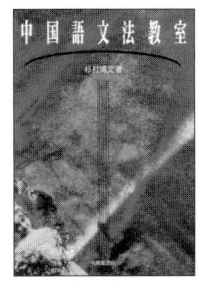

ト・特徴を考察する。
〔荒川清秀著／大修館書店／A5判／256p／2,300円〕

『現代中国語文法総覧』
外国人学習者のために編まれた本格的な文法総合書。用例も豊富で，相当手ごたえのある大部なもので，通読よりも学習時に問題ごとに順次「工具書」的に使うと便利。
〔劉月華他著／相原茂他訳／くろしお出版／A5判／908p／8,000円（版元在庫切れ）〕

『謎解き中国語文法』
長年の研究成果を踏まえ，中国語文法の「なぞ」を解く。英語などとは異なる中国語の文法の姿を浮き出させる。「中国語を文法的に考える」世界への誘い。
〔相原茂著／講談社現代新書／新書判／232p／720円〕

『中国語表現のポイント99』
日本人が中国語を表現する際に誤りやすい文法的ポイントを99の例で要領よく解説。
〔佐藤晴彦他著／好文出版／新書判／158p／1,300円〕

『中国語表現文法
——28のポイント』
時間・場所・数量・所属……など，28の表現ポイント別に，表現形式の解説，類似表現との異なりの指摘など，全体で中国語の文法体系が理解できるような組み立て。
〔佐藤晴彦他著／東方書店／新書判／200p／1,800円〕

『中国語学習　Q&A 101』
月刊『中国語』から生まれたQA集。『入門Q&A』の続集。ことばと社会，日本語と中国語，方位と場所などのジャンル分け。発音から語彙・文法について，さまざまな疑問を解明。
〔相原茂・木村英樹他著／大修館書店／四六判／250p／1,800円〕

『中国語教室　Q&A 101』
月刊『中国語』から生まれたQA集。『入門』『学習』のQ&Aの第3弾。実際の教室で出された多くの疑問に実践的に答え，解明する。
〔相原茂・荒川清秀他著／大修館書店／四六判／250p／2,200円〕

『中国語文法　ポイント整理』（CD附）
『中国語ジャーナル』から生まれた文法解説書。検定試験合格を意識してまとめられている。文法のポイントが要領よくまとめられ，「1日30分，28日間でマスター」をめざす。
〔本間史著／アルク／B5判／144p／2,000円〕

『中国語文法概論』
中国語語法の概要説明からはじまり，中国語の全表現を26の文型に整理して体系的に解説。豊富な文例の本格的文法書。
〔李臨定著／宮田一郎訳／光生館／A5判／608p／9,500円〕

『中国語　問題と解答
中文和訳　和文中訳編』
月刊『中国語』長期連載の「問題と解答　中文和訳・和文中訳」から厳選された問題と解説。中文読解・解釈・翻訳・作文力のグレードアップに最適。
〔中国語友の会編／内山書店／A5判／160p／1,500円〕

一歩すすんだ中国語文法

『誤用から学ぶ中国語』

日本人学習者がよく間違える文例を100のタイプに分け，「なぜ間違いか」を解きながら，文法をもう一度復習できるよう配慮されたもの。

〔郭春貴著／白帝社／A5判／408p／2,400円〕

『日本人の中国語――誤用例54例』

日本人が実際に間違った中国語の誤例を提示。どこがおかしいのか，中国語らしい表現とは，を考え，懇切に解明。

〔来思平・相原茂著／喜多山幸子編訳／東方書店／四六判／304p／2,900円〕

『中国語類義語のニュアンス』『どうちがう？ 中国語類義語のニュアンス 2』

同じ漢字を使うためにかえって使い分けにとまどう類義語。100組・200余語についてニュアンスの異なり，使い分けを説く。

〔相原茂・荒川清秀他共編／東方書店／各B6判／224p／2,200円〕

『中国語講読教材 園地』（CD附）

多彩な話題の中国語文17編を，難易度にあわせて3段階に分類し，ピンイン添付にもグレードにあわせ調整するなど配慮。詳細な語釈と文法コラムが付き，読解学習書として最適。

〔東京大学教養学部中国語部会編／東京大学出版会／菊判／196p／3,000円〕

『说什么和怎么说』

副題に「意図と場面による中国語表現」とあるように，さまざまな環境に対応したふさわしいことばの中国語表現を習得できるよう工夫された，格好の会話学習書。

〔邱質朴著／平田昌司訳／朋友書店／B5判／244p／1,554円／別売テープ3,884円〕

『中国語の教え方・学び方――中国語教育法概説』

「教える側からも，学ぶ側からも読める中国語教授法」「日本人が教え，学ぶ中国語」を主題にしたユニークな，学ぶものにとっての「中国語学習参考書」であるとともに，教える側の「教え方参考書」。日本における中国語，日本人と中国語という視点をベースにおいたスタンダードな中国語研究書。

〔輿水優著／日本大学文理学部発行／冨山房インターナショナル発売／A5判／172p／2,300円〕

【便利本】

『中国語学習ハンドブック 改訂版』

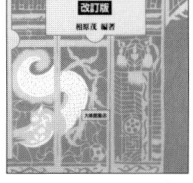

中国語の文字・発音・語彙・文法事項から，そのことばの背景にある文学・芸術・社会生活に関する情報まで，中国語学習に必要なあらゆる情報を満載。まさに中国語情報カプセル。

〔相原茂編著／大修館書店／A5判／338p／2,200円〕

『中国情報源 2006～2007年版』

中国語学習だけでなく，中国と関わる人にとっての中国情報収集のためのノウハウと情報へのアクセスを提供。とくに中国Webサイトにかかわる情報がくわしい。つねに座右において何かのときにひも解くと，至極便利。

〔21世紀中国総研編／蒼蒼社／A5判／500p／3,000円〕

中国語学習ハンドブック 改訂版

［編者］
中国語友の会

［執筆者］
加藤晴子（明海大学）
島田亜実（日本大学）
宮田一郎（元大阪市立大学）
星　健一（中央大学）
呉　仲密（玉川大学）
町田　茂（山梨大学）

中国語　基礎知識──まるごとわかるこの1冊
© 中国語友の会 2007　　　　　NDC820/152P/26cm

初版第1刷─────2007年5月1日

編者─────── 中国語友の会
発行者────── 鈴木一行
発行所────── 株式会社大修館書店
　　　　　　　　〒101-8466 東京都千代田区神田錦町3-24
　　　　　　　　電話03-3295-6231（販売部）03-3294-2352（編集部）
　　　　　　　　振替00190-7-40504
　　　　　　　　［出版情報］http://www.taishukan.co.jp

装丁・イラスト──クリヤセイジ
本文デザイン───井之上聖子
編集協力・校正──中国文庫株式会社
印刷所──────壮光舎印刷
製本所──────司製本

ISBN978-4-469-23243-1　Printed in Japan
Ⓡ本書の全部または一部を無断で複写複製（コピー）することは、
著作権法上での例外を除き禁じられています。